자유와 법
Freiheit und Recht

자유와 법

2021년 9월 15일 초판 발행

지은이 라이너 차칙 | 옮긴이 손미숙 | 펴낸이 안종만·안상준 | 펴낸곳 ㈜박영사
등록 1959.3.11. 제300-1959-1호(倫)
주소 서울특별시 금천구 가산디지털2로 53, 210호(가산동, 한라시그마밸리)
전화 (02) 733-6771 | 팩스 (02) 736-4818
홈페이지 www.pybook.co.kr | 이메일 pys@pybook.co.kr

편집 양수정
기획/마케팅 박세기
표지디자인 박현정
제작 고철민·조영환

ISBN 979-11-303-3959-7 (93360)

정 가 23,000원

이 책은 2012년 정부(교육과학기술부)의 재원으로 한국연구재단의 지원을 받아 수행
된 연구이다(NRF-2012S1A5B8A03034450).

자유와 법

칸트 법철학의 현재성

라이너 차칙 지음

손미숙 옮김

박영사

인권은 신의 눈동자
인권은 신이 지상에서 가진 가장 신성한 것

임마누엘 칸트, 영구평화론 1795

저자 서문

손미숙 박사가 법철학과 형법의 근본문제에 관한 나의 논문들을 한국어로 번역한 것은 나와 나의 학문적 연구에 매우 영예로운 일이 아닐 수 없다. 이제 한국의 독자들도 법을 직접 인간의 자유와 결부시킴으로써 법을 '자유의 현존'이라고 보는 학문적 이론을 접할 기회를 갖게 되었다.

　이러한 이론과 이것을 주장하는 저자들에 대한 구체적인 설명을 독자들은 이 책의 전반부에 있는 §1에서 §6까지의 여섯 편의 논문에서 볼 수 있다. 인간의 자유를 기반으로 법의 근거를 확립하는 이 이론이 형법에 미치는 영향은 후반부에 수록된 §7에서 §12까지 여섯 개의 장에서 다루고 있다. 후반부의 여섯 개의 장에서 상술하는 것은 형법의 기본개념은 형벌이 아니라 불법으로서, 불법 그 자체는 법의 개념으로부터만 규정될 수 있다는 것이다. 그렇게 되면 형사처벌되어야 하는 불법은 자유에 대한 근본적인 침해로 이해할 수 있으며, 그 침해는 형벌과 함께 다시 상쇄되고, 법은 회복되는 것이다. 이것은 범죄 행위자를 어떻게 이해해야 할 것인가 하는 것에도 중요한 의미를 갖는다: 범죄자 자신은 범행 이전에 법 속에서 살고 있기 때문에 범행과 형벌을 통해 유죄판결을 받고 말살당하는 것이 아니라, 형벌을 통하여 그의 본래 법지위를 회복하는 것이다.

　손 박사의 번역으로 한국에서도 이러한 이론과 그 논거에 대한 논의가 이루어질 수 있다면 매우 기쁘겠다.

2021년 칠월 독일 본_{Bonn}에서

라이너 차칙

Vorwort für den koreanischen Sammelband „Freiheit und Recht"

Es stellt eine große Ehrung für mich und meine wissenschaftliche Arbeit dar, dass Frau *Dr. Misuk Son* die Mühe einer Übersetzung meiner Aufsätze zu rechtsphilosophischen und strafrechtlichen Grundlagenfragen in die koreanische Sprache auf sich genommen hat. So haben nun auch Leser in Korea die Möglichkeit, eine wissenschaftliche Lehre kennenzulernen, die das Recht unmittelbar mit der Freiheit des Menschen verknüpft, so dass das Recht mit dem „Dasein der Freiheit" identisch ist.

Die genauere Darstellung dieser Lehre und Autoren, die sie vertreten, findet der Leser in den ersten sechs Aufsätzen dieses Bandes. Mit ihren Auswirkungen für das Strafrecht befassen sich die letzten sechs Beiträge. In ihnen wird ausgeführt, dass der grundlegende Begriff des Strafrechts nicht die Strafe ist, sondern das Unrecht, und dass das Unrecht seinerseits nur aus dem Begriff des Rechts heraus bestimmt werden kann. Strafbares Unrecht ist dann als eine fundamentale Verletzung der Freiheit zu begreifen und mit der Strafe wird diese Verletzung wieder ausgeglichen und das Recht wiederhergestellt.

Dies ist von Bedeutung auch dafür, wie der Täter einer Straftat zu verstehen ist: Da er selbst vor der Tat im Recht lebt, wird er durch die Tat und die Strafe nicht etwa verdammt und vernichtet, sondern gewinnt durch sie seine ursprüngliche Rechtsstellung zurück.

Ich würde mich sehr freuen, wenn es durch die Übersetzung von Frau

Dr. Son auch in Korea zu einer Diskussion dieser Lehre und ihrer Argumente kommen könnte.

Bonn, Juli 2021   *Rainer Zaczyk*

역자 서문

이 책은 독일의 저명한 법철학자이자 형사법학자인 라이너 차칙 교수의 법철학과 형법의 근본문제들에 관한 열두 편의 논문을 우리말로 옮긴 것이다. 이 책에 수록된 각각의 장들은 개별 주제하의 각기 독립된 글이지만, 이 책 전체를 일관되게 관통하는 정신은 자유이며, 따라서 모든 주제들은 자유의 이념 속에서 대하大河의 거대한 물줄기처럼 연결되어 사상적으로 하나의 통일체를 이루고 있다.

저자의 학문적 특징은 독일 관념론의 자유의 철학을 바탕으로 법과 형법의 기본원리들을 규명하고, 이러한 토대 위에서 구체적인 사안들에 대한 해결책을 모색한다는 점이다. 그러므로 저자는 — 칸트와 피히테와 헤겔의 (법)철학에서처럼 — 법과 인간의 자유를 결부시켜 법을 인간의 자유의 실현으로 파악하고 있다. 자유의 핵심은 자기존재이며, 자유는 인간 삶의 구체적인 모습으로서 법은 그 자체가 자유를 형성하는 원리라고 한다.

이 사상에 대한 이해는 그러나 쉽지가 않다. 칸트를 비롯한 독일 관념론자들의 텍스트는 철학사에서도 가장 난해한 것이어서 파악이 쉽지 않기 때문이다; 그들은 언어적인 역량을 지녔을 뿐 아니라, 자신의 사상을 빈틈없이 극도로 정교하게 논증하는 지적인 완벽주의자들이었다. 이러한 전통에 서있는 법사상과 논증의 힘을 차칙의 이 책에서도 경험하게 될 것이다.

이 책의 또 다른 특징은 칸트 법철학의 결정체인 도덕형이상학의 법론에 대한 새로운 해석을 보여주고 있다는 것이다. 칸트의 철학은 근대의 세계관을 파악하는 핵심으로서 칸트 스스로도 이를 코페르니쿠스의 전회라고 표현한 바 있다. 이 전회에 부응하는 것이 바로 또 1797년에 발간된 도덕형이상학의 법론이다. 칸트의 법론은 법과 법의 체계적인 근본개념들을 보편법칙에 따라서 인간의 자기결정과 자유의 원리로부터 규정하고 있다. 이 법론에 대한 차칙의 획기적인 연구는 오랫동안 잘못 이해되어 왔던 칸트의 형법론에 대한 오해를 바로잡고 다시 새롭게 이해할 수 있는 계기가 될 수 있을 것이다.

이 책에서 다루고 있는 많은 주제들은 크게: 법이란 무엇인가 그리고 인간이란 무엇인가, 나아가 형법상의 불법과 그에 대한 법적인 반응인 형벌이란 무엇인가라는 물음으로 요약하고 통합할 수 있을 것이다. 이러한 근원적인 물음에 대한 심도 있는, 인간의 자유가 그 중심에 있는 답을 알고자 하는 모든 이들에게 금강석Diamant같은 차칙의 이 책을 권해 드린다.

끝으로 번역의 긴 여정을 신뢰로 함께 해주신 ― 그리고 법을 (이 책의 의미에서) 삶으로 또 삶을 법으로 보여주신 ― 저자인 차칙 교수님께 한없는 존경과 감사의 마음을 표한다. 또한 이 책의 사상에 많은 관심을 가지고 여러 편의 논문에서 번역과 관련하여 좋은 조언을 해주신 장영민 교수님께도 깊이 감사드린다.

2021년 칠월
손미숙

차례

§1 자유와 법
— 임마누엘 칸트 서거 200주년을 기념하여*

2004년 2월은 근대철학에서 가장 중요한 인물 중 한 사람인 임마누엘 칸트Immanuel Kant의 서거 200주년이 되는 해이다. 이 글은 칸트의 법철학을 그의 주요 철학 저작들과의 맥락 속에서 소개하고 법철학이 법학의 중요한 부분임을 일깨우고자 한다.

I. 서언

법학도라면 누구나 저학년 때부터 자유, 사람人, 행위, 소유권, 계약, 법률, 국가, 국가연합과 같은 법의 근본개념들과 마주하게 된다; 그리고 이 중의 많은 개념들은 실정법에서도 접할 수 있다. 그런데 이 개념들의 타당성을 뒷받침하는 것은 무엇이며, 이 개념들의 내용은 무엇을 통해서 규정되는 것일까? 이 개념들은 권력이 권위적으로 고안해 낸 것으로 법률가들은 이것을 주입식으로 배워서 답습해야 하고, '법의 예속자들'은 이 개념들을 단순히 믿어야만 하는 것일까? 아니면 이 개념들은 (법)공동체에서의 자유로운 삶의 토대를 보여 주는 것이기 때문에 예컨대 행위에서 인간의 자유를 생각하지 않고는 인간의 개념을 타당하게 규정할 수 없으며, 법률과 국가를 인간과 연결하고 나서야 비로소 국가연합을 생각할 수 있듯이 더욱이 이 개념들 간에는 어

* 이 글은 JuS 2004, 96-100면에 발표된 것이다.

떤 관계가 존재하는 것일까?

실정법은 이러한 물음에 답을 주는 것이 아니라, 그 답에 기초하고 있다. 이러한 물음에 답하기 위해서는 이 개념들 간의 근본관계를 살펴야 하는데, 그것은 바로 철학, 더 정확하게는 법철학의 영역이다. 간단한 작업은 아니지만, 이 같은 물음에 대한 답에 가까이 가기 위해서는 정신사에서 위대한 사상가들의 저작에 집중하는 것이 상대적으로 가장 쉬운 방법이다. 이때 도움이 될 뿐 아니라, 꼭 필요한 것은 철학을 구시대의 정신을 보관해 두는 창고로 보지 않고, 인간의 의식적인 삶과 직접 결부된 세계의 정립으로 보는 것으로서, 이것은 마치 자연 속에서 토지측량사가 하는 것처럼 정신적인 삶에서도 똑같이 중요한 이정표를 설정해 주는 것이다.

철학사에서는 이러한 시도를 하는 데 있어서 임마누엘 칸트만큼 큰 확신을 준 사람은 없다. 2004년 2월 칸트 서거 200주년을 기념하여 이 논문으로 그의 저작을 기리고자 한다. 라틴어 어구인 'sapere aude'를 '너의 오성을 사용할 용기를 가져라!'[1]로 번역하여 이 문장을 계몽의 표어로 내건 사람이 바로 그였다. 칸트는 또 철학을 배울 수 있는 것이 아니라, 오로지 **철학하는 것**을 배울 수 있는 것이라고 일깨워준 사람이기도 하다; 생각을 배울 수 있는 것이 아니라, 사유하는 것을 배울 수 있는 것이다.[2]

---

1 Beantwortung der Frage: Was ist Aufklärung, in: Immanuel Kant, Werkausgabe in 12 Bänden, *Wilhelm Weischedel* (편), 1996, Bd. XI, 53면. 이하에서 칸트의 저작들은 가장 접하기 쉬운 12권으로 된 이 전집Werkausgabe의 권수와 면수를 인용하였다. 강조는 원문을 따른 것이다.

2 *Kant*, Nachricht von der Einrichtung seiner Vorlesung in dem Winterhalbjahre von 1765 bis 1766 (주 1), II권 908면.

Ⅱ. 칸트의 삶

칸트의 외적인 삶은 조용하게 흘러갔으며, 그는 태어나서 생을 마감할 때까지 일생을 한 도시에서만 보냈다: 그는 1724년 4월 22일 동프로이센Ostpreußen의 쾨니히스베르크Königsberg(지금의 러시아 칼리닌그라드Kaliningrad)에서 태어나 1804년 2월 12일 그곳에서 세상을 떠났다. 그는 수공업자였던 아버지 요한 게오르그 칸트Johann Georg Kant와 어머니 안나 레기나 칸트(출생 성은 로이터Anna Regina Reuter)의 넷째 아이였는데, 그의 정신적인 성장에 가장 큰 영향을 준 사람은 바로 그의 어머니였다. 칸트는 고등학교를 졸업하고 1740년부터 1746년까지 쾨니히스베르크 대학에서 철학과 수학 및 자연과학을 전공하였다. 그러고 나서 1746년부터 1755년까지 그 도시의 여러 가정에서 가정교사로 일하였는데, 그것은 당시 대학을 졸업한 젊은이들에게 흔한 직업이었다. 1755-1756년에 칸트는 세 개의 자격심사논문을 통하여 쾨니히스베르크 대학에서 철학교수자격을 취득하였다. 그는 사강사Privatdozent로서 강의를 시작하였고, 교수직을 얻기를 원하였다. 1764년에 그는 쾨니히스베르크 대학교에서 시문학Dichtkunst 교수직을 제안받았으며, 지금보다 학과 간의 경계가 훨씬 넓게 열려 있었던 그 당시로는 이례적인 일이 아니었다. 그러나 시문학과 수많은 공적인 일들에 축시 등을 쓸 의무가 부과된 시문학 교수직을 주 전공으로 하고 싶지 않아서 그 직을 사절하였다. 1766년 그는 왕립도서관에 취직하였고, 그때부터 — 42세의 나이에 — 처음으로 그나마 고정된 수입을 갖게 되었다. 1769년 칸트는 예나Jena와 에어랑엔Erlangen 대학에서 교수직을 제안 받았지만, 뜻밖에 쾨니히스베르크 대학에도 논리학과 철학

교수 자리가 생겨 그 직을 받아들일 수 있었다. 1770년 칸트는 정교
수로 임명되었고, 그때부터 그의 강의와 연구는 시작되었으며 대단한
성공을 거두었다. 하지만 칸트는 우선 오랫동안 아무것도 출판하지
않았다. 그러다 1781년 이 책 한 권으로도 철학사에서 충분히 최고봉
의 자리를 보장하게 하는 저작 〈순수이성비판〉(제2판 1789)이 발간되
었다. 이때부터 그는 짧은 간격으로 철학적인 성공작들 〈도덕형이상
학원론〉(1786), 〈실천이성비판〉(1788), 〈판단력비판〉(1790), 〈순수
이성의 한계 내에서의 종교〉(1793)를 연이어 출간하였다. 1795년과
1797년에 무엇보다 임마누엘 칸트를 법서에서 접하게 되는 원인을
제공한 두 저작, 〈영구평화론〉 그리고 제1장의 제목을 「법론」이라고
붙인 〈도덕형이상학〉이 출간되었다. 칸트는 1804년 2월 12일에 생
을 마감하였다. 그의 장례식에는 수많은 시민들이 참석하였으며, 12
명의 학생들이 그의 관을 운구하였다.

칸트의 사생활에 관하여는 쾨니히스베르크 사람들이 그의 산책시
간에 따라 시계를 맞추었다고 할 만큼 정확했던 오후 산책, 항상 일정
한 수의 손님을 초대한 점심 식사 자리, 건강한 수면을 위하여 이불을
어떻게 덮어야 하는지 스스로 정한 꼼꼼한 규칙 등 자주 회자되는 일
화들이 있다. 이런 일화들은 칸트가 얼마나 호감을 주는 인물이었으
며 또 존경을 받았던 사람인가를 말해준다. 그렇지만 칸트 삶의 중심
은 그의 연구였다.

Ⅲ. 칸트의 철학적 저작

1. 출발점과 이론철학

칸트의 (법)철학적인 주요 언명에 접근하기 위해서는 먼저 그의 사상적 근본입장을 명확하게 하는 것이 필요하다: 그것은 바로 오로지 모든 개개인의 이성 안에 세계에 대한 인간의 인식과 세계 속에서의 행위를 이해하고 이해할 수 있게 만드는 원리들이 들어 있다는 것이다. 칸트는 이것으로 르네 데카르트*Rene Descart*의 '나는 생각한다, 고로 나는 존재한다'라는 말을 그의 철학적 출발점으로 삼고서,[3] 이 사상의 출발점을 완성시켰다. 이 근본적인 출발점은 임의로 선택할 수 있는 것이 아니라, 사고의 필연적인 단계이며, 사고는 이러한 출발점을 통하여 스스로를 확신시켜 나가는 것이다. 지금 독자로서 이 글을 읽는 이는 사유하는 각각의 개별 의식이다. 칸트는 〈순수이성비판〉에서 이러한 통찰을 이론적인 인식을 위하여, 즉 인간의 앎의 영역을 위하여 정비하였으며, 이 영역은 감관의 지각을 통하여 형성된다; 아주 일반적으로 말하자면, 이것은 자연과학이 입각하고 있는 인식형태라고 할 수 있다. 〈순수이성비판〉에서 칸트는 대상들에 대한 인식이 감각에 의하여 촉발되기는 하지만, 이 감각적 인상을 정리하고 앎의 형태로 만드는 것은 인간의 오성*Verstand*이라고 하였다. 따라서 인간은 인식을 하는 데 있어서 마치 감각이 인간 속으로 들어오는 것처럼 수동적으로 행동하는 것이 아니라, 세계를 자신의 고유한 개념에 따라 구상함으로써 능동적으로 행동한다. 칸트 스스로도 이 사고의 전환을 코페

3 *Rene Descartes*, Von der Methode, *Lüder Gäbe* 역, 1960, 26면.

르니쿠스적인 전회라고 묘사하였다: 코페르니쿠스*Kopernikus*가 태양을
우주의 새로운 중심으로 인식한 것처럼 칸트 또한 인간을 앎의 새로
운 중심으로 규정한 것이다.[4] 인간 인식의 최고 단계는 이성에 의해서
이루어지고, 이성은 오성의 활동을 통하여 수집되고 다양한 형태의
앎에 지나지 않는 것을 하나의 통일체로 만들어 준다. 그것의 정점은
'나는 생각한다'는 것이며, 이것이 '나의 모든 표상들을 수반할 수 있
어야 하는' 것이다.[5] 이성이 순수하다는 것은 이성 자체는 감각적 인
상과는 아무런 직접적인 연관이 없기 때문이다.

칸트는 이러한 사고를 총체적으로 **초월**철학Transzendentalphilosophie이
라고 하였다. 초월철학이란 인간의 인식은 경험의 가능조건들에게까
지는 도달할 수 있으나, 모든 경험을 뛰어넘는 초월성을 인간 인식의
수단으로서도 더 이상 어떤 대상을 지각하는 것처럼 지각할 수 없다
는 것을 말한다.

2. 실천철학

실천철학은 인간의 행위를 규정하고 그 행위를 선한 행위로 만드는
원리들을 탐구하고 그 근거를 확립한다. 이미 이론철학에서 사유의
위상변화가 '사유방식의 혁명'[6]이라면, 실천철학에서 이에 대응하는
사유는 훨씬 더 큰 효과를 미치지 않을 수 없었다. 칸트에 의하면 이러
한 관점에서 보아서 이 세상에는 선을 위한 단 하나의 원천만이 있다:
그것은 개개 인간이 지닌 (실천)이성으로서, 실천이성은 자신의 통찰
에 입각하여 올바르게 행위하는 것을 가능하게 하는 인간의 능력이

---

4 *Kant*, Kritik der reinen Vernunft (주 1), III권, 25면 참조.
5 *Kant* (주 4), 136면.
6 *Kant* (주 4), 22, 23면.

다. 이때 인간은 다양한 종류의 소여, 가장 넓은 의미로 삶의 상황들을
유념한다. 그러나 인간은 결국 불가피하게 자기결정에 따라서 자율적
으로 (자기입법적으로) 행위한다. "모든 사물은 법칙에 따라 움직인다.
오로지 이성적인 존재만이 **법칙의 표상**, 즉 원칙에 따라 행위할 능력
이나 의지를 가지고 있다."[7] 이때 인간에게 어떻게 행위를 해야 할지
를 가리키는, 말하자면 이정표가 되는 것이 바로 그의 이성이고, 이 이
정표를 칸트는 '명령Imperativ'이라고 부른다. 이 이정표는 한편으로는
스스로 정한 목표를 의식적으로 실현하는 것을 도와준다. 그래서 다
리를 놓으려고 하는 사람은 공학의 법칙을 따라야 하는 것이다. 그러
나 다른 한편으로는 목표달성을 위해서 요구되는 행위가 아니라, 이
성에 의하여 절대적으로 옳다고 확신해서 하는 행위들도 있다. 이러
한 삶의 상황들 속에서 이정표 역할을 하는 것이 정언명령이다: "네
의지의 준칙이 동시에 보편법칙으로도 타당할 수 있도록 행위하라."[8]
여기서 준칙이란 행위자의 주관적 원칙을 말한다. 예컨대 누군가가
돈을 갚을 수 없다는 것을 알면서도 타인을 속여 돈을 빌려도 되는지
를 묻는다고 가정해보자. 이런 방식으로 누군가가 행동한다면 그의
행위의 준칙은 '나는 거짓 약속과 같은 어떠한 수단을 통해서도 내 재
산을 늘리겠다.'라는 말로 해석할 수 있을 것이다. 그렇지만 이러한
준칙은 자기모순이 되는데, 보편법칙으로 생각하면 이 준칙은 약속의
가능성을 스스로 파괴시키기 때문이다: 그리고 아무도 타인을 신뢰할
수 없게 될 것이다. 따라서 정언명령은 약속할 때 정직할 것을 요구한
다. 모든 인간의 실천이성은 보편법칙의 요소로 인하여 **분리되는** 것이
아니라, 오히려 개인을 타인들과 연결시키고 또 일반적으로 그의 행

---

7 *Kant*, Grundlegung zur Metaphysik der Sitten (주 1), VII권, 41면.
8 *Kant* (주 7), 51면.

위를 인간존재와 정신적 관계 속으로 설정하는 것을 가능하게 한다.
실천이성이 요구하는 행위들, 예컨대 약속을 지키는 것, 위기에 처한
사람을 도와주는 것 등이 의무가 된다. 스스로 정한 의무들을 받아들
이고 실행하는 것은 인간의 자유이며, 이 자유는 '구름 위의 몽환적
인' 자유가 아니라, 인간의 의식적인 삶과 직결된 것이다.

　바로 이 부분에서 칸트의 사고에 접근하는 데 중요한 의미를 갖는
것은, 여기서는 **타인**에 대한 판단이 이루어지는 것이 결코 아니라는
점을 항상 유념해야 한다는 점이다. 오히려 각 개개인 자신에 관한 것
이다. 이것으로 각자 자신의 행위에 대한 고도의 책임의 근거가 밝혀
진 동시에 만나는 모든 타인들에 대한 고도의 존경의 근거도 밝혀졌다.

3. 칸트의 법철학

a) 사고의 이 지점에서 칸트 법철학의 출발점을 명확히 할 수 있게 된
다: 많은 타인들과 공존하는 세상의 한 공간에서 자주적인 결정에 의
한 행위는 개개인뿐만 아니라, 모두의 자유와 자기결정의 보장도 필
요로 한다. 왜냐하면 자유는 모든 인간의 권리이기 때문이다: "생래적
인 권리는 단 하나뿐이다. 자유 (타인의 강요에 의한 자의가 아닌 독립적인
것), 이 자유는 모든 인간에게 인간이기 때문에 주어진 유일한 근원적
인 권리이다."[9] 자유개념에는 독립성 외에도 각 개인이 스스로 행하
는 자기결정으로서의 자유도 포함된다. 이 생래적인 권리는 요구하는
것으로만 그쳐서는 안 되고, 인간의 실생활 속에서 효력을 발휘하여
야 한다. 그러나 이 효력은 한 개인(군주정)이나 또는 다수의 개인(귀
족정)이 모두를 위하여 이루어내는 것이 아니라, 오로지 모두가 각자

---

9 *Kant*, Die Metaphysik der Sitten (주 1), VIII권, 345면.

스스로 이루어내어야 하는 것이다. 법적-실천이성으로서의 이성은
이 과제에 대한 답을 준다: 즉 각각의 주체들이 중심이 되는 것이 아니
라, 그들을 모두 연결시키는 동시에 또한 그들 스스로가 만든 것, 바로
보편법칙(여기서는 실정법률이 아니라, 더 근원적으로 이해하여야 한다)이
중심이 되어야 하는 것이다. 하지만 이 전 구조의 핵심은 인간의 자유
이다: 즉 "법은 한 사람의 자의가 다른 사람의 자의와 자유의 보편법
칙에 따라 서로 양립할 수 있는 조건들의 총괄 개념이다."[10]

　그렇지만 칸트는 일반적인 이 문장 속에 한정한 것이 아니라, 그의
「법론」에서 이 근본규정들 속에 내포된 결론을 개개인의 법적인 자유
에서부터 전 지구의 법상태의 윤곽까지 완성하였다.

　b) 이성적 존재인 각 개인의 실존에서 비롯된 사고의 출발점은 칸
트가 왜 근대 법철학의 전승에서 공동체에서의 법의 문제를 이른바
자연상태 개념으로부터 풀어야 하는지를 납득할 수 있게 해 준다. 여
기서 자연상태란 원시적인 맹수상태로 이해해서는 안 되고, 아직 **법
적으로** 완전히 형성된 공동체 상태가 아니라 하더라도 이 상태에서 인
간들은 서로 어떤 관계에 있는지에 관하여 사상적으로 정비된 이해를
말한다. 칸트에 의하면 이 상태는 개개 이성의 주체들이 그들의 자유
를 외적으로 실증하고, 그 자유의 외적인 실증이 서로에게 영향을 주
는 것으로 성격규정되었다. 왜냐하면 개개 이성의 주체들은 행위를
통해서 외부세계의 영역을 질서짓기 때문이다; 이것이 바로 소유권의
근거이고 넓은 의미의 법의 내용들이다.[11] 이미 지구의 둥근 형상이
보여주듯이 외적인 세계는 단일하고 유일한 것이기 때문에 행위를 통
한 모든 취득은 사실상 모든 타인들에게 같은 대상에 관한 이 가능성

10　*Kant* (주 9), 337면 — 자의는 여기서 오늘날의 의미로 이해되는 것이 아니라,
　　실현가능한 의지로 이해된다.
11　*Kant* (주 9), 424면.

을 박탈한다. 그러므로 삶과 연결된 활동 자체에 벌써 그 활동의 타당
성을 위하여 타인들의 동의를 얻어야 하는 근거의 필요성이 들어 있
는 것이다. 역시 지구의 둥근 형상이 보여주듯, 사람은 언젠가는 다시
만나게 되기 때문에 공간적인 분리를 통하여 이 문제를 피해갈 수는
없다. 따라서 해결책은 오로지 공동의 임무수행을 통해 자신의 활동
영역(소유권)을 상호적으로 보장하는 것이다. 이것으로 인하여 자연
상태의 '임시적인' 소유권이 '절대적'이고 지속적인 소유권이 되는 것
이다.[12] 이러한 공동의 임무수행은 특별의지의 총합을 통해서 이루어
지는 것이 아니라, 오로지 일반의지의 구성을 통해서만 이루어진다.
그러므로 법적-실천이성의 명령은 자연상태를 떠나 제정된 공동체,
즉 국가 속에서 사는 것이다.[13]

    c) 칸트의 법사고에서 국가는 민족국가Nationalstaat가 아니라, 이성국
가Rationalstaat를 말한다. 국가란 "법의 법칙 하에서 수많은 인간들의 연
합"이다.[14] 국가의 구성은 원시 계약의 이념에 의하여 이루어지며,
"이 이념에 따라 **국민** 중의 … 모두는 … 외적인 자유를 공동체의 구성
원들로서, 즉 국가인 국민의 구성원들로 보고 …, 즉시 되찾기 위하여
그들의 외적 자유를 포기하는 것이다."[15] 여기서 각 개인은 그들의 자
유를 잃는 것이 아니라, 실제로는 그들 자신의 입법의지를 통하여 비
로소 자유를 성취하게 되는 것이다. 이러한 국가의 주권자는 오로지
국민뿐이고, 자유의 헌법은 공화국이다.[16]

    국민의 합일의지는 세 권력을 가지고 있으며, 그것은 입법권, 행정
권, 사법권이다.[17] 이미 역사적으로 널리 알려진 이 권력의 분립은 칸

---

12 *Kant* (주 9), 374면.
13 *Kant* (주 9), 424면.
14 *Kant* (주 9), 431면.
15 *Kant* (주 9), 434면.
16 이에 관하여는 특히 *Kant*, Zum ewigen Frieden (주 1), XI권, 203면 이하.

트에게 있어서는 특별히 논거가 제시된 강점을 지니는데, 칸트는 권력분립을 개개 주체의 (올바르게 인식한 것으로서의 행위에 대한 결정의) 실천이성의 추론에 대한 일반성으로부터 해내기 때문이다: 여기서도 이러한 결정은 행위자가 자신의 실제 삶을 (넓은 의미의 행정권처럼) 반영하며, (입법권처럼) 일반화시키고, (법원의 판결에서처럼) 구체적인 결정이 이루어지도록 한다. 개개인처럼 국가도 이러한 과정을 통하여 자주성을 지니게 되는 것이다.

국가의 영역에서는 형벌권 역시 한 부분을 차지한다; 국가 형벌권에 대한 칸트의 설명은 무엇 때문에 그의 이름을 (형법) 교과서에서 자주 보게 되는지에 대한 원인제공을 한다. 칸트는 형벌의 근거는 오로지 이미 저지른 범죄, 즉 행위와 책임의 상쇄에 있다는 입장이다. 형벌을 목적(위하, 규범강화, 개선)과 연결시켜 근거짓는 것은 개개인을 타인의 이익을 위한 객체로 전락시키기 때문에 자유에 의거한 법과는 양립할 수 없다.[18]

d) 사유적으로 묘사한 국가의 존재형태는 실제로 지구상에 이 같은 수많은 공동체들이 이미 존재한다는 점을 고려하여야 한다. 칸트는 이 공동체들 서로 간의 관계를 법을 통하여 규정하며, 그 법은 여기서 국제법이지만, 개념적으로 더 정확하게는 국가들의 법[19]이라고 부른다. 국가 내에서의 법과 비교하여 국제법의 특징은 이미 법적인 기초 위에서 이루어진 공동체들의 만남이라는 것이다. 국제법의 주 임무는 세계의 평화를 보장하는 것인데, 이것은 먼저 원칙적으로 상호 간의

---

17 *Kant* (주 9), 431면.
18 *Kant* (주 9), 452면 이하. 이에 대해서는 *Zaczyk*, Staat und Strafe ─ Bemerkungen zum sogenannten ‚Inselbeispiel' in Kants Metaphysik der Sitten, in: *Landwehr* (편), Freiheit, Gleichheit, Selbständigkeit, 1999, 73면 이하(이 글의 우리말 번역은 이 책의 § 7)도 참조.
19 *Kant* (주 9), 466면.

존중을 전제하고 있다.[20] 칸트는 유일한 세계 단일국가의 상정을 거부한다: 언어와 종교, 일반화시켜서 말하자면 각각의 서로 다른 문화적 동일성이 삶의 현실들을 전 세계적으로 혼합하는 것을 저지하는 것이다. 더구나 보편법칙들이 ― 개념상으로나 현실적으로도 ― 개개인의 동일성으로부터 멀어지면 멀어질수록 그 효력은 점점 더 상실된다. 그러므로 칸트는 국가연맹을 지지하며, 이 국가연맹의 유일한 존재 목적은 전쟁을 방지하고 평화를 보장하는 것이다.

칸트 「법론」의 정점을 이루는 것은 다시 개개 주체를 원천으로 하고 이 개별 주체로부터 법에 대한 숙고가 출발한다는 사고이다: 이러한 세계법의 구조 속에서 각 개별국가들의 시민들은 세계 어디에서건 법인격체로 인정받고 적으로 취급당하지 않을 권리가 있는 것이다; 칸트는 이 상태를 세계시민법이라고 부른다.[21] 어떤 특정 국가도 우선시되는 것 없이 모두 동등한 수평적인 관계에서 법적으로 맺어지는 공정한 국제거래는 이 원칙에 기초하고 있다.

e) 지금까지 살펴본 칸트의 「법론」은 서두에서 언급한 법의 근본개념들이 실제로 「법론」에서 보편타당한 맥락으로 이어져 있다는 것을 보여주었다: 인간의 자유는 타인들의 자유와 결부된 행위들을 통해 연결되는 동시에 법적인 공동체의 기초를 설립하여 주고, 이 법공동체는 각자의 자주성 속에서 이러한 다른 공동체들의 자주성에 대한 이해를 하게 되며 마침내는 다른 여러 공동체들과 함께 세계의 평화를 유지하기 위하여 국가연맹을 맺을 의무를 지는 것이다.

칸트의 「법론」은 오랫동안 진지하게 받아들일 수 없는 노년의 저작으로 오해되었다. 20세기를 지나면서야 비로소 사람들은 그의 「법론」

---

20 *Kant* (주 16), 199면 이하, 208면 이하.
21 *Kant* (주 9), 475면 이하; *Kant* (주 16), 213면 이하.

에 들어 있는 사고의 힘을 이해하기 시작하였다; 하지만 이 저작에 대
한 완전한 연구는 아직 이루어지지 않았다. 칸트 법철학의 현재성은
법학의 아주 특수한 세부 전공분야의 논쟁에서조차 그의 「법론」으로
부터 그 근원과 해결의 실마리를 찾는 데서도 엿볼 수 있다.[22] 칸트가
생각해 낸 자유와 법의 연결은 전통적인 보배들 중의 하나이고, 후세
들은 그들 각자의 정신적 토대를 박탈당하지 않기 위해서는 이 귀중
한 보배를 결코 잊어서는 안 될 것이다.

IV. 추천문헌

1. 칸트의 사고방식이나 문체에 다가가기 위한 것으로는 가장 쉽게 읽
을 수 있는 소논문을 들 수 있다. 두 개만 추천하자면: '계몽이란 무엇
인가에 대한 대답'과 '세계시민적 의도에서 본 일반역사에 대한 이념'
이다.[23] 그의 실천철학에 대한 가장 좋은 입문서는 〈도덕형이상학원
론〉[24]이고, 이 책은 처음 읽을 때는 표면상 비교적 쉽다는 장점이 있
다 (그러나 이것도 여러 번 읽으면 읽을수록 매번 더 어려워질 것이다). 칸트
법철학의 중심이 되는 〈도덕형이상학〉을 비롯하여 그의 주요 저작들
은 세미나 같은 데서 지도를 받으며 토론하고 분석하면 유익할 것이
다. 대학의 법학과나 철학과에서도 칸트를 계속해서 만나고 배울 기
회가 있을 것이다.

---

22 예컨대 *Starck*, Verfassungsrechtliche Fragen der Biowissenschaft, JZ 2002, 1065
　　면; *Haddenbrock*, Strafrechtliches Schuldprinzip, GA 2003, 521면(533면);
　　Ehmann, Causa-Lehre im Zivilrecht, JZ 2003, 702면.
23 두 글은 (주 1) XI권, 33면 이하, 53면 이하.
24 주 7, 9면 이하 참조.

2. 칸트에 관한 문헌들은 한 눈에 파악하기 힘들 정도로 많다. 그의 생애에 관한 것으로는 문고판 우베 슐츠*Uwe Schultz*의 〈임마누엘 칸트〉(Immanuel Kant mit Selbstzeugnissen und Bilddokumenten, Hamburg 1965)가 있다. 최근에 나온 신간으로는 만프레드 퀸*Manfred Kühn*의 〈칸트 전기〉(Kant, Eine Biographie, München 2003)와 슈테펜 디취*Steffen Dietzsch*의 〈임마누엘 칸트 전기〉(Immanuel Kant, Eine Biographie, Leipzig 2003)가 있다. 칸트의 저작들과 사고방식에 관하여 추천할 만한 세 권의 책을 든다면 폴커 게하르트*Volker Gerhardt*의 〈이성과 삶〉(Vernunft und Leben, Stuttgart 2002) 그리고 노베르트 힌스케*Norbert Hinske*의 〈현대에 대한 도전으로서의 칸트〉(Kant als Herausforderung an die Gegenwart, Freiburg/München, 1980)와 오트프리드 회페*Otfried Höffe*의 〈임마누엘 칸트〉(Immanuel Kant, 제5판 München 2000)가 있다. 칸트의 「법론」에 관한 것으로는 볼프강 케르스팅 *Wolfgang Kersting*의 〈잘 정돈된 자유〉(Wohlgeordnete Freiheit, Frankfurt am Main, 1993)가 있다.

§2   인권의 근거를 밝히는 것은 어떻게 가능한가?*

지난 세기의 70년대 초 독일 프랑크푸르트 요한 볼프강 괴테 대학교.
한 학생이 법학방법론 강의를 들으려고 강의실로 서둘러 간다. 강의
실 앞에는 교수가 담배를 피우며(무슨 담배였을까, Gauloises? Reval?
Roth-Händle?) 강의안을 들여다보고 서 있다. 그리고 이어지는 생동
감 넘치고 열정적인 강의시간. 그때의 교수가 지금 고희기념논문집의
주인공이 되었다(그리고 그 교수 본인도 고희기념논문집의 주인공이라는 말
이 분명 실감 나지 않으리라). 그때의 학생은 오늘 스스로 교수가 되어 강
의실로 서둘러 간다, 물론 담배는 없이. — 빈프리드 하세머Winfried
Hassemer 교수의 고희를 진심으로 축하하며 바치는 이 글을 쓰려고 했
을 때 그에 대한 아름다운 추억들이 떠올랐다.

Ⅰ.

1. 이 논문이 다루는 문제는 유럽의 계몽과 함께 강력하게 등장한 인
권들의 보호에 대한 요구가 제기된 지 200년도 더 지난 것이어서 의
아하게 생각될 수도 있을 것이다. 인권들Menschenrechte이 '존재한다'는
것이 이제는 문제되지 않게 되었으며, 오히려 (복수형 명사) 인권들은
구체적으로 어떤 것이며, 어떻게 이 인권들이 전 세계적인 승인과 효

---

* 이 글은 빈프리드 하세머 고희기념논문집Festschrift für Winfried Hassemer, *Herzog/*
Neumann 외 (편), Heidelberg 2010, 259-268면에 실린 것이다.

15

력을 얻을 수 있을 것인가라는 다음 단계의 문제만이 의미 있는 것처럼 보인다. 〈버지니아 권리장전〉(1776)에서부터 프랑스의 〈인간과 시민의 권리 선언〉(1791)을 거쳐 1948년 12월 10일의 유엔 〈세계인권선언〉과 1966년 12월 16일의 〈유엔인권협약〉에 이르기까지 일련의 인권선언이 이루어졌다.[1 · 2] 인권에 관한 이와 같은 일반적 승인이 존재하는데 이미 대답된 것으로 여겨지는 물음, 즉 인권을 어떻게 생각할 수 있으며 어떻게 그 근거를 밝힐 수 있는가? 라는 질문을 제기하는 것은 유별난 것으로 보일 수도 있고 불필요하게 문제를 번거롭게 제기하는 생각이라고 할 수도 있을 것이다.

그러나 자세히 살펴보면, 자세히 살피는 것이 바로 학문의 사명이듯, 자명하게 보였던 것은 사라진다. 또한 오늘날의 인권목록은 서구식의 인권관을 반영하는 것인데, 바로 이 때문에 이 인권관이 예컨대 아프리카나 아시아 문화권에 대하여는 타당성을 주장하기 어렵다는 생각이 다시금 확산되고 있다.[3] 이에 대해 다른 문화는 서구와는 다른 '가치'[4]를 갖는다고 비판하는 경우에 이것은 더 고찰해 볼 필요가 있

---

1 선언과 협약의 내용은 *Heidelmeyer* (편), Die Menschenrechte, Paderborn 1972, 54면 이하, 56면 이하, 239면 이하, 254면 이하에 수록되어 있다.

2 인권 사상의 역사와 철학에 대하여는 예컨대 *Roman Schnur* (편), Geschichte zur Erklärung der Menschenrechte, Darmstadt 1964에 있는 논문들과 *Johannes Schwartländer* (편), Menschenrechte, Tübingen 1978; *Heiner Bielefeldt*, Philosophie der Menschenrechte, Darmstadt 1998 참조.

3 분명한 것은 예컨대 *Adamantia Pollis/Peter Schwab*, Human Rights: A Western Construct with Limited Applicability, in: *Pollis/Schwab* (편), Human Rights, Cultural and Ideological Perspectives, New York 1980. 이에 관하여는 *Bielefeldt* (주 2), 115면 이하도 참조.

4 인용부호 속에 있는 가치 개념에 거리를 두는 것은 뒤의 II.에서 언급할 구상 및 주체와 대립하게 됨으로써 '평가'에 의존적일 수밖에 없는 '가치'라는 말과 서로 조화되기 어려운 것과 관련이 있다. 이에 대하여는 — 전혀 다른 기초이긴 하지만 — *Martin Heidegger*, Brief über den „Humanismus", in: 동저자, Wegmarken, Frankfurt am Main 1967, 145면 이하, 179면 이하와 Nietzsches Wort „Gott ist tot", in: 동저자, Holzwege (Gesamtausgabe, Bd. 5), Frankfurt am Main 1977, 209

는 일차적 단서가 된다: 매우 다종다양한 '권리들Rechte'을 열거할 수 있다는 것은 이 권리들을 연결하는 근거가 아직 확실히 이해되지 않았거나, 그 해명의 가능성이 아직 충분히 천착되지 않았다는 것을 보여주는 것이다. 이러한 성찰을 뒤에서는 서구에서 널리 알려진 인권들의 법철학적 논증을 비판적으로 검토하고(2.) 이를 아프리카의 시각에서 본 비판과 대비하면서 하고자 한다(3.). 그리고 나서는 (단수 명사) 인권Menschenrecht을 문화적인 차이와 상관없이 타당하게 생각할 수 있도록 만드는 사유의 규정들을 증명해 보아야 할 것이다(II.).

2. 서구 근대 사상의 전 발전과정을 수용하며 나아가 그 후에도 그 성격을 지배하는 인권들의 철학적인 논증 방식은 존 로크John Locke로부터 비롯된다.[5·6] 인간은 사회상태로 진입하기 이전에도 생명life, 자유liberty, 재산property에 대한 권리들을 갖는다는 완결된 생각은 그에게서 기원한다.[7] 일견 아주 설득력 있는 개인관을 토대로 로크는 사회상태로 진입한 후에도 여전히 침해되어서는 안 되는, 인간이 갖는 일종의 법적 기본 장비를 마련할 수 있었다. 로크는 인간이 이 권리들을 갖

면 이하 참조. 이 논문에서 소개한 단서에 관하여는 Gerhard Luf, Zur Problematik des Wertbegriffs in der Rechtsphilosophie, in: 동저자, Freiheit als Rechtsprinzip, Wien 2008, 95면 이하.

5 인간이란 무엇이며, 인간은 어떤 권리를 어떤 이유에서 가지고 있는가라는 문제 제기는 무엇보다도 철학 자체와 함께 시작된다. 희랍 고대철학에 대해서는 Bruno Snell, Die Entdeckung des Geistes, 제6판, Göttingen 1986, 231면 이하 참조.

6 John Locke, Zwei Abhandlungen über die Regierung, Frankfurt am Main 1977, Zweite Abhandlung(영문판: Two Treatises of Government, Peter Laslett 편, Cambridge 1960). 로크에 대해서는 가령 Walter Euchner, Naturrecht und Politik bei John Locke, Frankfurt am Main 1979(제1판 1969); A. John Simmons, The Locke an Theorie of Rights, Princeton 1992, 특히 68면 이하와 222면 이하.

7 Zwei Abhandlungen (주 6), Zweite Abhandlung, § 6; 약간 다른 개념으로는 § 123. 이에 관하여는 Siegfried König, Zur Begründung der Menschenrechte, Hobbes-Locke-Kant, Freiburg 1994, 143면 이하.

는 근거를 자연 상태를 지배하는 자연법에서, 그리고 인간들을 세상
으로 보내고 여전히 인간을 소유하는 신에게서 찾는다.[8] 〈버지니아
권리장전〉 제1조는 이 권리들의 종합을 다음과 같이 표현하고 있다:
"모든 인간은 본래부터 동등하게 자유롭고 자주적이며, 그들이 국가
조직을 만드는 경우에 그들의 후손에게서 어떠한 계약을 통해서도 빼
앗거나 없앨 수 없는 권리들, 즉 생명과 자유의 향유, 재산의 취득과
소유를 위한 수단 그리고 행복과 안전을 추구하고 획득하는 생래적
권리들을 갖는다."[9]

기본권들과 행복추구를 결부시킨다는 것은 로크의 설명 속에도 들
어 있는 추론관계에 대한 일차적 (그리고 뒤에서 비판적으로 살펴보게 될)
성격규정을 가능케 해준다. 생래적인 권리들은 인간의 본성에서 비롯
하는 것이고, 자기를 보존하고자 하는 인간의 본능, 즉 생존욕구로부
터 전개되었다는 것이다.[10] 특히 재산권 논증에서 이 점은 아주 분명
하게 드러난다.[11] 로크는 재산권을 노동을 통한 자연과의 실제적인 대
결을 통하여 논증하였다. 그래서 인권으로서의 재산권은 결국 자신의
생명을 보존해야 하는 인간이 지닌 필연성에서 기인하는 것으로 파악
된다.

그러나 재산권을 이런 방식으로 논증하고, 재산권을 인권들 중의
하나로 봄으로써 인간의 욕구구조가 논증의 원리가 되는 논증형태를
취하게 된다. 그런데 모든 원리는 자기법칙성에 따라 필연적으로 그

---

8 Zweite Abhandlung (주 6), § 6.
9 번역은 *Heidelmeyer* (주 1), 54면.
10 의문의 여지는 있지만, 이것은 학계의 몇몇 견해와 홉스와의 유사점을 찾게
   해 준다; *König* (주 7), 139면 이하 참조.
11 Zweite Abhandlung (주 6), §§ 25 이하. — 로크의 소유권론에 관하여는 *Reinhard
   Brandt*, Eigentumstheorien von Grotius bis Kant, Stuttgart-Bad Cannstatt 1974, 69
   면 이하, 236면 이하(각주들). 급진적인 비판으로는 *MacPherson*, Die politische
   Theorie des Besitzindividualismus, Frankfurt am Main 1973, 219면 이하.

내용을 전개해 나가는 법이다. 여기서 자기법칙성이란 욕구가 점점
구체화되어 가며 또 증가되어 간다는 데 그 본질이 있다.[12] 이제 이것
을 재산권에 대한 인권 사상과 연결시킨다면 무엇보다도 ― 표피적인
것이기는 하지만 ― 산재한 개별 법관점들의 범주가 모두 인권으로
둔갑하게 될 위험이 있게 된다. 그 예는 정기적인 유급휴가에 대한 권
리(〈유엔 인권헌장〉 제24조)나 ― 유럽에 한정시켜서 본다면 ― "모든
인간은 무료의 직업중개서비스에 대한 권리가 있다"는 〈유럽 기본권
헌장〉 제29조의 규정이다.[13]
　따라서 로크의 인권구상에 대한 비판은 그 비판 자체가 피상적인
데 머물러 있다는 비판을 받지 않으려면, 피상적이라는 점을 지적하
는 데 그쳐서는 안 된다. 첫째로 제기되는 근본적인 이의는 로크는 인
권들을 경험적 측면만으로 단순화된 토대 위에서 논증한다는 점이
다.[14] 이것은 생명이나 자유에서는 아직 결정적인 영향을 미치지 않
을 수 있으나, 특히 재산의 경우에는 (이것은 물건에 대한 재산권 이상의
것이다) 오늘날의 인권논쟁에서 가장 빈번히 제기되는 이의들을 불가
피하게 야기한다: 즉 주장되고 있는 인권들의 경우에 문제가 되는 것
은 유럽 계몽의 구상이 부당하게 일반화되었다는 점인데, 이 구상은

---

12 이것은 헤겔의 〈법철학〉 시민사회 부분에서 매우 정확하게 부각되었다
　(Grundlinien der Philosophie des Rechts, Werke, *Moldenhauer/Michel* 편,
　Frankfurt am Main 1971 u.ö., Bd. 7), §§ 188, 189 이하.
13 유럽 기본권헌장에 대하여 타당한 아주 비판적인 견해는 *Th.S. Hoffmann*,
　Über Freiheit als Ursprung des Rechts, Zeitschrift für Rechtsphilosophie, 2003,
　16면 이하.
14 이에 관하여는 *Michael Köhler*, Das angeborene Recht ist nur ein einziges …, in:
　Karsten Schmidt (편), Vielfalt des Rechts-Einheit der Rechtsordnung?, Berlin
　1994, 61면 이하, 63면과 Zur Universalität der Menschenrechte, in: *Gröschner/*
　Morlock, Recht und Humanismus, Baden-Baden 1997, 87면 이하. 로크에 대한
　부당한 평가를 하지 않도록 하기 위하여, 아무튼 그가 (초월적인) 인권구상의
　도출을 위하여 노력하였다는 점은 언급되었다: 이미 앞의 주 8의 본문 참조.

경험적인 개인이 중심을 이루기 때문에 (다른 삶의 방식을 갖는) 타문화권이나 다른 사상적 전통에 대하여는 그 타당성을 주장할 수 없다고 한다.[15]

특히 18세기와 19세기에 서구가 어떤 방식으로 이 이의를 식민지 취급 방식에서 이루어진 정신적 담론을 행함에 있어서 중요하지 않은 것으로 치부했는지는 잘 알려져 있다: 그것은 바로 서구가 서구적 관념을 쉽게 정신적으로 우월한 것이라고 단정하고, 이런 이유에서 다른 문화에 대하여 권리가 있다는 점을 이끌어냄으로써 하였던 것이다.[16] 사람들은 이를 쉽게 잊어버리지 않으며, 이른바 서구적 인권 사상의 우월성에 대한 현재의 (세계화라는 이름의 현대 식민시대에서의) 불신은 나름의 타당한 이유가 있는 것이다.

그런데 로크가 제시한 논증의 출발점은 경험적인 것이었기 때문에 또 하나의 결과를 가져왔다: 즉 그러한 경험적 속성을 가진 개인이 모든 성찰의 준거점이 되면서, 개인과 타인과의 관계는 고찰에서 근본적으로 제외되었던 것이다.[17] 한 사람과 다른 사람 간의 평등은 단지 타인이란 거울에 비친 나와 같은 것이라는 식의 생각에 토대를 둔 것이지, 독립적으로 존재하는 타인이라는 실체를 토대로 한 것은 아니다. 타인에게는 그 전에 개인에 대하여 인권적으로 중요하다고 선언한 것들을 옮겨다 놓은 데 지나지 않는다. 이런 방식으로 근거가 제시된 언명은 일반화된 (보편화된) 언명일지는 모르나, 일반적인 (보편타

---

15 앞의 주 3의 문헌 참조.
16 벨기에 왕 레오폴드Leopold는 아프리카에서 식민지적인 국가인수를 다음과 같이 정당화시켰다: "전 주민을 둘러싸고 있는 암흑을 깨는, 아직 문명이 파고들지 않은 지구의 유일한 곳을 문명에 개방하는 이것은 감히 말하건대 진보의 세기에 걸맞은 십자군이다."(Carl Schmitt, Der Nomos der Erde, Köln 1950, 190면에서 인용).
17 이에 관하여는 König (주 7), 148면도 참조.

당한) 언명은 아닌 것이다. 왜냐하면 일반화된 언명 속에는 인간 사이를 결속시켜주는 것이 들어 있지 않기 때문이다. 따라서 일반화된 언명 속에는 이미 원리적인 수준에서 타인에 대한 몰이해 그리고 그 타인 자신의 삶의 설계에 대한 몰이해가 내재하고 있다. 여기에 한 가지 더 추가되어야 할 것은, 이렇게 파악된 개인의 타인에 대한 관계는 오로지 계약상의 것이거나 계약과 유사한 것이 된다는 점이다. 이를 통하여 개인들은 서로 연결되기는 하지만, 오로지 그들 자신의 의사를 토대로 해서만 연결되는 것이다; 말하자면 인간 상호 간의 고립은 감소되었지만 소멸된 것은 아니다. 왜냐하면 계약의 해제가 가능하기 때문이다.

이렇게 하여 전 세계적 차원에서 충분한 근거를 가지고 타당하게 (복수 명사로) 인권들을 말하기 어렵다는 것, 아니 말하기 불가능하다는 것을 보여주었다. 그런데도 이 모델을 이러한 형태로 전 세계에 적용하려고 한다면 저항이 일어나는 것에 대하여 놀라서는 안 될 것이다. 이 저항이 단순한 거부감의 표현이 아니라, 그 자체가 근거를 가지고 주장된다는 것을 다음 절에서 한 예를 들어 보여주고자 한다.

3. 조시아 코바Josiah A.M. Cobbah는 1987년에 '아프리카적 가치와 인권 논쟁: 아프리카적 관점African Values and the Human Rights Debate: An African Perspective'이라는 제목의 논문을 발표한 바 있다.[18] 코바는 먼저 (로크를 중심으로 한) 서구 자유주의의 발전 그리고 특히 아프리카의 식민화 과정에서의 서구 자유주의의 확산에 관하여 서술한다(312-316면). 코바는 이 설명에서 1948년 유엔의 세계 인권선언이 아프리카의 대부분이 여전히 식민 상태에 있던 시점에서 나왔다는 것을 상기시킨다

---

18 In: Human Rights Quarterly, 9 (1987), 303-331면. 뒤의 본문에서 면수는 이 논문의 면을 말한다.

(316면). 나아가 그는 이 인권선언은 분명히 서구의 '자유주의적' 정
신 태도의 특징을 가지고 있다고 지적한다(316면). 적절하게도 코바
는 이러한 태도는 계약 공동체social contract로 이해되는 공동체의 개념
에까지 연결된다고 주장한다. 공동체를 이렇게 근거짓는 방식에서 코
바는 한 사회공동체 속에서 사는 인간의 근원적인 사회적 연결 관계
가 없음을 아쉬워한다.[19]

   개인주의적 인간관에 대응하여 코바는 아프리카적 관점을 제시하
고 있다(320-324면). 인간의 자기이해에서 본질적인 것은 가족단체
로 들어가는 것이라고 한다. 가족단체 속에서 개인은 지위를 할당받
고, 가족단체를 통해서 개인은 가족의 자기보존에 참여한다고 한다
(여기서 '가족'은 혈족보다 더 넓은 관계를 의미하는 것으로서, 서구의 소가족
과 혼동해서는 안 된다). 권리들과 의무들의 조직은 'respect, restraint,
responsibility and reciprocity', 즉 존중과 제약과 책임 그리고 상
호성을 특징으로 한다. 인간 존재의 의미는 단체를 형성하고 유지하
는 데 있는 것이지, 개인적인 요구들을 서로에 대하여 관철시키는 데
있는 것이 아니다. 따라서 토지소유도 경계선을 '주장'하는 것이 아니
라, 공동체의 소유Kommunalbesitz이다. 이 모든 것들을 단지 '생활방식
lifestyle'의 차이라고 과소평가해서는 안 되며, 오히려 '세계를 보는 시
각world view', 즉 실존과 관련된 의미의 세계관으로 이해해야 한다고 지
적한다. 그래서 한 대륙이 가진 '세계관'으로 이해한다면, 서구가 많
은 것을 아프리카 문화로부터 수용한다면 서구는 무엇인가를 얻게 될

---

19 독자들에게 은폐하지 말아야 할 것은, 약간 과장되었지만 코바가 든 베르트
   랑 드 주브넬Bertrand de Jouvenel의 인용이다: "'사회계약' 이론들은, 자신의 유
   년기를 잊어버렸음이 분명한 자식이 없는 남자들의 견해들이다."(The Pure
   Theory of Politics, Cambridge 1963, 45면 이하). 주브넬의 문장은 계속된다:
   "사회는 단체처럼 만들어진 것이 아니다."

뿐 아니라 스스로 진정 해방될 것이라고 하는 주장도 이해할 수 있다.
또 역으로 왜 '개인주의'의 (강요된 인수가 아니라) 단순한 인수까지도
아프리카적 세계관에서는 불운이자 자신의 동일성에 대한 침해로 이
해되는지를 깨달을 수 있게 해 준다.

코바의 성찰의 결론은 우리는 서로에게서 배워야 한다는 요청이다
(327면 이하). 그렇지만 이 결론은 문제 제기의 근원적 성격에 비추어
보면 꽤나 호의적인 것이기는 하나 너무 빈약한 결론인데, 이 결론은
단지 도덕적인 호소에 그치고 있기 때문이다.[20] 중요한 것은 자신의
동일성을 지킬 법적 요구의 근거를 밝히는 것이다. 이것은 아프리카에
의한 서구 사상의 복고적 식민화일 수 없다는 것도 분명해진다(물론 코
바도 이것을 말했던 것은 아니다); 두 세계관은 그 핵심에서 절충적인 해
결책을 얻기에는 너무나 강하다. 오히려 물어야 할 것은, 일견에는 아
주 상반되는 전혀 다른 세계관들을 결합하면서 이것을 인권의 논증으
로 환원시킬 수 있는 근거가 존재하는가라는 것이다. 이러한 근거를,
개인의 개념과 모습을 가령 존 로크가 생각하였던 것과는 달리 보는
관념에서 찾을 수 있다는 것을 다음에서 보여주어야 할 것이다.

II.

1. 지금까지 말한 것을 요약하면, 경험적으로 단순화된 인권들이 존재

---

20 이것은 코바와 관계없이 그의 문장 "아프리카 사회는 공동체주의적이다"에
   서 미국 사회철학에서 일어난 '공동체주의'를 위한 직접적 광고로 보는 것에
   대해서도 경고하였다. 냉담한 경쟁사회에서 아늑하고 따스한 공동체사회로
   가는 직접적인 과도기에는 어떤 결함을 가진 구상이 정확하게 대립하는 다
   른 결함을 가진 구상으로 단순히 교체될 위험이 있다.

한다는 것을 지적하는 것만으로는 인권에 대한 논증을 해낼 수 없다
는 것이 밝혀진다. 이것은 인간과 인간의 구체적 욕구에 대한 경험적
개념에서 출발하기 때문에 보편적인 논증을 할 수 없는 것이다: 즉 복
수형 명사인 '권리**들**'은, 이러한 논증방식 속에서는 내적으로 아무런
연관성이 없는, 인간존재의 어느 정도 중요한 측면들의 혼합물에 불
과하기 때문에 근거를 갖지 못하며, 복수형 명사인 '인간들'도, 늘 다
수를 언급하기는 하지만 사실 그것은 개인을 인구의 수만큼 곱해 놓
은 것에 불과하기 때문에 그 정당성이 입증된 것도 아니다. 이러한 출
발점에서는 인권들이 필연적으로 존재한다는 데 대한 근거를 실제로
밝혀낼 수 없다는 것이 드러나는데, 이 출발점이 대단한 선의에 입각
하고 있다는 것을 결코 간과해서는 안 된다 하더라도 그렇다. 하지만
선의란 적절한 이유에서 법개념이 아니며, 이것이야말로 이러한 인권
사상에 대한 저항의 정당한 근거가 있음을 보여주는 생각의 거점이기
도 하다: 한 사람의 선의지는 결코 타인의 의지와 타인의 삶의 방향을
자기에게 맞추도록 할 수 있는 충분한 이유가 될 수 없다. 한 사람의
선의지가 이런 잘못을 저지르게 되면, 오만과 자만이 발생하여 타인
의 존재를 굴복시키고, 감히 세계를 그들의 기준에 맞추어 만들려는,
자칭 법의 돌격대가 되는 것이다.[21]

   2. 이러한 단순화 현상을 이제 어떻게 극복해야 할 것인가라는 물
음에 대하여 살펴본다면, 첫째로 이것이 (전혀 상이한 근거에서) 전 세
계적으로 강력한 힘을 갖게는 되었지만, 경험주의적으로 국한된 법주
체를 구성한다는 것은 자유주의적 법사상의 전통 속에서 등장하는 유
일한 관점이 아니라는 점을 지적할 수 있다. 다른 계통의 인권사상이

---

21 법의 자유성Freiheitlichkeit의 관점 하에서도 〈유럽 기본권헌장〉에 대한 상세한
   비판은 *Th. S. Hoffmann* (앞의 주 13) 참조.

있는데, 이것은 중요한 시작을 더 근본적인 것에서 시도하여 모든 인간이 타당한 법적 지위를 갖는다는 것은 사고과정의 **결과**이지 근거의 제시 그 자체는 아니라는 것을 이 토대 위에서 설명할 수 있게 된다.[22] 이러한 전통도 (그 근본개념에 있어서는) 유럽에서 유래한 것이고, 이 역시 서구에만 타당한 지역적 사고의 산물이며 타문화가 가진 고유의 의미에는 적용될 수 없다는 의심을 받을 수도 있다. 그러나 이렇게 판단하기 전에, 이 다른 계통의 논증을 경청해 보는 것도 좋을 것이다. 그렇게 되면 이를 받아들이지 않는 경우에라도 이것이 어느 정도까지 확인되는지가 드러날 수 있게 된다.

3. 이 다른 계통의 사고과정이 입각하고 있는 출발점을 이해하기 위해서는, 먼저 인간의 권리에 관한 물음은 인간의 사유를 통하여 인간 스스로가 제기한 문제라는 진부한 것으로 보이는 인식을 확인해 둘 필요가 있다. 그래서 질문에는 성격이 (기대도 마찬가지로) 깔려 있는데, 이 질문은 근거를 밝히려는 생각 자체, 즉 한 의식 속에서 개개의 언명들을 타당하게 연결하는 과정을 통하여 결론을 얻을 수 있다는 것을 대답 속에서 생산적으로 보여준다. 근거를 밝히려는 생각이란 언명들을 얻고 언명들을 정서하며, 그 근거를 밝히려는 사유를 통해서 스스로 세운 관계 속으로 들어간다는 것이다. 여기서 '사유'라 함은 다른 일을 하면서 즉흥적으로 하는 일을 의미하는 것은 아니며, 그래서 한편으로는 크로스워드 퍼즐을 생각하고 다른 한편으로는 정원 일을 생각하는 그런 것이 아니다. '사유'와 의식 일반은 오히려 동일한 것으로서 인간 의식의 탁월한 형태는 자의식이다.[23]

이러한 인식 속에 들어 있는 인간의 자기 자신에 대한 성찰적 관계

---

22 *Köhler* (주 14), 63면.
23 이에 관하여 자세히는 *Dieter Henrich*, Denken und Selbstsein, Frankfurt am Main 2007.

를 이루어 낸 것은 칸트로부터 비롯되는 독일 관념론의 획기적인 업
적이었다.[24] 이 사상 이후에 인간의 지위는 경험적으로 지각할 수 있
는 세계에 대해서는 물론이고, 특히 타인에 대해서도 변할 수밖에 없
었다. 이론적인 (경험적인 것에 터 잡은) 세계관 (즉 우리가 이 세계에 속하
는 한 우리 이외의 세계에 대한 설명과 우리 자신에 대한 설명) 속에서 이러
한 성찰적 관계는 오히려 은폐되어 있다. 칸트 자신은 "나는 생각한다
는 것이 나의 모든 표상을 수반할 수 있어야 한다"는 명제를 〈순수이
성비판〉의 제2판에 와서야 비로소 본문에 첨가하였다.[25] 그렇지만
외부세계와의 적극적인 대립이 일어나는 실천적인 세계의 행동 속
에서는 이 심오한 내적 근거가 갖는 함의는 명백하게 드러난다: 여
기서 ― 그리고 이것은 모든 인간의 문화에 타당하다 ― 외적인 것은
내적인 것을 통해서 만들어지고 형태를 갖추어 나가게 된다. 이 점에
서 일부는 기술적인 행동에 관한 것이나, 내용적으로는 훨씬 더 광범
위한 사회적 삶 전체의 형성에 관한 것이다. 이것은 인간의 의식을 매
개로 하여 생겨나는 것이지, 동물들처럼 본능에 따르는 것이 아니다.
이러한 소여所與에 대한 인식을 통해서 인간 자신의 존재와 진리에 대
한 인간(모든 인간)의 자의식이 생겨난다. 이러한 사유에 의해서 제시
되는 성찰의 단계는, 인간을 예컨대 자기 자신으로부터 정신적 추상
성에게로 달아나게 하는 것이 아니라, 스스로에게 도달하도록 하며
언제나 이미 그 자신이었던 것을 그에게 보여주는 것일 뿐이다.

---

24 이것은 이 입장에 대한 예컨대 (언급을 위해서 이름만 거명하자면) 데카르트
    Descartes, 존 로크John Locke 또는 데이비드 흄David Hume 등의 선행 작업을 결코
    평가절하하려는 것이 아니다.
25 Kant, Kritik der reinen Vernunft (Weischedel 편, Darmstadt 1975), B 131; 그러
    나 제1판의 A 117 주해도 참조: "다양한 모든 경험적 인식이 통일적인 자의식
    으로 연결되어야 한다는 종합명제는 무릇 우리 사고의 제일의 기본원칙이자
    종합적 기본원칙인 것이다."

세계를 사회적으로 형성하는 영역에서는 이제 한계인 동시에 확장을 말하는 관점이 중요한 의미를 갖게 된다. 사회적인 형성은 타인과의 상호행동 속에서 생겨난다. 그런데 여기에는 그래서 한계가 있게 마련인데, 타인은 자신의 고유한 자기를 가지고 있기 때문이다. 바로 이것이 개인의 존재 의의와 고유한 권리를 강조한 로크의 출발점의 타당한 점이다. 사회적 상호행동은 그 속에 일차적인 정당성의 보장책을 가지고 있기도 하다: 그것은 바로 각자에게 그의 자기존재를 맡긴다는 것이다. 그러나 사회적 상호행동 속에는 동시에 자기존재의 확장도 있다는 것은 서로 긴밀하게 맞물려있는 두 단계에서 분명해진다.

각자에게 자기존재를 맡긴다는 언명이 갖는 구속력은, 내가 나 스스로를 인식erkennen하고 승인anerkennen하는 것처럼, 타인을 개별자로 인식하고 승인해야 한다는 통찰에서 나온다. 실제적인 상호행동은 그것이 상호존중에 근거를 둘 때에만 성립하는 것이다 (그렇지 않으면 그것은 억압이 된다). 타인들과 이렇게 서로 주고받는 속에서 상호작용하는 것은 둘째 단계를 전제하고 있으며, 이 둘째 단계는 그 이유를 설명하고 독특한 방식으로 개개인에게 돌아가게 한다. 왜냐하면 이 둘째 단계는 자의식이 어떻게 발생하는가에 대한 인식을 가져다주기 때문이다. 개개인의 자기존재는 그 자체로 타인을 지시한다. 이는 벌써 자연적인 관점에서도 타당한데, 그것은 두 인간의 연결에서 나오는 것이기 때문이다. 그렇지만 이것은 정신적인 관점에서도 아주 잘 적용된다. 개개인의 자립성은 (태어날 때와 같이) 타인의 보호에 완전하게 의존하는 상태로부터 성인이 되어 자립적으로 존재할 수 있을 때까지 양육되어야 한다. 인간은 오로지 인간들 사이에서만 인간이 되는 것이다.[26] 자신의 근원에서 분리되어 독립적으로 성장해 나가는 것이

바로 자의식의 특징이다. 그렇지만 자신의 고유한 근원에 대한 인식
은 자의식에게 만나는 모든 타인들에게서 인간성을 인식하고 타인들
을 존중해야 하는 책무를 깨달아야 할 필요성을 보여준다. 모든 타인
들에게서 인간성은 늘 새롭게 만나게 되는 것이다; 말하자면 그 타인
은 외적인 실체에 불과한 것이 아니다. 여기서 자기존재와 사회성이
대립관계가 아니라, 서로 지시관계에 있다는 것이 밝혀진다.

　이제 스스로의 근거가 확립된 삶이 인간의 자유의 현존이라고 한다
면, 이러한 논증의 과정 속에서 하나의 자유개념을 얻게 되었으며, 그
자유개념은 바로 타인으로부터 고립된 것이 아니라는 것으로 성격규
정되었다. 오히려 이 자유개념의 본질은 자기존재Selbstsein와 공존
Mitsein은 다른 요소들과 더불어 인간존재의 전체를 형성한다는 것이
다.

　이러한 배경 위에서 그리고 권리와 관련하여서,[27] 왜 유일하게 하
나의 근본적인 인권만이 존재하는지, 왜 이 인권이 다른 자연적인 근
본상황과 관계가 있는지가 이해될 수 있다: "생래적인 권리는 단 하나
뿐이다. 자유 (타인의 강요적 자의로부터의 독립성), 이 자유가 보편법칙
에 따라 타인의 자유와 양립할 수 있는 한, 이것은 바로 모든 인간에게
인간이기 때문에 주어진 유일한 근원적인 권리이다."[28] 따라서 자유
는 생명을 전제로 하지만, 근원적인 **권리**는 오로지 자유뿐인 것이다.
이렇게 되면 나의 생명과 타인의 생명의 중요성에 대한 인식은 이 기

26　*Fichte*, Grundlage des Naturrechts (in: Werke, *I. H. Fichte* 편, Bd. 3), 39면 참조.
　　이 성장의 시간적 과정을 교육이라고 한다. 헤겔도 그의 〈법철학〉에서 근원
　　적인 상호인격성으로부터 자의식의 발생에 중요한 부분을 할애하였다.
　　Hegel (앞의 주 12), Grundlinien der Philosophie des Rechts, §§ 173 이하 참조.
27　여기서 개별적으로 이루어져야 하는 사고의 단계들은 필자의 저서 〈자기존
　　재와 법〉(손미숙 역, 2018)에 설명되어 있다.
28　*Kant*, Metaphysik der Sitten, Rechtslehre (*Weischedel* 편), AB 45.

초 위에서 추가적인 단계로서 개시되는 단계가 된다.

이렇게 전개된 자유와 주관성에 대한 구상은, 외적인 법지위들의 단순한 대립과는 완전히 다른 인간 현존의 차원을 아우른다는 것이 바로 이해되었을 것이다. 한 개인이 어떤 형태로 자신의 자기존재를 양성하는지는 우선은 당연히 타인들과 함께 살아온 맥락 속에서 자기 스스로에게 던지는 물음이 된다. 이때 동일성의 형성은 인간관계 속에서만 생기는 것은 아니고 살아온 문화 속에서도 생기며, 한 문화의 (타문화에 대한) 경계도 동일성 형성에 중요하다. 따라서 자유는 더 이상 개인만의 원리가 아니라, 이를 넘어서 문화 전체의 원리가 된다. 바로 여기에 ─ 이곳 너머 어디선가가 아니라 ─ 비로소 자명한 것으로서 구체화된 기본권들이 있다는 것이 확인된다는 결론이 나온다.

4. 이제 이어서 세계적 수준에서 (복수 명사) 인권들의 보호를 주장하는 것이 어떻게 가능한지 그리고 ─ 나아가 ─ 이러한 구상의 결과가 완전한 상대주의에 빠지는 것은 아닌지의 문제를 살펴보고자 한다.

이 문제는 무엇보다도 실천의 문제이고, 그래서 자기가 살고 있는 시대의 이 시점에서 행동하여야 하는 것이라면, 이것은 사유적으로 다루었던 근거지움의 문제를 실제 삶에 옮기는 것이다. 바로 이렇게 관점을 확장하는 데에서, 필자가 주장하는 출발점을 통해 얻은 인권의 근거를 밝히는 것과 인권 논의에 대한 추가적인 시각이 등장하게 된다.

법사상에서 여기서 필자가 전개시킨 상호성에 관한 기본규정의 첫째 결론부터가 벌써 이례적이다. 왜냐하면 이것은 인권들을 말하는 사람들 자신에게도 영향을 미치기 때문이다. 말만 하는 것이 중요한 것은 아니다. 인권들이 있다고 주장하는 사람은 인권들을 스스로 행

동하면서 실현하고 (국제회의 같은 데서 만이 아니라) 자신의 문화권 안
에서 인권들이 실현되도록 할 때에 진정성을 갖게 된다. 자신의 법문
화 속에 있는 (또는 자신의 문화가 타문화에 대하여 가하는) 착취와 억압은
인권원칙을 전 세계적인 수준에서 약화시키는 것이다. 이 첫째 점을
유념한다면 각 문화권이 자신의 특수성을 유지하면서 인권을 형성한
다는 것은 동시에 그 원칙을 (대내적으로) 증명하는 것이 된다. 이것을
대내적으로 증명하는 것은 되풀이하여 따라서 반복하라고 하는 오만
은 필요로 하지 않는다; 왜냐하면 인권을 스스로 만들어 나가는 영역
에서 이러한 증명은 당연히 자유로울 수밖에 없기 때문이다.

그러나 지금 다른 문화권들에 대한 관계 및 문화들 간의 상호관계
에 관하여 필자가 구상한 시각은 특별한 성격을 지니고 있다는 것, 한
문화가 그 자신의 권리의 승인을 요구하고 나올 때, 이 구상은 다시 새
롭게 증명되는 것임은 이미 언급한 바 있다: 왜냐하면 자유의 조건으
로서의 승인은 바로 이 입장이 입각하고 있는 원리이기 때문이다. 이
것은 자기도취적인 것으로 이해해서는 안 되고, 오히려 인권 프로젝
트를 위한 실질적인 결론들을 가져다준다. 왜냐하면 승인은 그 자체
가 자유의 근거인 동시에 자유로부터 나오는 것이어서, 승인에 대한
요구는 긴 안목으로 보면 자유의 이념을 강화시키는 것 그 자체이기
때문이다.

이렇게 되면 이것은 인권의 실현을 위한 전망을 열어주기도 한다.
인정하지 않을 수 없는 것은, 세계 여러 곳에서 자행되는 개인과 단체
에 대한 국가의 폭력과 살인, 자유의 박탈과 다양한 양상의 착취에 이
르는 상황은 서구적 관점에서 볼 때에만 자명하지 않은 것이 아니라,
인간의 자유에서 입증되는 것과도 상응하지 않는다는 점이다. 그렇지
만 타인의 자유에 대한 강압적인 개입은 그 자체가 모순이라는 것은

회피할 도리가 없다: 이러한 방법은 바로 폭력을 동원하여 해방하려
는 사람에 대한 저항과, 때로는 함께 투쟁하고 있는 사람들 자체의 저
항을 유발하며, 자칭 해방하는 사람에 대하여 더 강한 단절을 초래한
다.[29] 상호적 자유의 실천원칙은 언제나 염두에 두어야 하는 것이며
실천 속에서 실제로 실현되어야 하는 것이다. 승인을 이루어내는 사
람만이 승인을 요구할 수 있으며, 모든 형태의 타문화에 대한 승인은
언제나 이 문화를 만드는 사람들의 능력을 존중하는 것이기도 하다.
따라서 이 출발점의 결론은 견해들이 불확정적인 상대성에 머무는 것
이 아니라, 인간들 간의 근본적인 관계는 법에서 그들의 현존재에 대
한 근거가 된다는 것이다. 여기서 법에서의 이러한 현존재를 위하여
언제든지 그리고 모든 인간을 위하여 원조하면서 개입할 권능도 나온
다. 그래서 여기서 필자가 설명한 원리들에서 나오는 실천은 인간이
가진 유일한 권리인 자유를 넘어 각 개인의 인간성에 손상을 입히지
않으면서 다양한 인류의 문화를 반영하는 일련의 구체적인 권리들을
근거지울 수 있는 싹을 스스로 가지고 있는 것이다.

---

29 인도적인 간섭의 문제점에 관하여는 *Michael Köhler*, Zur völkerrechtlichen
Frage der „Humanitären Intervention", in: *Gerhard Beestermöller* (편), Die hu-
manitäre Intervention – Imperativ der Menschenrechtsidee?, Stuttgart 2003, 75
면 이하 참조; 그 밖에도 *Thomas Jakob*, Das Individuum im Spannungsverhält-
nis von staatlicher Souveränität und Internationalisierung – Überstaatliche
Zwangsgewalt in der Philosophie Immanuel Kants, Bonn 2010 참조.

§3 법의 이론과 실무에 관하여*

I. 서언

이 글로 경의를 표하고자 하는 한스 다스Hans Dahs는 독일 본Bonn대학교 법과대학 명예교수Honorarprofessor이다. 명예교수라는 직으로, 대학 자체에서 해낸 업적이 아니라 직업 활동에서, 한스 다스의 경우는 변호사 직에 종사하면서 성찰을 통하여 근거에 기반을 둔 일에서 법을 위하여 이루어 낸 법 전체에 대한 업적의 가치를 인정하는 것이다. 이러한 방식으로 대학은 그리고 학생들도 스스로의 힘으로는 얻을 수 없을지도 모르는 풍요로운 확장을 경험한다. 이 글에서 천착해보고자 하는 물음은 한 사람이 이론과 실무를 병행하는 것이 사안의 맥락에서도 자명한가라는 것이다.

II. 칸트의 '속설'

뒤에서 행해질 사고에 대한 연결점은, 1793년 9월 〈베를린 월보〉[1]에

---

* 이 글은 Festschrift für Hans Dahs, Widmaier/Lesch/Müssig/Wallau (편), Köln 2005, 33-46면에 수록된 것이다.
1 베를린 월보Berlinische Monatsschrift는 1783년부터 발간되었고, 여기에는 칸트의 유명한 논문「계몽이란 무엇인가? 라는 질문에 대한 대답Beantwortung der Frage: Was ist Aufklärung?」도 1784년에 발표되었다. 이에 관하여 교육학적으로 도움이 되는 것은 Norbert Hinske, Einleitung, in: Hinske (편), Was ist Aufklärung? Beiträge aus der Berlinischen Monatsschrift, 제3판 1981, XIII 이하.

「이론에서는 옳을지 모르나 실무에는 적합하지 않다는 속설에 관하여Über den Gemeinspruch: Das mag in der Theorie richtig sein, taugt aber nicht für die Praxis」라는 제목으로 발표된 임마누엘 칸트*Immanuel Kant*의 논문이다.[2] 칸트는 이것으로, 그가 주장하는 도덕법칙의 절대성이 인간 행위의 현실에 부합하지 않을 수도 있다는 자신의 도덕철학에 관한 비판에 대하여 반응한 것이다. 벌써 여기서 칸트가 제목으로 정한 속설은 당연히 이론으로서의 도덕법칙을, 글자 그대로 실무로서의 인간 행위의 현실을 나타낸다는 것을 알 수 있다. 하지만 속설은 인간 활동의 여러 분야에서 더 광범위한 타당성을 요구한다. 그리고 속설은 지금도 여전히 속설이며, 이 시대를 대단히 객관적이며 실용적이라고 생각하고 혹자들은 이론과 거리가 먼 것을 바로 우수성의 표지라고 이해하는 우리 시대에 이 속설은 더 대세라고까지 해도 좋을 것이다. 게다가 법에서 이론과 실무 간에는 종종 현격한 차이가 드러난다. 「독일법관법Deutsches Richtergesetz」 제5a조 제3항은 이것을 다음과 같은 표현 속에서 함축적으로 말해준다: "전공의 내용은 사법, 행정, 법률상담의 실무를 고려한다…." 이것은 대학에서 가르치는 법이 반드시 실무와 관련되는 것은 아니라는 뜻으로 이해할 수 있다; 민법에서 의사주의나 표현주의 또는 경제법에서 주소지설이나 설립지설이 중요한 사례들도 분명히 있기는 하나, 많은 사례들에서 '이론'은 아무 역할도 하지 않는다.

이러한 상황에서 성찰은 명백하게 여전한 선입견 안에서 맴돌고 있다. 이것은 법에서 소위 이론과 실무의 차이는 당연히 대학과 법의 실무가 참여하고 있는 영역 내에서도 적용될 수 있다는 것에서도 드러

---

2 Berlinische Monatsschrift 1793, 201-284면. 이 글은 쉽게 읽을 수 있고, 여기서도 빌헬름 바이셰델*Wilhelm Weischedel*의 10권 칸트 전집, 1975년판 제9권 125면 이하에 따라 ('속설'이라는 약어로) 인용하였다.

난다. 그래서 예를 들면 대학에서의 기초과목인 법사학, 특히 법철학
같은 것은 '희귀과목들'이라는 혐의를 벗어야 할 필요가 있는데,[3] 이
희귀과목들은 현행법의 핵심과목들 내에서 법조인 양성의 본업에는
독자적인 의미가 없다는 것이다.[4] 그리고 지금까지 법의 실무에서 구
법원Amtsgericht이나 지방법원Landgericht의 경우와, 하지만 변호사들에게
서도 듣게 되는 것은 상소법원은 실무에서 하는 관행과는 달리 이론적
으로 판결한다는 것이다. 따라서 소위 이론과 실무의 차이가 스스로
이러한 모순되는 영역들을 만들게 된다면 법에서 이 차이가 — 도대체
존재한다면 — 무엇 때문에 존재하는 것인가에 대한 이유를 알기 위해
서는 정확한 개념설명이 필요하다는 것은 자명해진다.

Ⅲ. 개념규정

1. 이론과 실무

'이론Theoria'은 그리스어에서 나온 단어이고 '관찰'을 의미하는 반면에
또 '인식'을 뜻한다.[5] 그렇지만 이미 여기서 분명하게 해 두어야 할 점
은 모든 인식은 대상을 가지고 있다는 것 그리고 모든 인식이 현상계

---

3 *Osterkamp/Thiesen*, Forum: Rechtsphilosophie — Orchideenfach oder juristische
 Grundausstattung? Ein Plädoyer für Grundlagenfächer, JuS 2004, 657면 이하.
4 예를 들어 *Röhl*, Wozu Rechtsgeschichte?, Jura 1994, 173면 이하와 *Roellecke*,
 Erziehung zum Bürokraten? — Zur Tradition der deutschen Juristenausbildung,
 JuS 1990, 337면 이하, 특히 342면의 논평 참조. 이 두 논문은 현재의 정신상태
 의 분석으로는 적절할지 모르지만, 법조인 양성교육의 요구를 위한 내용으로
 는 큰 힘이 없다.
5 *G. König*, Art. Theorie, in: *Ritter/Gründer* (편), Historisches Wörterbuch der
 Philosophie, Bd. 10, Spalte 1128 이하.

의 대상이지만 (법과 같이) 타인들과 공존하는 세계의 대상인 한 벌써
이러한 토대 위에서 입증되는 것은, '이론'은 세상과 무관한 무엇이
될 수 없고, 더 정확하게는 세상과 무관한 것이 되어서는 안 된다는 것
이다. 그러나 이미 아리스토텔레스*Aristoteles*에게서도 이론의 개념은 이
론적 학문으로 발전하였으며, 이 학문은 존재하는 것의 해명근거들
에 대하여 질문함으로써 감각적으로 경험 가능한 단순한 직관과는
명확히 구분되는 것이다.[6] 얼핏 보면 벌써 이 개념규정만으로도 삶
이 어떻게 '이론'으로부터 사라지는지를 바로 볼 수 있다. 이론은 존
재의 이유들에 대한 사유하는 사상적인 규정을 가능하게 한다; 아리
스토텔레스도 일관되게 이론과 반대되는 실천적이고 교양적인 학문
들을 주장하였다.[7]

　이러한 이론의 개념에 상반되는 개념이 실무의 개념이다. 실무 역
시 그리스어에서 나온 용어로 행위와 실행을 뜻하지만, 동사로도 결
과를 야기하다, 무엇을 행하다, 이루어내다, 달성하다를 의미한다.[8]
실무 개념의 철학적인 관계에 대하여 자세히 살펴보기 전에 이 같은
독일어 번역만 보더라도 알 수 있는 것은, 바로 삶의 한가운데에 있다
는 점이다. 그래서 이것은 독일어권에서 가장 위대한 문학작품 중 하
나의 유명한 표현에서도 나타난다: "친구여, 모든 이론은 회색이고,
생의 황금 나무는 초록이다".[9] 그러나 '실무'는 심오한 철학적 의미도
가지고 있으며 이 글의 주제에 대한 생각을 더 이끌어줄 수 있다. 실무
는 근거들로부터 **비롯되는** 행위를 말한다; 실무는, 앞서 인용한 논문

6　*Aristoteles*, Metaphysik (*Gohlke* 편역, 제2판 1961), V, 1, 1026 a와 X, 7, 1064 b; I, 2,
　982 b.
7　*Aristoteles*, (주 6과 같이) Metaphysik, I, 1 b.
8　어원과 개념에 관하여는 G. *Bien*, (주 5와 마찬가지로) Historisches Wörterbuch
　der Philosophie, Bd. 7, Spalte 1277 이하 참조.
9　*J. W. Goethe*, Faust I, Vers 2038 이하.

에서 칸트가 기술하는 바와 같이 단순히 모든 '업무'를 말하는 것이
아니다.[10] 행동을 한다는 것은 오히려 내용상 의식적으로 세상으로
향하는 것이다; 따라서 그것은 특별한 인간의 행동으로서 의식과 앎
을 전제한다.

벌써 이 지점에서 이론과 실무 간의 연결을 알 수 있지만, 이것은
아직 매우 피상적인 것이다. 이것은 현재 전개되고 있는 사고의 관점
으로부터 법에서의 이론과 실무의 관계를 보면 잘 드러난다. 왜냐하
면 실무가는 일반적으로 법을 적용하는 것이어서 대부분 비교적 정확
한 근거로부터 일한다는 것을 인정하고 싶어 할 것이며, 결국 이것은
그의 직업의 특징을 말하는 것이기 때문이다. 실무가는 그의 활동에
서, 즉 계약서를 작성하고, 답변서를 쓰고, 법원에서 변론을 하거나
판결문을 쓸 때에야 비로소 법이 삶으로 채워져 있다는 것을 주장하
게 될 것이다. 그럼에도 이것이 법의 실무이고 폭력의 실무가 아니라
는 점을 명확하게 해 두는 것은 사고를 진행해 나가는 데 한층 도움이
될 것이다.

2. 법

이것으로 우리는 이 논문 주제(독일어 원문, Über *Theorie* und *Praxis* im
Recht, 강조는 역자)에서 셋째 명사, 법과 만나게 된다. '법이란 무엇인
가'라는 물음은 법철학의 근원적인 질문으로서 그 대답의 질은 한 법
체계의 질도 좌우한다. 그 대답은 여기서 모두 완전히 할 수는 없고 직
접적으로도 진행할 수 없으며 오히려 특정한 의미에서 이론과 실무의
문제와 관련되는 방식으로만 할 수 있다:

---

10 Über den Gemeinspruch (앞의 주 2), 127면.

독일에서 법이란 무엇인가에 대한 이해, 그리고 중요한 부분에서는 지금도 여전히 인간의 법에 대한 관계를 특징해 주는 것은 수백 년 동안 학문적으로 갈고닦아 완성한 법인 로마법을 계수하였다는 점이다. 그 법은 언어적으로 낯선 것이었으며 언어와 내용에서 그 법을 통달함으로써 인간의 삶에 맞서는 학식 있는 법률가 계급의 법이었다. 그 법은 이 말의 광범위한 의미로 이질적이었다; 그 법에 들어 있는 정의는 지정해 준 것이었다.[11] 지금도 법률가의 이미지는 (가끔 '법의 예속자'로도 표현되는) 소위 법률상 문외한의 관점에서는 이런 방식으로 각인되어 있다. 독일에서 법에 대한 그러한 이질성은 프랑크푸르트 파울성당에서 제헌헌법이 탄생한 역사적인 행운의 날들이 도래함으로써 한순간에 사라져 버렸다 — 하지만 그 순간이 얼마나 빨리 지나가 버렸는지는 잘 알려진 바와 같다.

　그 법은 긍정적인 면에서도 부정적인 면에서도 바로 '이론'이었던 것이다: 긍정적이라는 의미는 그 법이 너무도 많은 법적 지혜들을 가지고 있는 놀라울 정도로 정교한 법규칙의 체계로서 지금까지도 우리가 그 법규칙으로, 그 법규칙에 입각해서 말할 수 있다는 것이다. 부정적이라는 의미는 그것이 '단순한 이론'이었다는 것인데, 그 법은 그 법을 자신들의 것으로 여기고 그 법이 만들어지던 때부터 그들의 자아

---

11 특이한 점은 뛰어난 로마법 전문가 파울 코샤커*Paul Koschaker*가 이 문제를 어떻게 다루는가 하는 것이다. 그는 〈유럽과 로마법〉이라는 자신의 저서에서 국민의 '소수'(법률가)가 나머지에게 법을 지시하는 것이 의사들이 환자들에게 병을 치료할 때 무엇을 하는지를 전부 이해시켜야 할 필요가 없는 것처럼, 너무나 당연한 것으로 본다(Europa und das römische Recht, 무수정 제4판 1966, 196면 이하). 여기서 고려해야 할 것은, 코샤커는 그 자신도 체험한 아주 통속적이고 편협한 형태의 '민족정신'론에 대항하고 있다는 점이다(이 책의 제1판은 1947년에 출간되었다). 그럼에도 여기서 그가 주장하는 이러한 법과 시민관은 근대의 법 및 국가관과는 더 이상 부합하지 않는다는 것은 간과되고 있다: 고대에 등장하였던 더 심오한 주관성의 원리는 다른 형태의 논거를 필요로 한다. 이에 관해서는 뒤에 나오는 본문 참조.

상을 기반으로 삼아야 했던 사람들의 삶의 형태와 세계관과는 괴리되
어 법의 그 생경함으로 인하여 추상적으로 나타났기 때문이다. 따라
서 이러한 법의 실무는 그 괴리감에서는 그 실무가 자신의 삶 속에 들
어와서 영향을 미치는 사람들의 관점에서 보면 추상적인 의미에서의
법의 '이론'과 큰 차이가 없었던 것이다.[12] 우리가 지금도 여전히 사안
을 규범에 대응시키는 것을 법률가의 직무의 핵심 부분으로 생각하
고, 이러한 과정을 라틴어의 포섭Subsumtion이라는 개념으로 표현하는
것은 의미가 없는 것이 아니다: 사실관계를 말하라, 그러면 이에 따른
너의 권리를 말해 주리라.

이러한 설명으로 19세기의 독일법주의자(게르마니스텐)와 로마법
주의자(로마니스텐)의 논쟁을 부활시키려는 것은 결코 아니다. 의문의
여지가 없는 것은 로마법이 인류의 가장 위대한 문화업적 가운데 하
나라는 점이며, 법학이 로마 법률가들의 통찰을 더 이상 전공으로 보
전하여야 하는 전통의 일부로 이해하지 않는다면 법학은 자신의 뿌리
를 스스로 절단하는 것이나 다름없을 것이다. 그러나 뒤에서 저자가
취하는 사고과정은 약간 다른 것을 염두에 두는 것으로서, 그것은 법
에 관한 원리적인 고찰을 지향함으로써 법철학적 출발점이 되는 물음
을 목표로 삼는 것이다: 이 사고과정은 정신사상사에서는 결정적인

---

12 이러한 법의 괴리가 현저하게 유럽연합의 입법에 전이되었다는 주장을 하는
   사람도 있을 수 있는데, 유럽연합의 입법은 잘 알려진 것처럼 그 핵심에서는
   행정부가 담당하고, 따라서 국가이론상의 심층적 의미에서는 전제적 입법의
   성격을 갖는다(이에 관하여는 *Kant*, Zum ewigen Frieden, Werke (주 2) Bd. 9,
   207). 특이한 것은 또 유럽연합의 재정적 이익의 보호를 위한 형법 규정안에
   대하여 어떤 형법학자 그룹이 'Corpus Iuris'(법전, 로마법대전에 붙인 이름이
   다 — 역자 주)라고 불렀다는 것이다. 이에 대해서는 *Köhler*, Form und Inhalt
   europäischer Strafrechtsvergleichung, KritV 2001, 305면 이하와 Rechtsstaat-
   liches Strafrecht und europäische Rechtsangleichung, Mangakis-FS, 751면 이하
   도 참조.

변곡점을 말하는 것이지만, 사고과정의 포괄적인 의미에서는 현재의
법에 대한 시각에서도 아직 충분히 고려된 바가 없는 것을 부각시키
려는 것이다. 그것은 법을 구성하는 데서 그리고 개인이 자신의 법을
구성하는 데서도 중요한 것은 각 개인의 통찰이라는 것이다; 핵심은
바로 법을 인간의 자유의 실현으로 파악하는 것이다.

Ⅳ. 자유의 실현으로서의 법

1. 법과 자유

앞의 문단 끝에서 표현한 명제는 처음에는 다소 이상해 보일수도 있
다. '자유'는 계몽의 표어였고 그다음에는 프랑스 혁명의 표어였으며,
절대군정을 무너뜨리고 그리고 — 20세기에는 — '현실 사회주의' 체
제를 붕괴시킬 만큼 강력한 것이었다. 독일은 자유민주법치국가이며,
유럽연합은 자유와 안전과 법의 공간으로 정의된다.[13] 사정이 이러한
데 우리가 가진 법을 이해하기 위해서 자유의 개념에 대한 보충설명이
더 필요하다는 주장을 어떻게 할 수 있는가? 이 명제의 정당성을 입증
하기 위해서는 자유 개념의 심층으로 더 들어가 볼 필요가 있다. 획기
적인 이념이 — 자유의 개념을 법의 근원적 조건으로 파악하는 것처럼
— 이렇게 해서 개척된 새로운 길 그 자체는 아직은 아닌 것이다; 법의
기반으로서의 인간의 자유 그리고 — 그 결과로 — 정치의 기반으로서

---

13 그러나 또 현재 유럽수준의 자유와 법의 관계에 대하여 비판적으로는
　　Hoffmann, Über Freiheit als Ursprung des Rechts. 18 Thesen zur Rechts-
　　begründung mit Blick auf die Grundrechte-Charta der Europäischen Union,
　　Zeitschrift für Rechtsphilosophie 2003, 16면 이하.

의 인간의 자유는 그 이념을 생각하였다고 해서 그것이 현실에서 바로
실현되는 것은 아니다. 왜냐하면 인간의 자유를 그 본질에서 파악한다
면 자유란 인간의 삶의 방식을 보여준다는 것을 알 수 있기 때문이다.
칸트와 헤겔과 피히테의 위대한 철학에서 그랬던 것처럼, 자유를 법과
연결시킨다면 법은 그 자체가 삶의 형태이다; 그렇지만 바로 이렇게
함으로써 법은 이론적인 가설이라는 성질을 당연히 잃을 수밖에 없으
며, 이 이론적 가설은 그와는 거리가 먼 인간의 삶의 형태들 위로 삶의
형태가 아닌 힘으로 마치 그물처럼 던져진 것이다. 그렇게 되면 법과
삶은 하나의 통일체의 다양한 측면들, "살아서 발전하는 특성을 지닌
형태"이다.[14] 이런 식의 법의 시각에 대한 변화는 하루아침에 일어나
는 것은 아니며, 더욱이 한 세대에서 이루어지는 것도 아니다. 이 변화
는 개인적인 세계관은 물론이고 집단적인 세계관과도 관련되는 것이
고, 한 개인이나 어떤 정치적인 집단도 이러한 세계관을 옷을 갈아입
는 식으로 바꿀 수는 없다. 정치 공동체에 대하여 이것을 강요한다는
것은 자유라는 개념 자체에서 유래하는 것인 만큼 전혀 불가능한 일로
서, 자유는 전 과정의 근거인 동시에 목표이다.[15]

그래서 계몽시대 그 자체가 그의 미래이자 우리의 현재에 대하여
자유, 인권, 연대성이라는 표어들을 마련해 주었지만, 그것만으로 법
의 전통과 권력의 형태가 하루아침에 전혀 새로운 것으로 대체된 것
은 아니다; 이것은 1789년 혁명 후의 프랑스의 역사만 보아도 분명하

---

14 J. W. Goethe, Urworte orphisch, Daimon/Dämon, in: Goethes Gedichte in zei-
    tlicher Folge, 제6판 1988, 879면 이하.
15 따라서 칸트가 제대로 본 것처럼 역사적 관점에서는 오로지 개혁(특히 우리
    가 오늘날 말하는 그 개혁이 아니라, 원리에 따른 개혁)만이 자유 자체에 적합
    한 동시에 자유로부터 자유를 위한 진보일 수 있다; 예컨대 Metaphysik der
    Sitten, Werke (주 2) Bd. 7, 437면 이하 참조; 이에 관하여는 Langer, Reform
    nach Prinzipien, Untersuchungen zur politischen Theorie Immanuel Kants,
    1986도 참조.

게 드러난다. 그래서 뒤에서는 실질적으로 자유에 입각한 법이 최우
선의 목적이며, 이 점에서 법으로 가는 길 그 자체도 자유에 토대를 두
어야 한다는 명제를 주장하려고 한다. 이러한 맥락에서 이론과 실무
의 관계도 새롭게 규정될 필요가 있다.

2. 이론과 실무의 근원인 자유로운 인간

자유에 기반을 둔 법의 개념에서 법은, 권위적인 외적 힘에 불과한 것
들을 법으로부터 분리해 내는 근원으로 돌아가서 그 근원으로부터 전
개된다: 그 근원이란 바로 자유롭기 때문에 책임 있게 행위하는 인간
이다.[16] 그러나 이때 법은 자유를 단순히 주장하는 것으로 개인들과
인위적이고 외적으로 연결하는 식으로 귀착되어서는 안 된다. 자유의
개념에 대해서는 한편으로는 여기에 입법자가 있고 다른 한편으로는
저기에 시민이 있으며, 시민들에게 입법자의 선의에 대하여 가능한
한 많은 신뢰를 심어주어야 한다는 식으로 생각하는 것으로는 결코
충분하지 않다. 그렇게 한다면 인간은 법에 포섭될 뿐이다; 이러한 법
은 후견적 정부의 역할만 하게 될 것이며, 이것을 칸트는 정부가 시민
을 어린아이처럼 취급하는 것이기 때문에 최고의 전제정치라고 혹평
한 바 있다.[17] 인간이 스스로 근거를 갖고, 스스로 책임지는 삶 속에서
법의 제정자로 이해될 때에 법은 비로소 자유로운 인간의 바탕 위에
서 그 근거가 설명되고 기초가 세워지는 것이다. 국가는 칸트에 의하
면 법의 법칙 하에 이루어진 수많은 인간들의 연합이며,[18] 그러나 법

16 이에 관해서도 Zaczyk, E.A. Wolff-FS, 1998, 509면 이하 참조.
17 Über den Gemeinspruch, 145면 이하 참조; Metaphysik der Sitten (주 15), § 49
 (435면 이하) 참조.
18 Metaphysik der Sitten (주 15), § 45(431면 이하).

의 법칙은 인간들이 스스로 정한 것이다. 이러한 자기입법을 통한 토
대에서 법공동체의 헌법이 만들어지고, 헌법은 그 자체가 반드시 자
유의 원칙 위에서 전개된 것으로서 그 속에는 국민의 헌법제정권력
pouvoir constituant이 나타나야 한다.[19] 그다음 한 국민의 구체적인 법적
삶은 이러한 헌법의 규정을 통해서 모습을 갖추게 된다. 이 경우 어떤
매개물을 거치든 간에, 예컨대 대표기관을 통하든, 정당을 통하든, 항
상 국민이 주권자라는 것을 잊어서는 안 된다. 국민은 국가권력을 선
거와 같은 경우에만 간헐적으로 행사하는 것이 아니라 ―「독일기본
법」제20조 제2항에서도 명확하게 표현하듯이 ― 그들 법의 특별 기
구인 입법, 행정, 사법을 통하여 **지속적으로** 행사한다.[20]

그러나 이 언명을 오늘날의 전혀 신뢰할 수 없는 허울만 남은 정당
이나 언론 민주주의 상황의 경험으로 평가한다면, 이론적으로는 맞을
지 모르지만 실무에는 전혀 맞지 않다는 속설이 더더욱 생생하게 다
가올 것이다.

그렇지만 이것은 자유의 개념이 어떤 차원과 어떤 힘을 지니고 있
는지를 간과하는 것이다. 자유와 직결되어 있다는 것은 인간의 정신
적 본성에 관한 인식이다. 인간은 자신의 법칙을 스스로 정하는 능력
을 가지고 있다; 인간의 삶은 어쨌든 자신의 근본상태에 따라서 스스
로 결정하는 의식적인 것이다.[21] 이러한 토대 위에서만 비로소 성공적

---

19 *Kant*, Metaphysik der Sitten (주 15), § 43(429면); 이에 대해서는 *Köhler*, Begriff
   der freiheitlichen Rechtsverfassung, Rechtstheorie 1995, 387면 이하와
   Gesellschaft und Staat nach freiheitlichem Rechtsprinzip im Übergang zu einer
   internationalen Gerechtigkeitsverfassung, Mestmäcker-FS, 211면 이하.

20 자유법칙적인(freiheitsgesetzlich, 인간의 자유는 법칙을 만든다는) 관점에서
   본 세 권력의 근본관계에 대해서는 *Kant*, Metaphysik der Sitten (주 15), § 45
   (431면 이하) 참조.

21 *Kant*, Grundlegung zur Metaphysik der Sitten, Werke (주 2) Bd. 6, 41, 49; 동저
   자, Kritik der praktischen Vernunft. Werke Bd. 6, 138 참조. 광범위한 일반적인

인 삶과 자유를, 또 이에 대응하는 일탈과 불법을 말할 수 있다. 그러
나 이 언명은 단지 소수의 엘리트 지도층에게만 적용되는 것이 아니
라, 근대 인식의 성과에 의하면 모든 개인에게 해당되는 것이다. 이러
한 삶과 인간의 근본상태에 해당되는 모든 실천은 (그리고 법과 정치는
이 관계를 극대화하여 보여준다) 인간의 이러한 본질에 부응할 필요가 있
다. 실무가 이것을 잘 하지 않으면서 법과 자유에 헌신한다고 주장한
다면, 그 기만적인 모순은 언젠가는 명확하게 인식되어서 — 어떤 방
식으로든 간에 — 제거되게 될 것이다. 따라서 법과 정치의 실무가 정
당한 실무로 유지되기 위해서는 충실한 내용을 가진 이론에 입각해야
한다. 이 관계를 망각한다면, '실무'는 단순한 '업무'로 되고, 우연에
의하여 결판나는 것으로 전락하여 그 자체가 우연적인 사태로 될 것
이다. 특히 법조인의 실무가 정의로서 발전된 자유에 기반을 두지 않
을 때는 강제의 폭력이 된다.

　그래서 법이 타당성을 갖기 위해서는 법은 이성의 능력을 지닌 개
개인의 행위라는 시각과 직결된 것이라고 이렇게 본질적으로 생각한
다면, 법은 인간의 실천을 담고 당연히 법의 이론 속으로 수용하게 된
다. 법의 이론과 법의 실무 그리고 인간의 실제 삶은 하나의 관계를 형
성하는데, 이 관계 속에서 한편으로는 (법의) 추상화의 여러 단계 그
리고 다른 한편으로는 (삶의 실행의) 구체화의 여러 단계가 규명되기
는 하지만, 기존의 관계가 해체되는 것은 아니다. 이렇게 해서 한 공동
체의 법은, 정당한 것에 대한 일반적인 언명이 만들어지는 동시에 삶
속에서 실현되게 함으로써 그 공동체의 동일성을 확립하는 한 요인이
된다. 법질서는 배에 실어서 수출할 수가 없다. 그러므로 지금도 자주

　맥락에 관하여는 *Henrich, Der Mensch als Subjekt in den Weisen seines Mitseins,*
in: *Hügli/Kaegi/Wiehl,* Einsamkeit — Kommunikation — Öffentlichkeit, 2004, 27
면 이하도 참조.

그런 것처럼, 법문화들 간의 차이를 대수롭지 않게 여겨서는 안 된다. 왜냐하면 인간의 자기결정과 법의 내적인 맥락은 살아 있는 관계로서, 여러 언어와 문화 그리고 종교 간에 차이가 있는 것처럼 공동체들 간에도 차이가 있기 때문이다.[22] 국민들과 국가들 간의 자유의 관계 자체도 이러한 차이가 인정되고, 이것을 인정하면서 각기 독자적인 기준에 따라서 한 단계 더 높은 통일체를 만들려고 노력할 때에만 정립될 수 있는 것이다. 세계는 하나라고 외치는 것만으로는 현실에 영향을 미칠 수 없으며, 이것은 유럽에서조차도 그렇다.

이렇게 법이 그 기초에서 개개인의 의식적인 삶과 연결됨으로써 법은 새롭게 규정되는 것을 경험한다. 법은 이차적인 보충 단계에 와서야 비로소 인간의 의식 및 삶의 현실과 연결되는 추상적 당위규정들의 형식논리적 구조가 아니라, 스스로 파악한 이성적 실천이다. 이제 규범의 '적용'은 더 이상 사안을 규범에 포섭하는 것이라고 묘사하는 것으로는 충분하지 않고, 규범 속에 항상 내포되어 있는 것을 **해명**하는 것이다.[23] 따라서 이러한 배경 위에서 법의 이론과 실무를 논한다면 실질적으로 양자 사이에 존재하는 모종의 차이를 말하는 것이 아니라, 포괄적으로 이미 법 자체를 말하는 것이 된다. 실무가 없는 법의 이론은 공허할 것이며, 이론이 없는 실무는 맹목적일 것이다. 세계나 삶과 동떨어진 이론은 법의 이론이 될 수 없고, 체계적 법개념이 없는 실무는 법이라는 가면을 쓰고 인간의 운명과 장난하는 단순한 우연의 놀음에 지나지 않을 것이다. 현재 '실무'의 중요성에 대해서는 너무

---

22 이에 대하여도 *Kant*, Zum ewigen Frieden, Werke (주 2) 제9권, 225/226면.
23 따라서 여기서 말한 것은 해석기법으로서의 해석학을 방법적으로 지적하는 것 이상의 의미가 있다. 왜냐하면 중요한 것은 법률가가 법조문을 이해하는 것에만 그치지 않고, 실제 행위 가운데 '규범과 관련된 것' 자체를 통해서 규범에 대한 실천적 지향을 해석하는 것이기 때문이다.

나 많이 말하고 '이론'에 대해서는 거의 경멸적인 투로 말한다는 사실, 즉 이 둘을 적대관계로 보는 것은 사유하는 것을 기꺼이 포기하고 싶다는 것을 은근히 시인하는 사회의 지적 결함의 징후나 다름없다.

3. 이론과 실무의 차이

이것으로 법에서의 이론과 실무가 양자의 공통적인 토대가 되는 근원적 사고로 돌아갔다고 한다면, 이제 이 토대 위에서 양자의 특별한 차이점을 자세히 살펴볼 수 있다. 왜냐하면 이론과 실무 간에는 차이가 없지 않기 때문이다; 이 차이는 법이라는 일에서 근거를 갖고, 결국은 이 일을 하는 인간에게서 그 근거를 갖는다.

이것을 해명하기 위해서는 다시 칸트의 '속설'이라는 논문을 살펴볼 필요가 있다. 이 논문의 서두에서 그는 다음과 같이 적고 있다: "실천적 규칙들이 원칙으로서 일정한 일반성을 갖는 것으로 생각되고, 이때 그 규칙들을 실행하는 데 필연적으로 영향을 미치는 일련의 조건들을 배제하는 경우에는 실천적 규칙들의 총괄 개념 그 자체를 이론이라고 부른다."[24] 따라서 실천적 규칙들의 이론은, 이러한 규칙들이 일반성을 지니는 것을 염두에 두는 사유적인 작업을 필요로 하는데, 이때 법에서 더 추가되는 것은 정의가 이 일반성의 상위개념이 된다는 점 그리고 규칙들의 관계는 이 상위개념인 정의의 전개를 의미한다는 점이다. 이러한 사유적인 작업은 독자적인 작업이고, 개별사안에서의 일과는 구별된다. 왜냐하면 구체적인 사안에 대한 작업을 하는 데서는 한 요소가 더 부가되기 때문이며, 그것은 바로 포섭의 경

---

24 Über den Gemeinspruch, 127면.

우에 모든 법조인에게 너무나 잘 알려져 있는 것으로서 원칙을 만들
때에 포섭의 경우와 같은 강도로 나타나지는 않는 판단력이다. 이 판
단력을 통하여 실제의 법적용에서 한 사건은 다양한 특성을 가지고
하나의 규칙에 포섭된다 — 그리고 판단력의 이 작용은 다른 어떤 새
로운 일반 규칙으로도 그 자체가 다시 일반화될 수 없는 것이다; 이것
은 칸트 자신이 말한 바와 같이,[25] 무한 속으로 들어가는 것과 같다.[26]
그러므로 법에서의 이론적인 작업은 삶을 개념 속으로 파악하는 것이
고, 실무적인 작업은 개념을 다시 삶 속으로 들어가게 하는 것이다. 바
로 이런 이유로 실무가는 이론을 포기해서는 안 되며, 만약 이론을 포
기한다면 그의 일은 법이 없는 자의가 될 것이기 때문이고, 이론가도
그의 작업을 통해서 정의에 대한 일을 이미 완전히 마무리하였다고
생각해서는 안 된다: 그렇게 한다면 그의 작업은 추상성 속에 고착되
어 버리기 때문이다.

　여기서 '이론가'와 '실무가'라고 말하는 것은 이 주제에 대한 선입견
과 부합하는 분류를 의미하는 것은 아니다. 오히려 이것으로 차이를
인정하자는 것이며, 이 차이는 일반적으로 경험할 수 있는 인간 유형
에도 부합한다. 이미 고대에도 실천적인 삶vita activa과 관조적인 삶vita
contemplativa을 구분하였다.[27] 이것과 관련하여 비록 관조적인 삶이 더
높은 가치를 갖는다고 주장된 바도 없지 않았지만, 이에 대해서는 반

25　주 24와 동일.

26　법조인 양성교육에서 현재의 수많은 사례집은 많은 학생들에게 — 이룰 수
　　없는 — 정반대의, 즉 개별사례의 결정을 마치 법으로 일반화할 수 있고, 따라
　　서 판단력이 연관관계로부터 멀어지는 효과를 준다. 그러나 판단력은 배울
　　수 있는 것이 아니라, 훈련해야 하는 것이다.

27　다시 Historisches Wörterbuch der Philosophie(앞의 주 5와 주 8)에서 '이론'과
　　'실무' 항목 참조. 그 밖에도 *Snell, Theorie und Praxis, in: Snell, Die Entdeckung
　　des Geistes*, 제6판 1986, 275면 이하; *H. Arendt, Vita activa*, München o. J., 18면
　　이하.

론을 제기할 수 있다. 이 양자는 모두 세상과 관련을 맺고 사는 인간의 삶의 형태이며, 한쪽은 자신을 자극하는 법칙에 따라 이론 쪽에 전념하고, 다른 한쪽은 실무 쪽에 더 전념하지 않을 수 없다는 것을 인정하여야 할 것이다. (이 양자를 겸비할 수도 있다는 것을 명예교수라는 제도는 보여준다). 그렇지만 이렇게 해명된 이론과 실무의 관계에 입각하여 본다면 양측은 늘 공동의 일 속에서 각기 상대방 측의 덕을 보고 있다는 인식을 가져야 하는 것이다.

V. 법조인 양성의 이론과 실무

법에서 이론과 실무의 관계를 이렇게 규정하는 것은 법조인 양성, 특히 대학에서 법조인 양성교육의 방식에도 영향을 미친다. 끝으로 이 관계에 대하여 지면이 허용하는 범위 내에서 살펴보기로 한다.[28]

  법조인 양성교육은 양측의 관계를 염두에 두고 여기에 ('양성교육의 실무'로서) 적절하게 구현하여야 한다. 법조인 양성교육은 학생들이 우선 '이론'에 정통하게 하고, 즉 법의 중요한 내용 및 그 기초에 관한 체계적 지식을 얻도록 하는 방법을 통해서만 가능하다. 그런데 이 내용들은 그 자체 자연과학적으로 객관화할 수 있는 현실이 아니라, 법치국가를 자유적으로 파악한 실무이다. 이러한 실무로 들어가서 일을 한다는 것은 특별한 방식으로 그것을 체험한다는 것을 의미한다. 이것은 시간이 걸리는 과정을 전제하는 것으로서 이 과목에서 저 과목으로 서둘러 쫓아다니면서는 해낼 수가 없다; 그렇게 하여서는 말하자면 관광

---

28 이에 관하여는 특히 *Köhler*, Zur Reform des rechtswissenschaftlichen Studiums, JR 1991, 48면 이하; *Kahlo*, Wozu heute Rechtswissenschaften lehren und studieren?, in: Meurer-Gedächtnisschrift, 583면 이하.

형식의 피상적인 지식만 얻을 수 있을 뿐이다. 「독일법관법」 제5a조
제1항이 학업기간을 8학기로 정하여 둔 것은 분명 소요기간의 최단기
를 확정하여 놓은 것이다. 대학교육과 사법시험에서의 경험이 가르쳐
주는 것은 많은 학생들이 더 많은 시간을 필요로 한다는 데는 충분한
이유가 있다는 것이다. 하지만 심원한 지식을 얻어야 하는 것뿐 아니
라, 법조 직의 핵심 요소인 법적 판단력도 길러야 하는 것이다. 원칙적
으로 나쁘다고 말하기는 어려운 독일의 법조인 양성교육은 이 관계에
서 기인한다. 이러한 교육을 법관양성교육이라고 말하는 사람이 있다
면 그 사람은 법의 일반적인 측면을 염두에 두지 않는 사람일 것이다.
법치국가에서의 법은 보편적인 구속력이 있으며, 보편적인 구속력을
실제로도 행사한다. 이 법은 변호사나 일반적으로 법을 적용하는 직
업에 종사하는 사람들의 법이 아니라, 그에 앞서 모든 시민을 위한 법
인 것이다. 또 반대의견을 주장하는 경우에도 그 근거는 여전히 법이
어야 한다. 교육 내용을 더 정밀하게 규정함에 있어서 법의 현실을 간
과해서는 안 된다는 것은 자명한 것으로서, 이러한 고려는 앞서 말한
것에 의하면 법의 본질에 속하는 것이다. 독일에서 일반적으로 그런
것처럼 대학졸업 직후에 바로 실무의 교육과정을 하는 것이 더 의미
있는가라는 물음에 대하여는 여기서는 더 이상 논하지 않기로 한다.

  오히려 대학 학업의 본질 자체 및 이를 통하여 대학 공부의 목표와
이념에 관하여 살펴보는 것으로 이 글을 마무리 하고자 한다. 학문과
대학을 말하는 사람은 진리탐구를 말한다는 것을 깨달아야 한다. 이
것은 19세기의 특정 사상의 흐름의 결과로 아직까지도 즐겨 인정되고
있는 것처럼 자연과학 분야에만 해당되는 것이 아니라, 인문과학이라
는 명예로운 이름을 가진 분야들에도 절대적으로 적용되는 것이며,
여기에는 법학도 해당된다. 이러한 관점이 지금은 인기가 없다는 것

은, 그리고 이 관점은 대학을 사실상 다방면으로 활용할 수 있는 인적
자원을 만들어 내는 작업 효율성이 높은 생산 공장으로 만들려는 사
람들의 의도와는 정반대가 되는 것이지만, 이 관점이 진실임이 달라
지지는 않는다. 이 관점이 다시 — 부정할 수 없는 막강한 영향력을 가
진 시대'정신'의 흐름에 거슬러서 — 효력을 발휘하기 위해서는 전통
속에서 얻은 인식에 따를 것을 권한다. 프리드리히 쉴러*Friedrich Schiller*
는 그의 유명한 예나Jena대학 취임강의, '세계사란 무엇이며, 어떤 목
적으로 우리는 세계사를 공부하는가'[29]에서 학생을 직업을 위해 대학
을 다니는 학생과 철학적인 두뇌로 구분하였다. 직업을 위하여 대학
을 다니는 학생은 가능한 한 빨리 그리고 쉽게 그의 직업생활에서 생
계비를 버는 데 이용하려는 목적으로 지식을 모은다. 그는 스스로 사
유하는 데는 관심이 없는데, 이것은 외적 지식을 축적하는 데 방해만
되기 때문이다. 그 반대유형으로 쉴러는 철학적 두뇌를 든다. 철학적
두뇌는 사물 그 자체 때문에 공부를 하고, 하나의 학문의 전체를 다른
분야들과의 관계 속에서 이해한다. 그에게 새로운 사상은 직업을 위
해서 대학에 다니는 학생처럼 고통이 아니며, 직업을 위하여 대학을
다니는 학생들은 새로운 사상을 더 많은 것을 배워야 하는 강제로만
여긴다; 철학적 두뇌는 오히려 이것을 전공에 대한 인식을 넓히고 심
화하는 가능성으로 본다. 그의 학업은 궁극적으로는 인간양성교육이
며, (단순한) 직업양성교육이 아닌 것이다.[30]

---

29 *Friedrich Schiller*, Sämtliche Werke, *Fricke/Göpfert* (편), 1958, Bd. 4, 749면 이하
참조.
30 오늘날 일반적으로 학업의 본질에 관하여 분명한 식견을 가진 사람은 「독일
법관법」 제5a조 제3항에서 개념 없이 열거해 놓은 '특수과목(심리경영론, 협
상방법론, 웅변술, 조정론, 중재론, 심문론, 의사소통론)'을 전공의 대상으로
하는 것이 얼마나 터무니없는 것인지도 더 분명히 알 수 있을 것이다. 이것은
오로지 인문학적 교육의 결과라야만 되며, 경우에 따라서는 특정 기술을 통
하여 더 정교화 되는 것이어야 한다.

여기서 오해해서는 안 될 것이 하나 있다: 쉴러는 '철학적인 두뇌'
들도 대학에서의 학업을 마친 후에는 대학에서 배운 교육을 직업생활
에서 실행하여야 한다는 것을 당연히 알고 있었다. 그의 강의 제목이
이미 시사하고 있는 바와 같이, 그가 중시한 것은 무언가 다른 것이었
다: 그는 전공의 내용과 학생들이 그 내용에 숙달하게 되는 방식 사이
의 직접적인 연관성을 간파하였다; 따라서 학생들의 전형적인 두 유
형은 바로 전공의 내용 자체와 딱 들어맞는 것이다. 향후 직업에서 무
엇이 소용이 있을 것인지를 피상적으로 묻는다면, 교육이 가져올 삶
에 미치는 예상할 수 없는 결과를 교육의 프로그램으로 제시하려고
하는 것은 당연히 헛된 일이 될 것이다. 이러한 의도는 바로, 세계는
지금 끊임없이 변화한다는 거의 동시적으로 제기되는 지적과도 모순
되는 것이다. 전공의 내용에 대한 언명에서 결정적인 것은 관건이 되
는 사안 그 자체에 관한 언명이며, 우리의 경우에는 그러므로 법에 관
한 언명이어야 하는 것이다.

쉴러가 적절하게 기술한 것처럼, 학문이 직업을 얻으려고 대학에
다니는 학생들에게 쓸모 있는 것이 되기 위하여 노력한다면, 그 고도
의 최종목적에서 너무 멀어지게 될 것이다.[31] 그러나 법학의 본질은
이론과 실무에서 자유를 창설하고, 자유를 보장하는 국가의 법인 것
이다. 이 분야의 학업은 그 자체가 자유를 정립하는 것이어야 하며
피상적인 것을 교육 프로그램으로 끌어 올리는 것이 되어서는 안 된
다. 법에서 실질적인 교육이 가져오는 '이득'은 장기적으로 본다면
가쁜 숨으로 소위 노동시장에서 널리 등장하는 이익이라는 산만한
구호에 방향을 잡는 것보다 훨씬 더 공동체(국가)를 안전하게 보장
하는 것이다.

---

31 앞의 책 (주 29), 754면.

§4 법에서의 근거지움에 관하여*

I.

에른스트 아마데우스 볼프*Ernst Amadeus Wolff* 교수의 논문들이 지닌 특
징은 실정법상의 문제들 및 이와 관련된 해석론을 법철학의 근본입
장과 매우 견고하게 연결시키면서 이 법철학의 근본입장으로부터 해
답을 모색한다는 점이다.[1] 이 근본입장은 자유의 철학이라고 말할 수
있고, 철학사에서는 주로 칸트와 칸트에서 비롯되는 독일 관념철학
을 토대로 형성되었다. 법의 근거를 밝히는 문제는 독일 관념철학에
서 탁월한 의미가 있으며, 우리는 독일 관념철학이 이룩해 놓은 위대
한 법철학 저작들에 큰 신세를 지고 있다.[2] 현행 독일 법질서의 기초
는 분명히 자유의 법질서로 파악되지만, 앞서 언급한 철학의 근본입
장이 법학에서나 (더 제한시켜) 형법학에서 일반적으로 인정된다고
말할 수는 없다. 오히려 반대로, 볼프가 이러한 철학의 근본입장을
원용하는 데 대하여 사람들은 현재의 당면 문제를 과거의 사고체계

---

* 이 글은 에른스트 아마데우스 볼프 고희기념논문집Festschrift für Ernst Amadeus Wolff,
  Zaczyk/Kahlo/Köhler (편), Berlin 1998, 509-524면에 수록된 것이다.
1 특히 Kausalität von Tun und Unterlassen, Heidelberg 1965; Die Grenzen des
  dolus eventualis und der willentlichen Verletzung, in: Festschrift für Willhelm
  Gallas, Berlin, 197면 이하; Das neuere Verständnis von Generalprävention und
  seine Tauglichkeitfür eine Antwort auf Kriminalität, ZStW 97 (1985), 786면 이하;
  Die Abgrenzung von Kriminalunrecht zu anderen Unrechtsformen, in: *Winfreid
  Hassemer* (편), Strafrechtspolitik, Frankfurt/Main 1987, 137면 이하.
2 *Immanuel Kant*, Die Metaphysik der Sitten, 1797; *Johann Gottlieb Fichte*,
  Grundlage des Naturrechts nach Prinzipien der Wissenschaftslehre, 1796; *Georg
  Wilhelm Friedrich Hegel*, Grundlinien der Philosophie des Rechts, 1821.

51

에서 답을 구한다고 비난을 가하였다.[3] 나아가 이러한 근거지움의
방식은 절충주의라는 혐의도 받는다: 이 입장은 가치론도 아니고, 체
계이론도 아니고, 언어철학도 아닌, 바로 칸트와 헤겔을 끌어들인다
는 것이다.

이 글은 볼프가 취한 근거지움의 방식은 다른 권위자의 권위에 기
대어 논증하기를 능사로 삼는 법률가들에게 친숙한 탐색이 아니라,
법과 법학에서의 근거지움이라는 과업 자체에 내재하는 필연성이라
는 점을 밝히려고 한다. 그러나 또 해명하고자 하는 것은 이것으로 상
이한 여러 관점들로부터 제기되는 학문적인 논쟁에 결코 종지부를 찍
으려는 것이 아니라, 오히려 그와는 반대로 모든 학문적 논쟁은 이러
한 다양한 관점에서 비로소 그 토대를 얻는다는 점이다. 이러한 사유
를 안내해 주는 것은 칸트의 저서,[4] 법론[5]의 서론 § B.의 첫 문단으로
서 그 내용은 다음과 같다:

---

3 가령 *Schünemann*, JA 1975, 789면; GA 1995, 201면 이하; *Bohnert* (Diskussion-
  sbemerkung), in: *Gropp*, Tagungsbericht, ZStW 97 (1985), 919면 이하, 933면.
4 여기서 또 근거 없이 칸트를 끌어들인다는 비난에 대처하기 위하여 저자가 인
  용한 단락에서 먼저 칸트는 법의 근거를 밝히는 것의 어려움을 말하는 것이지,
  근거지움이 이미 해결되었다고 하는 것이 아니라는 점을 분명히 지적해 둘 필
  요가 있다. 무엇보다 이 논문에서 앞으로 제시되는 해석은 이 단락의 근거지움
  의 내용도 해명하게 될 것이다.
5 Die Metaphysik der Sitten, Werke 7권, 336면 이하(A/B 31/32); 인용문과 관련하
  여 뒤에서는 '§ B.'라고만 한다. 칸트의 저작은 빌헬름 바이쉐델*Wilhelm
  Weischedel*이 발행한 1975년 판의 10권 전집을 인용하였다; 면수는 저작의 제1
  판(A), 제2판(B)도 함께 인용하였다. 문헌에서 인용한 이 부분에 대한 가장 정
  확한 해석으로는 *Naucke*, Kants Kritik der empirischen Rechtslehre, in:
  Sitzungsberichte der Wissenschaftlichen Gesellschaft an der Johann Wolfgang
  Goethe-Universität Frankfurt am Main, Bd. XXXIV, Nr. 4, Stuttgart 1996. 물론
  중요한 부분에 대한 해석은 보충될 필요가 있다(뒤의 IV).

"§ B. 법이란 무엇인가?

이 물음은 법학자들이 동어반복에 빠지고 싶지 않거나, 보편적 해답 대신에, 어느 나라에서 어느 시기에 법률이 원하는 것이라는 것을 말하고 싶지 않다면, 진리란 무엇인가? 라는 유명한 물음이 논리학자들을 곤혹스럽게 만드는 것처럼, 법학자들을 곤혹스럽게 만들 것이다. 무엇이 법인가, 즉 법률이 일정한 지역과 일정한 시대에 무엇을 말하고 있거나 말하였던가 하는 것은 법학자가 말할 수 있을 것이다; 그러나 법학자가 가능한 실정 입법을 위한 토대를 수립하기 위하여, 일시적으로 경험적 원리를 버리지 않고, (법학자에게 실정 법률이 입법을 위한 주된 길잡이가 될 수 있다고는 해도) 판단의 근원을 순전한 이성 안에서 찾지 않는다면, 그들이 원하였던 것이 또한 정당한 것인지를 인식할 수 있는 그리고 법과 불법임을 인식할 수 있는 보편적 기준은 찾지 못할 것이다. 단지 경험적이기만 한 법이론은 (파이드루스의 우화에 나오는 나무로 만든 머리와 같이) 아름다울지는 모르지만, 유감스럽게도 뇌가 없는 머리인 것이다."

II.

법에서 어떤 언명의 근거를 밝힌다는 것은 우선 일반적으로는 정당성에 대한 요구를 하는 언명을 논거에 의하여 지지하는 것을 말한다. 이 논거들이 현행법 자체로부터 추론되는 경우에는 (잠정적인 의미의) 내적 근거지움이라고 말할 수 있다. 내적 근거지움은 다른 법명제(= 법규)와 그에 대한 해석에 초점을 맞춘다; 법학방법론의 대부분은 이러

한 해석에 몰두한다.[6] 근거지움의 요소로서 법관의 판단의 권능을 고
려한다고 하더라도, 이것이 내적인 근거지움이라는 사실에는 변함이
없다. 왜냐하면 법관직은 법 자체로부터 창설되는 것이고, 법관은 판
결을 내릴 때 법규나 판례를 따르기 때문이다.[7] 물론 모든 종류의 내
적 근거지움은 불가피하게 사유이기도 하며, 그렇기 때문에 그 대상
을 넘어선다; 이에 관하여는 뒤에서 다시 언급하기로 한다. 그렇지만
모든 종류의 내적 근거지움은 그 대상으로 법을 전제하고 있다. 물론
내적 근거지움에서 제시된 논거와 그와 더불어 제기되는 정당성에 대
한 요구는 이러한 근거지움의 방식을 통하여 체계적으로 확장되어 지
지될 수도 있고 약화될 수도 있다. 그렇지만 정당한 것으로서의 법에
관한 인식의 확장은 엄밀히 말한다면 이러한 접근방식과는 결부되지
않는다; 이는 그 자체로 다시 근거지움이 필요한 기존의 언명들을 묶
어 놓은 데 지나지 않는 것이다.

　이것은 칸트처럼 문제를 극단화시켜서, § B. '법이란 무엇인가?'라
는 물음을 제기하는 경우에는 더 분명해진다. 앞서 언급한 근거지움
의 방식(= 내적 근거지움)으로는 이 질문에 완전한 대답을 할 수가 없
다. 칸트는 핵심을 분명히 그리고 적절하게 말한다: 이러한 내적 근거
지움으로는 현행 법질서의 법명제가 무엇을 말하는지를 제시할 수는

6　예컨대 *Bydlinski*, Juristische Methodenlehre und Rechtsbegriff, 제2판 Wien/New
　York 1991, 393면 이하; *Engisch*, Einführung in das juristische Denken, 제9판,
　Würtenberger/Otto (편), Stuttgart 1997; *Pawlowski*, Methodenlehre für Juristen, 제2
　판 Heidelberg 1991 참조; *Koch/Rüssmann*, Juristische Begründungslehre, München
　1982 참조.

7　법에 관한 판단행위에서 비로소 법은 획득된다고 보는 경우에도 법적 언명이
　있다는 것을 전제해야 하는데, 법의 획득은 규범이나 판례(그 자체가 규범의
　적용이다)에 의해서 뒷받침되기 때문이다; 이에 관하여는 *Coing*, ARSP 38
　(1949/50), 536면 이하와 540면 이하에 나오는 올리브 웬들 홈즈*Oliver Wendell
　Holmes*의 미국 법현실주의에 대한 설명과 그 밖에도 *Fikentscher*, Methoden des
　Rechts in vergleichender Darstellung, Bd. II, Tübingen 1975, 256면 이하 참조.

있지만, 그것은 결국 법은 법이다라는 동어반복에 빠지게 된다는 것
이다. 그런데 법의 특별한 사안에서 동어반복적 판단은 언명의 논리
적인 오류를 드러내는 데 그치지 않고 사안의 내용과도 관계가 있다.
그래서 이렇게 근거지워진 언명이 정말로 법인지, 아니면 (아주 정제
된) 폭력의 한 변형형태인지의 여부는 필연적으로 미해결의 문제로
남게 된다.[8]

　법의 내적 근거지움이 갖는 이런 식의 한계는 무엇보다도 한스 켈
젠*Hans Kelsen*의 〈순수법론*Reine Rechtslehre*〉에서 잘 드러난다.[9] 〈순수법
론〉은 잘 알려진 바와 같이, 모든 법의 효력을 근본규범에서 찾는
데,[10] 이 근본규범은 모든 법효력의 선험논리적 조건으로 파악된다.[11]
이 근본규범은 효력을 부여하는 데 그치며, 그 밖의 모든 내용으로부
터는 자유롭고, 특히 어떤 종류이든 정의의 기준으로부터 자유롭다;
따라서 법은 법으로서 제정된 그것이 법인 것이다.[12] 그런데 효력의
요건을 충족하여 만들어진 법의 내용은 법강제의 측면에서 폭력을 수
반하고 등장한다: 법은 현실 속에서 (그래서 구체적 내용을 가진 삶의 상
황에서) 법강제를 통해서 이루어지기 때문에, 강제를 수반하는 법은
그 법 자체가 내용적으로 근거가 제시되었을 때에만 법으로서 근거를
가질 수 있는 것이다; 이러한 근거지움 없이는 법강제와 폭력 그리고

8　이에 관하여는 *Köhler*, Zur Begründung des Rechtszwangs im Anschluss an Kant
　　und Fichte, in: *Kahlo/Wolff/Zaczyk* (편), Fichtes Lehre vom Rechtsverhältnis,
　　Frankfurt 1992, 93면 이하, 특히 93-96면 참조.
9　Reine Rechtslehre, 제2판 1960년의 영인본, Wien, 1992; 이에 대해서는 *Rudolf A.*
　　Metall (편), 순수법론에 대한 33편의 논문, Wien 1974; *Wolfgang Schild*, Die
　　Reinen Rechtslehren, Wien 1975; *Günther Winkler*, Rechtstheorie und
　　Erkenntnislehre, Wien-New York 1990.
10　Reine Rechtslehre (주 9), 196면 이하.
11　Reine Rechtslehre (주 9), 204면 이하.
12　이에 대하여는 *Schild*, Abstrakte und konkrete Rechtslehre, Rechtsphilosophische
　　Hefte 1/1992, 97면 이하도 참조.

자의를 구분할 수 있는 기준은 없게 된다.[13]

그렇지만 법적 언명의 이른바 내적 근거지움을 하는 데서도 법학적 사고는 독자적으로 작용한다; 법학적 사고는 그 자신의 밖에 있는 법의 요소들을 끌어들이는 데 그치지 않고, 이 요소들을 추가적으로 법학적 사고 자체와 관련되는 기준, 특히 정의의 사상과 관련되는 기준에 따라서 정서하고 형성해 나간다. 그러나 이렇게 함으로써 근본적으로 정당화의 문제만도 두 배로 가중되게 된다: 이것으로 현행 실정법을 토대로 한 내적 근거지움을 사실상 떠난 것도 아니고, 법학적 사고라야만 (어쩌면) 단순한 권력의 행사를 '정당한 법'으로 변형시키는 것(사회적 삶의 현실 속에서 일어나는 변형의 문제는 전적으로 차치하더라도)을 해낼 수도 있을 것이라는 데 대한 타당성의 근거가 제시된 것도 아니다.

이러한 상황에서 법학적 사고는 법적 언명의 지지대를 실정법의 정립 밖에서 찾곤 하였다.[14] 그 예로는 심리학과 사회학 같은 다른 학문 분야로의 진출 시도나 법적 언명의 정당성을 (비용을 포함한[15]) 그 효력의 결과를 통하여 결정하고자 하는 시도를 들 수 있다. 이러한 접근 방법은 분명 인식의 지평을 넓혀 줄 수는 있을 것이다 (그것이 가능하며 그리고 — 결과를 평가하는 데서와 같이 — 주장으로만 그치지 않는다면 말이다[16]). 그렇지만 이 하나만으로는 언명의 정당성을 근거지워주는 보

---

13 이에 대해서도 *Köhler* (주 8) 참조.

14 이에 관한 예를 들면 *Lüderssen*, Erfahrung als Rechtsquelle, Frankfurt/Main 1972, 특히 많은 참고문헌을 제시하는 9면 이하 참조.

15 이것은 이른바 법의 경제학적 분석으로서 이에 대한 개관은 *Assmann/Kirchner/Schanze* (편), Ökonomische Analyse des Rechts, Kronberg 1978 참조; 형법의 예로는 *Adams/Shavell*, GA 1990, 337면 이하 참조; 이에 대한 적절한 비판은 *Fezer*, JZ 1986, 817면 이하; *Hassemer*, Festschrift für Helmut Coing, München 1982, Bd. 1, 493면 이하도 참조.

16 칸트가 한 설득력 있는 비판은 Grundlegung zur Metaphysik der Sitten, 전집 제

장책이 되지 못한다는 것도 분명하다. 왜냐하면 이러한 접근방식과 연결되는 것은 법의 근거지움이 실제의 효력(당위)과 관련되고 법칙 주의에 의하여 유지된다는 것을 벗어나고 존재의 (이론적 인식의) 법칙 성을 일종의 원칙상의 자연주의적 오류에 방치하는 위험이 있기 때문이다. 하지만 사회의 (언어사용에 관한 관습을 포함하여) 실제 움직임들이나, 판단의 예상할 수 없는 결과들이 정의의 기준에 내재하는 것은 아니다. 이것들과 내적으로 연결되지 않아야만 분명 나중에 항상 좋지 않은 사실성의 '제한'으로 이해되는 수단으로 이용당하지 않을 수가 있는 것이다.

그리하여 당위와 관련시킨 '외적' 근거지움도 (여기서는 임시적으로 말하여) 전통적으로 마찬가지로 자주 행하여졌다: 신,[17] 지배자의 의사[18] 혹은 인간들의 연합의 의사[19]들은 법과 법의 언명을 근거지우기 위하여 끌어들여졌다. 앞서 언급한 §B.에서 칸트는 이러한 관점으로 법의 근거지움을 위하여 최종적인 단 하나의 근거만을 승인하며, 그것은 바로 순전한 (순수) 이성이다. 문제는 이것이 기타의 상대주의의 거대한 대양 속에서 단지 한 철학자의 사유에서 나오는 인식인지 아니면 이 언명이 추가적인 근거지움의 절차를 통하여 뒷받침될 수 있

6권, 47면 이하(BA 46/47); 그 외에도 Kritik der praktischen Vernunft, 제6권 135면 이하(A 48 이하)도 참조.

17　예컨대 Thomas von Aquin, summa thelogica, II-II, 질문 57면 이하와 Recht und Gerechtigkeit (Nachfolgefassung des Bd. 18 der deutschen Thomas-Ausgabe), Groner (역), Bonn 1987.

18　예컨대 Machiavelli, Der Fuerst, Rudolf Zorn (역), 제4판, Stuttgart 1972. 거기서 묘사하는 것이 전제주의에서는 정당성으로 바뀌었다; 이에 관하여는 예컨대 Jellinek, Allgemeine Staatslehre, 제3판 증보판, Bad Homburg v.d.H., 1966, 455면 이하. Hobbes, Leviathan, Euchner (역), Frankfurt/Main 1984, 제26장, 203면 이하도 참조 (홉스는 물론 근대로 넘어가는 과도기에 있다).

19　역시 Hobbes(주 18)와 Rousseau, Der Gesellschaftsvertrag, Stuttgart 1969, 1권 Erstes Buch 6-8장, 2권Zweites Buch, 특히 제6장 참조.

는 것인가 하는 것으로서, 이 추가적인 근거지움은 칸트의 이러한 요구를 법의 근거지움을 위한 필수적이고 간과할 수 없는 부분으로 만들고 있다. 이제 이 부분에 대하여 살펴보아야 할 것이다.

Ⅲ.

법은 행위를 이끄는 규칙의 체계이므로 당위규범이다. 이러한 당위는 부득이한 경우에 강제로서 관철할 수 있으며, 이 강제는 형이상학이 아니라 이 세상의 강제이므로 그 자체는 행위를 통하여 매개된다. 법은 모두 행위를 이끄는 것이기 때문에 행위능력 있는 개개인을 향한 것이다 (법인은 근거지움의 이러한 원리적 방식에서는 고려되지 않을 수 있다); 동일한 정도로 강제는 행위능력 있는 인격체의 작위나 감수 내지 부작위에 초점을 맞춘다. 법의 근거를 밝히는 데 이러한 관계는 개개 인격체가 그에게 올바른 행위가 무엇인지를 외부에서 지시하는 당위규범의 의존적인 대립자로 파악되는 한은 추가적인 문제를 발생시키지 않는다. 왜냐하면 인격체는 그에게 법이라고 결정해주는 것만 지키면 되기 때문이다; 인격체는 이 관계에서 법의 근거지움의 맥락의 일부로 등장하는 것이 아니라, '규범수범자'로서만 등장할 뿐이다; 그러면 법은 인격체들과 함께 그들에게 법의 당위에 대한 요구를 의식화하는 문제만 안고 있는 것이다.[20] 그렇지만 개체가 문의 받지 않은 효력의 관계 속으로 들여보내져 독립됨으로써 법사고에는 (일차적으

---

20 이러한 관찰방식에서 예컨대 이른바 명령설의 같은 어려움이 생긴다; 이 명령설에 대한 기술은 가령 *Engisch*, Einführung (주 6), 19면 이하와 Auf der Suche nach der Gerechtigkeit, München 1971, 29면 이하, 모두 많은 참고문헌이 제시되어 있다.

로는) 어쩔 수 없이 대립하고 있는 자가 생겨나야 했는데, 그는 먼저 자신의 독립성에 대한 요구를 통하여 법에서 당연해 보이는 자기의 타율성에 다른 색채를[21] 주고 그리고 나서 완전히 새로운 형태를[22] 부여하였다. 자신의 자유로 가는 주체의 이러한 독립의 진행은 주체의 입장에서 우연인 것이 아니라, 인간 정신의 자각과 더불어 그 자체에 내재된 진행 방향이며,[23] 그것은 이미 수천 년 동안 행해지던 것이다. 디터 헨리히Dieter Henrich는 자유에 대한 길의 고유한 법칙성을 다음과 같은 문장으로 표현하였다: "사유의 길은 자유로 향한 발전이며, 자유로부터 나오는 발전인 동시에 자유 속에서의 발전이기도 하다."[24]

그러므로 각 개인의 자유의 원리는 멀리서 그저 바라만 볼 수 있는 하늘에서 일어나는 기적이 아니라, 사유 자체에 내재하는 의식적인 모든 인간의 삶 속에 들어 있는 원리이다. 그렇지만 이 원리를 전개하는 것은 노력이 필요하며 — 벌써 사상만으로도, 하지만 실제의 실현에서도 노력이 필요하다는 것은 분명한데, 이러한 시각에서 본다면 해결되지 않은 모든 현실이 자유의 원리 앞에 가로 놓여 있기 때문이다. 사고에서 이 원리의 발전은 정점을 찍기도 하였고, 퇴보하기도 하였다. 예컨대 19세기 중엽에 인간의 현존재는 자연법칙으로 환원된

---

21 이것은 예컨대 계몽된 절대주의의 법과 국가에 대한 관점에서 표출되었는데, 이에 대한 간략한 설명은 *Laufs*, Rechtsentwicklungen in Deutschland, 제4판 Göttingen 1975.

22 이것은 프랑스혁명을 모범으로 하고, 독일에서 처음으로 1848/49년의 사건들(독일혁명, 역자 주)에서 전성을 이루는 발전이다; 이에 대한 설명은 *Kimminich*, Deutsche Verfassungsgeschichte, Frankfurt/Main 1970, 342면 이하와 *Willoweit*, Deutsche Verfassungsgeschichte, 제3판 München 1997, 233면 이하 참조.

23 서구 사상의 기원에 관하여는 *Snell*, Die Entdeckung des Geistes, 제4판 Göttingen 1975.

24 *Henrich*, Zu Kants Begriff der Philosophie, in: Kritik und Metaphysik, Festschrift für Heinz Heimsoeth, Berlin 1966, 40면 이하(59면).

다고 믿었던 것은 퇴보였다;[25] 그 속에 들어 있는 인간의 물화의 잔재
는 우리 시대에까지 영향을 미치고 있다. 한편 그 정점은, 이 사고가
가진 내적 경향에서 비롯된 것으로서 칸트와 그의 계승자들의 철학에
서 개시되었으며, 세계 관계의 모든 연관성을 이 핵심에 입각하여 규
정했을 때였을 것이다.[26] 이것은 뒤에서 더 자세히 살펴보게 될 것이
다. 자유의 원리를 삶의 현실 속에서, 특히 법의 현실 속에서 이루어
낸다는 것은 사상에서의 전개와 아주 유사하게 과정으로 이해할 수
있다. 이 과정 또한 절정과 퇴보의 부침을 겪었으며 (20세기 초에 그것
은 대부분 퇴보였다), 현재에도 종결된 것은 아니고 어떤 의미에서는 결
코 종결될 수 없는 것이라고도 할 수 있는데, 그 이유는 각자가 갖는
자유적인 관계의 실현은 삶의 구성요소 그 자체로서 모든 세대가, 성
공할 수도 있지만 실패할 수도 있는 자신의 과제로 삼아야 하는 것이
기 때문이다. 중요한 것은 단지, 그것이 일단 원리로 인식되어서 그 힘
을 펼칠 수 있어야 한다는 것이다.

인격체들이 법의 수범자라는 자아개념이 동요된 것은 법학적 사고
(즉 칸트가 말하는 법학자의 사고)에도 영향을 미치지 않을 수 없었다. 법
의 제도나 법의 개념은 더 이상 객관적 대상이 아니며, 객관적 대상들
과 관련없는 것이 되었다. 이것들은 오히려 자기결정의 실천적 행동
에 부합하도록 사유 속에서 어느 정도 개방되어 있어야 한다. 그래서

---

25 그 당시의 정신적 태도에 관하여는 알로이스 리힐*Alois Riehl*의 말, Philosophie
    der Gegenwart, 제4판, Leipzig/Berlin, 1913, 1면을 참조: "가령 누가 지난 세기
    중엽 경에 공개적으로 철학에 관하여 논하자는 과제를 제시했었다면, 그의
    계획은 분명히 좌절되었을 것이다. 당대 최고의 지성인들 사이에서도 그는
    자신의 말을 경청하는 사람을 찾지 못했을 것이고, 나아가 자연과학의 시대
    에 연금술 같은 것을 떠들고 다닌다는 혐의를 받았을 것이다."
26 이 시대 철학의 정신적 업적은 특히 디터 헨리히*Dieter Henrich*가 재삼재사 인
    상 깊게 묘사하고 강조한 바 있으며, 예컨대 Konstellationen, Stuttgart 1991
    참조.

— 한 예를 든다면 — 형법상의 고의 개념에서 단순히 목표(결과)에 대하여 이론적인 인식이 있는('지적 요소') 경우에 고의 행위라고 할 수 있는가, 아니면 추가적으로 행위에서 수반되는 의식의 실현('의지적 요소')이 있는 경우에만 한 사람의 주체가 고의로 행위하는 것으로 볼 수 있는가가 설명될 필요가 있는 것이다.[27] 사회 현실이 아무리 복잡하다고 하더라도 의식의 통일체인 모든 인격체는 사회 현실을 형성해 가는 가운데 시종 자신에 대한 존중을 요구한다.[28] 각 개인의 자유가 인식되고 난 다음에 사유는 이 수준으로부터 더 이상 뒷걸음칠 수 없으며, 자유를 망각할 수도 없는 것이다. 자유를 모든 법적 사유의 집결점으로 파악함으로써 법률가의 사고도 — 우회적이고 때로는 여과장치를 통해서라 하더라도 — 의식을 가지고 영위하는 인간들의 삶의 현실과도 마주하게 되고, 자기 스스로와도 마주하게 된다.

이제 여기서 인간의 자유를 법의 원리로 인식하게 되었다면, 법의 내적 근거지움과 외적 근거지움이 서로 중첩된다는 것이 드러나는 지점에 이르렀다. 그러나 이러한 인식으로는 법에서 근거지움의 문제가 아직 완전히 고찰되지 않았다는 점, 그리고 무엇보다도 아직 해결되지 않았다는 점이 분명해진다. 이 문제에 역사를 몰각한 방식으로 접근함으로써 하나의 원리로부터 연역하여 구체적 법질서의 많은 형태를 다시 만들어낸다는 것은 추상적 사고일 것이다; 이는 '근거지움'에서 염두에 두고 있는 것이 아니다. 그렇지만 이 문제에 대해서도 칸트

---

27 한편으로는 예컨대 *Puppe*, Vorsatz und Zurechnung, Heidelberg 1992, 특히 35면 이하 참조, 그리고 다른 한편으로는 *E. A. Wolff*, Grenzen des dolus eventualis (주 1) 참조.

28 이 언명과 반대되는 것은 예컨대 책임에 관한 귄터 야콥스의 설명을 읽어볼 수 있다. *Jakobs*, Strafrecht Allgemeiner Teil, 제2판, Berlin-New York 1993, 480면 이하(17. Abschnitt 난외번호 18 이하) 참조; 그 밖에도 Norm, Person, Gesellschaft, Berlin 1997 참조. 이것에 대한 대조와 비판은 *Köhler*, Strafrecht Allgemeiner Teil, Berlin 1997, Kap. 7(347면 이하) 참조.

는 § B.의 몇 줄 안 되는 문장에서 단계적으로 답을 하고 있다.

칸트는 § B.에서 실정법의 기초를 '경험적 원리들'이라고 말함으로써, 사유는 경험적 원리들과 거리를 둘 수 있다는 것도 보여준다. 그렇다면 살펴보아야 할 것은 경험적인 법질서를 제거한다면 무엇이 남는가이다. 칸트는 이에 대해 앞의 고찰에서 이미 마련해 놓은 확실한 답을 준다: 법과 불법에 대한 판단의 원천은 '순전한 이성'에 있다는 것이다 (칸트는 아주 신중하게 '순수' 이성이라고 말하지 않는데, 이 말은 쉽게 이론적 이성과의 혼동을 가져다주기 때문이다[29]). '순전한 이성'은 (칸트에 의하면, 그러나 자유의 사상에서도 발전된 것에 의하자면) 아무튼 일차적으로는 주관적 이성과 연결되어 있는 만큼 '순전한' 이성이란 더 정확하게 무엇이며, 무엇으로부터 그 근거를 부여하는 힘을 다름 아닌 법에 대해서까지 가지고 오는가라는 문제가 제기된다.[30]

자유로운 주체를 함께 생각하지 않으면서 자유를 말하는 것은 공허한 것이다. 이제 어떻게 이 주체에 대한 참된 언명을 할 수 있는가를 묻는다면, 어떤 언명이 진리인가를 묻는 그 유명한 질문은 형태가 달라진다. 왜냐하면 여기서는 일반적으로 그렇듯이 외적인 현실의 경우에는 인식하는 주체와 외적으로 인식된 객체의 일치에 관한 것이 아니기 때문이다. 오히려 언명의 객체와 주체는 근원적으로는 동일한 것이다; 주체성의 진실에 관한 모든 언명들은 주체 스스로에 의해서 명확하게 표현된다. 여기서 연결시키는, 다른 모든 인식과 구별되는 인식형태는 자의식의 인식형태이다.[31] 자의식의 정확한 구조를 여기

---

29 이에 관하여는 〈실천이성비판〉의 서언에 있는 논평, 제6권, 107면(A 3) 참조.
30 볼프의 논문은 이 점에서부터 핵심적인 근거지움의 방법을 시작한다. 무엇보다도 Das neuere Verständnis von Generalprävention und seine Tauglichkeit für eine Antwort auf Kriminalität (주 1), 특히 806면 이하; Die Abgrenzung von Kriminalunrecht zu anderen Unrechtsformen (주 1), 162면 이하 참조.
31 피히테 *Fichte*는 이를 정확하게 분석하여 기술하였다. Grundlage der ge-

서 상세하게 설명할 수는 없다. 중요한 것은 자기경험의 확신과 내용을 통해 타인의 자의식의 존재와 속성에 관한 확실한 결론을 추론할 수 있다는 것이다.[32] 자기 자신 속에서 또는 타인 속에서의 이 언명들의 '대상'은 이론의 여지가 없다: 모든 인간은 하나의 중심을 가지고 행동하며, 이 중심은 전적으로 자기 자신에게 속하는 것이고 이 중심에서 출발하여 자기를 둘러싼 세계와 그 세계 속에 있는 자기 자신을 경험한다. 자유에 대하여 어떤 요소를 더 추가하여 규정하든 간에, 자유의 핵심은 항상 자기존재이다. 따라서 모든 인간은 자유롭다. 이에 대해 이의를 제기하는 것은 불가능한 것으로서, 개개인이 이 명제를 인정한다면 그는 이 명제를 명시적으로 입증하는 것이고, 개개인이 이 명제를 반박한다면 그는 묵시적으로 이 명제를 인정하는 결과가 되기 때문이다.

인격체의 이러한 근본규정에는 경험적인 것은 들어 있지 않은데, 그것은 외적이거나 내적인 조건들에서 나오는 것이 아니라, 오히려 그 자체가 외적이거나 내적인 조건들을 그러한 것으로서 인식하기 위한 전제이기 때문이다. 또 일반적으로 분명하게 알 수 있는 것은, 이러한 토대 위에서 비로소 주체의 행위들을 유발하게 하거나 주체의 행위들에 수반되는 실천적 판단들이 가능하다는 것이다. 여기에서도 주체는 당연히, 그 판단이 그의 것인 한 자기의 내적 공간에서 비롯되는 판단의 근거이다. 이제 '순전한 이성'을 아주 임시적으로 실천적 물음

---

sammten Wissenschaftslehre, in: *I. H. Fichte* (편), Fichtes Werke, Nachdruck der Ausgabe Berlin 1845/46, Berlin 1971, 제1권, 83면 이하 참조; Grundlage des Naturrechts nach Principien der Wissenschaftslehre, 제3권, 1면 이하, 특히 17-56면 참조.

32 이에 관하여는 *E. A. Wolff*, Die Abgrenzung von Kriminalunrecht zu anderen Unrechtsformen (주 1), 178면 이하; *Zaczyk*, Die Struktur des Rechtsverhältnisses (§§ 1-4) im Naturrecht Fichtes, in: *Kahlo/Wolff/Zaczyk* (편), Fichtes Lehre von Rechtsverhältnis (주 8), 9면 이하 참조.

에서 각 개인이 갖는 판단능력으로 번역한다면 해결해야 할 문제에
대한 일차적 이유를 갖게 되는 것이다.

　여기서 이성의 '순수성'은 바로 칸트에 입각하여 논증하려는 입장
이 이의에 봉착하게 된 지점 중의 하나이기도 하다. 사람들은 '순수
한' 이성 또는 '순전한' 이성을 현실을 잇는 어떤 다리도 가설할 수 없
는 세상을 등진 영역으로 이해하였다.[33] 그러나 이것은 오해이다. 실
천적인 판단 속에서 이성이 경험적인 조건들로부터 자유롭다는 것은
근거를 부여하는 판단의 요소들의 지위에 관한 것으로서, 이 요소들
은 경험적일 수 없는 것이다; 근거를 밝히는 과정과 온전히 행위를 통
한 현실화는 그 본성상 (유한한 존재자의 판단들로서, 그리고 자유에서 비
롯되는 인과과정의 작용으로서) 경험적 요소들과도 직접 연결된다는 것
은 자명하다.[34] 판단하는 주체는 단일한 인격체로서의 전체이다(영육
의 단일체); 주체는 유한한 현실 속에서 살고, 그 현실 속에서 행동하며
죽게 된다. 절대 불가능한 것은 주체의 자유에서 비롯되는 근거지움
의 개념이 이러한 주어진 사실을 도외시할 수 있다는 것이다. 그렇지
만 각자의 고유한 현실이 (또) 유한한 현실이기도 하다고 해서 달라지
지 않는 것은, 전체로서의 자기가 자신의 현존재의 유한성을 깨닫고
그것을 껴안음으로써 어떤 관계를 구축한다는 것이며, 그 관계는 자

---

33 이러한 비판의 시발점은 헤겔이었는데, Hegel, Über die wissenschaftlichen
　　Behandlungsarten des Naturrechts, seine Stelle in der praktischen Philosophie
　　und sein Verhältnis zu den positiven Rechtswissenschaften, in: G. W. F. Hegel,
　　Werke in 20 Bänden, Moldenhauer/Michel (편), Frankfurt/Main 1990, Bd. 2, 434
　　면 이하(453면 이하) 참조; 최근에는 예컨대 Oswald Schwemmer, Die praktische
　　Ohnmacht der reinen Vernunft, in: Kants Ethik heute (neue hefte für philosophie,
　　Heft 22), 1면 이하 비교.
34 이에 대한 설명은 E. A. Wolff, Die Abgrenzung von Kriminalunrecht zu anderen
　　Unrechtsformen (주 1), 162면 이하(특히 168면) 참조, 여기서 볼프는 실천이
　　성이 '세속적 준칙을 보편법칙'으로 고양한다는 것을 말한다.

기의 유한한 부분들의 합으로써는 충분히 설명되지 않았다.

그래서 일차적인 단계에서는 주체성을 극단으로 몰고 가게 되는 것
이다; 따라서 실천적 판단의 원천은 적어도 그 장소의 측면에서는 규
정되었다. 물론 이것은 모색하는 원칙과 관련하여서는 너무 적은 것
임이 분명한데, 이렇게 개별화하여 고찰하고 방치한다면 실천적 판단
들은 자기관련성을 벗어나지 못할 것이기 때문이다. 이기주의는 이
관점에서 보면 사념상 가장 가까운 판단들의 방향일 것이다.

이러한 사고를 현상 위에서 살펴본다면, 가장 철저하고 능란하게
사리사욕을 추구하는 자에게 최상의 존중을 보내야 할 것이다. 그러
나 그렇지 않다는 것은 분명하며, 그리고 칸트는 이것을 〈실천이성비
판〉에서 결정적인 예를 들어 보여주었다: "(…) 누군가 여러분에게 어
떤 사람을 가사 관리인으로 추천하는데, 그에게는 여러분의 모든 일
을 무조건 믿고 맡길 수 있다고 하면서, 그리고 여러분에게 신뢰감을
심어주기 위하여, 그 사람을 자기 자신의 이익을 완벽하게 챙기는 영
리한 사람이고, 자기 이익을 얻을 수 있는 것이라면 어떠한 기회도 놓
치는 일이 없는 쉴 줄 모르는 활동적인 사람이라고 칭찬하고, 마침내
는 그의 비루한 사리사욕으로 인한 우려가 걸림돌이 되지 않게 하려
고, 그가 얼마나 고상하게 살 줄 아는가를 칭찬하여, 그는 부의 축적이
나 야비한 풍요에서 즐거움을 찾지 않고, 오히려 지식을 넓히고 잘 선
택한 교양 있는 교제에서, 그리고 심지어는 가난한 사람들에 대한 자
선에서 즐거움을 찾는다고 칭찬하지만 그밖에 수단(이것의 가치 유무
는 오로지 목적에서 얻어지는 것이다)에 대해서는 개의치 않으며, 그래서
그는 그가 하는 일이 발각되지 않고 방해받지 않는다는 것을 아는 순
간, 남의 돈과 재산을 마치 자기 것인 양 쓴다고 칭찬하였다고 가정해
보자: 그럼 여러분은 그 추천인이 여러분을 조롱하거나, 아니면 그가

이성을 잃은 사람이라고 생각할 것이다."³⁵ 칸트는 〈실천이성비판〉
의 이 절 서두에서 아주 적절하게, 이러한 잘못된 근거지움의 방식에
대한 반박으로부터 각 개인의 이성적이고 실천적인 판단은 다른 성격
의 것이어야 한다는 것(그리고 이것은 예컨대 어떤 사람이 자기가 받아들인
'역할'을 잘 수행하는 것의 문제만은 아니라는 것)을 알 수 있다고 지적한
다. 이 문제에 대한 칸트의 해결과는 무관하게 해결책의 성격은 규정
된다: 실천적 판단은 한편으로는 판단하는 자의 온전한 동일성을 유
지해야 하며, 판단하는 자는 판단을 함으로써 새로운 삶의 상황 속으
로 들어가고, 자신의 온전한 동일성(그의 이성이라고도 말할 수 있을 것이
다)은 판단을 우연한 감정이라든가 무상한 행복의 상태에 따르지 않
아야만 지킬 수 있다. 다른 한편으로 실천적 판단은 상호인격성이 갖
는 본질적인 의미로 말미암아 타인의 눈에도 이성적인 것으로 입증될
수 있어야 한다.³⁶ 이것이 세상을 등진 묘사가 아니라 우리가 살아온
현실이라는 것은 어떤 실천적 판단은 존중하고 어떤 것은 존중하지
않는지를 보면 누구나 경험할 수 있다.

깊이 생각하는 가운데 여기까지 왔다면 우리의 숙고는 그러나 이
지점에서 특히 어려운 문제로 이어진다: 이러한 주관성의 성취가 실
천적인 성찰능력의 내적 속성에 근거를 둔 것이라면 여기서 (칸트의
용어상) 정언명령은 자유의 인식근거ratio cognoscendi이고, 이 자유는 정
언명령의 존재근거ratio essendi로 작용할까? 나아가 주관성을 어떻게 이
성의 일반성으로 확장하는가가 정확히 설명되어야 할 것이다; 이에

---

35 Kritik der reinen Vernunft, Werke Bd. 6, 147면 이하(A 62/63).
36 실천이성의 이 부분적 측면을 담론이론은 전체로 확장하였는데, 여기서 담론
   이론은 주체성의 토대를 잃고 말았다. 예컨대 *Habermas*, Diskursethik-Notizen
   zu einem Begründungsprogramm, in: *Habermas*, Moralbewusstsein und kom-
   munikatives Handeln, Frankfurt/Main 1983, 53면 이하 참조.

대해서는 상호인격성으로 족한가 아니면 포괄적인 정신이 갖는 그 이상의 차원이 필요한가?

주관적 이성의 이 최고 쟁점을 아무튼 이런 방식으로 이해한다면, 이것은 법적인 모든 근거지움을 위하여 그 힘을 매우 특별한 방식으로 펼쳐야 한다는 것이 분명해진다. 왜냐하면 주체 자체가 필연적으로 타인들과의 관계 속에서 존재하는 것으로 이해되어야 한다는 것이 주관적 이성의 최고 쟁점에 내재하는 것이라면, 마찬가지로 주관성과 사회성의 연결을 통하여 한 사람과 타인과의 연결이 설명되기 때문이다. 이렇듯 확실하게 주체가 자기를 가지고 있다면, 타인도 자기를 분명히 가지고 있으며, 그렇게 분명하게 주체가 유한한 개별 존재라면, 분명히 타인도 유한한 개별 존재인 것이다. 주지하는 바와 같이 피히테*Fichte*는 주체성의 핵심을 이렇게 규정하였다.[37]

이 지점에서 분명해지는 것은, 이러한 인식으로부터 어떻게 법이라는 관념이 '순전한' 이성의 성격으로까지 발전하는가, 나아가 발전하여야 하는가이다. 자유는 나만의 것이 아니라, 동일한 근원에서 타인도 가지고 있는 것이기 때문에, 타인격체들과의 친밀감과 거리감 모두 법에 내재한다; 그래서 주관적인 권리와 사회적 의무 간의 외견상 모순이 스스로 해소되는 것이다. 그리고 여기서 외적으로 분리된 행위영역들 간의 관계를 정당하게 규정하기 위해서는 모든 개개인을 상정해야 한다는 것이 분명해진다. 그렇지만 이러한 사고를 통해서 추가적으로 인간의 권리는 국가에 의해서 외적으로 할당된 것이라는 생각이 없어졌으며, 여기서 할당하는 권력과 지위를 박탈하는 권력은 암묵적으로 결부되었던 것이다. 사정은 그와는 정반대로서, 이러한 근원으로부터 모두를 포괄하는 형태인 가령 국가와 같은 것이 구축된

---

37 Grundlage des Naturrechts (주 31), §§ 3, 4 참조.

다는 것은 각 개인들에 의해서 이루어진 구성물이라는 단순한 의미에
서가 아니라, 상호적인 외적 자유라는 법사고 속에 들어 있는 요인들
이 전개된 것이라는 의미에서이다.

이 모든 것으로도, 이렇게 규정된 주관성의 성취능력 그리고 이로
부터 비롯되는 그 밖의 근거를 밝히는 방식의 성취능력이 개별적으로
는 어떤 것인가에 관하여 아직 해결된 것은 아니다. 여기서 생기는 어
려움들은 정말 대단하다; 논의되어야 할 영역에 속하는 것으로는, 예
컨대 자의식의 형태와 그 성취능력, 특히 실천의 문제에 대하여 자의
식이 내놓는 대답; 각 인격체의 타인격체들에 대한 관계; 자유 본위의
법관계에서 개인의 행위영역의 한계를 설정하는 데 필요한 제도와 타
당한 방법; 사회와 국가에서 개인과 공동체의 관계를 들 수 있다. 여
기에서부터 시작하여 개개의 개념적 작업을 함으로써 비로소 법의 구
체적인 개별 문제들에도 몰두할 수 있다. 다만 중요한 것은 법적 사유
가 이 근본입장을 간과해서는 안 된다는 것이며, 근본입장이 일단 파
악되었다면, 획득한 출발점에 대하여는 피히테의 (약간 다른 맥락에서
나오는) 한 문장을 연결할 수 있다: "이제 주된 과제가 해결된 다음에
는 인간 정신의 모든 일들은 거침없이 동일한 법칙에 따라서 진행되
어 나간다."[38] 이에 대하여는 ─ 그리고 외견상 다음에 말하는 것에
반대되는 것으로서 ─ 이 절의 끝에서 더 해명할 필요가 있다: 즉 근본
적인 문제를 해결하는 데서나 그로부터 나오는 다른 문제들을 추적하
는 데서도 사유는 칸트, 헤겔, 피히테 또는 전승되어 오는 누구의 것이
든 그 텍스트에 구속되지 않고 그 해석자로서만 이해해야 하는 것은
아니라는 것이다.[39] 사유 자체는 철학적 전승의 발전 과정을 통해서

---

38 Grundlage des Naturrechts (주 31), 35면. 이 문장을 여기서 인용한 이유는 바
   로 이 문장에서 연유하는 학문적인 환희와 확신 때문에 에른스트 아마데우
   스 볼프 교수가 이 문장을 매우 애호하였기 때문이다.

그리고 앞서 언급한 철학자들에 의해서 모든 교조주의로부터 해방되고 자기 자신의 법칙만을 따르는 단계로 고양되었다. 그래서 법의 문제들도 앞서 언급한 철학자들에게서 천재적인 전문가를 갖기도 하였지만, 제기된 문제에 대한 그들의 답을 화석화된 진리로 이해해서는 안 되고, 말하자면 현재의 각 문제 제기에 대하여 자기 나름의 방식으로 대답하는 사유에 대한 제안들로 이해해야 하는 것이다.

IV.

이렇게 하여 얻은 토대 위에서 앞서 언급하였던 칸트의 법철학에서 두드러지게 나타나는 것이라고 하는 그의 실천철학의 이른바 취약점을 다시 한 번 개관할 수 있게 된다: 그것은 바로 '순수한 이성'으로부터 현행 법질서의 다양한 현실을 가교하는 것은 불가능하다는 것이다. 법에서 근거를 확립하는 데 이성의 원리가 효력을 발휘할 수 있어야 한다면, 이 문제를 파고들어 가는 것은 법에서의 근거지움에 중요하고, 여기서 토대가 되는 § B.의 본문은 이 과정에 대하여 중요한 거점을 제공해 준다.

이미 앞에서 정언명령과 정언명령을 정당화하는 절차에 대한 비판은 잘못되었다는 것을 언급하였다; 정당화 절차는 내용적 기초 없이는 전혀 생각할 수가 없는 것이다. 법에 관하여 〈도덕형이상학〉에서 개별적으로 입증될 수 있었던 것은 칸트가, 각 개인들이 동등한 권리

---

39 이에 대해서는 *Henrich*, Über Kants Entwicklungsgeschichte, Philosophische Rundschau 13 (1965), 252 면; Konstellationen (주 26), 9면 이하도 참조; 이에 대응하여 구상된 연구인 Der Grund im Bewusstsein, Untersuchungen zu Hölderins Denken (1794-1795), Stuttgart 1992 참조.

를 가진 영역에서 외적 세계를 상호 간의 자유에 기반하여 공유할 가
능조건을 추적한다는 점이다.[40] 그렇지만 이 점을 인정한다고 하더라
도 법에서 근거를 확립하는 문제에서 법과 불법에 대한 판단의 근원
에 도달하기 위하여 그 시대로부터 벗어나야 할 필요가 있는가에 대
한 물음은 해결되지 않은 상태로 있다. § B.에서는 이 문제를 특정한
의미로 답하고 있다.

첫인상에는 칸트가 '순수한 이성'과 구체적인 법질서 간의 간극을
재차 확인하는 것으로 보인다. 칸트는 § B.에서 법학자가 법의 원리들
에 이를 수 있는 사유의 활동을 기술하고 있다: 이것은 '일시적으로
경험적 원리(즉 실정 법질서, 저자 주)를 떠나는 식'으로 행하여진다. 이
러한 묘사를 사람들은 법론의 사상적 맥락에서 언급하였던 취약점을
반복한 것에 지나지 않는 것으로 여길 수도 있을 것이다: 현행법을 그
리고 현행법과 함께 그 모든 구체적인 내용을 버릴 때에만, 순전한 이
성에서 ─ 역사적이고 경험적인 형태의 우연으로부터 자유로운 ─ 법
의 원리들이 발견되기 때문이다.

그러나 칸트가 묘사한 사유의 활동을 이렇게 이해하는 것은 § B.의
본문을 불완전하게 받아들이는 것이다. 거기서 본문의 괄호 안에 들
어 있는 첨가문은 법적 이성의 원리들에 관한 모색에 '그 법률이 (즉
실정 입법, 저자 주) 좋은 길잡이가 될 수 있다'는 것을 말한다. 이 지적
은 이례적인 것인데, 단순히 경험적으로 확정된 법질서에서는 그 법

---

40 이에 관하여 그리고 칸트 법철학의 현재성에 관하여는 *Köhler*, Justitia distrib-
utiva, ARSP 79 (1993), 457면 이하; Das angeborene Recht ist nur ein einziges…,
in: Vielfalt des Rechts, Einheit der Rechtsordnung?, Hamburger Ringvorlesung,
Berlin 1994, 61면 이하; Gesellschaft und Staat nach freiheitlichem
Rechtsprinzip im Übergang zu einer internationalen Gerechtigkeitsverfassung,
in: Festschrift für Ernst-Joachim Mestmäcker, Baden-Baden 1996, 211면 이하
참조.

질서가 단지 제정된 불법에 불과한 것인지는 전혀 말해 주지 못하기 때문이다. 그럼에도 바로 그 경험적으로 확정된 법질서가 길잡이가 될 수 있어야 한다.

길잡이의 비유를 해석하면서 예컨대 사유가 실정 법률로부터 점점 더 멀어지고 점점 더 추상화되는 과정을 의미한다고 보는 식의 피상적인 데 불과한 이해는 접어 두어야 할 것이다. 왜냐하면 길잡이라는 것은 길의 끝에 도달할 때까지 손에 쥐고 있는 것이기 때문이다. 따라서 해석은 더 철저해야 할 필요가 있다.

길잡이의 비유가 실제로 무엇을 보여주는지를 해명할 수 있는 것은 세 가지 관점이다: 첫째 관점으로 생각해 볼 수 있는 것은, 모든 실정 법률은 — 물론 불법한 체제의 실정 법률도 포함하여 — 인간에게 적용되며 행위와 관련되는 것이기 때문에 당위규범이라는 것이다. 그러므로 당위규범은 — 법/불법의 판단과는 무관하게 — 규범을 형성하는 요소들을 가지고 있어야 하며 그 요소들을 성찰을 통하여 밝혀야 할 필요가 있다. 따라서 첫째 관점은 법사상의 대상의 일부분에 해당한다.

둘째 관점은 비판적 시각에서 얻어지는 것이다. 법사상은 법/불법 그 자체의 판단의 근원에 대한 탐구에 종사한다. 법사상은 실정법에 거리를 두고, 이 거리로부터 실정법의 적법성을 판단하는 데 중요한 요소들을 부각시킬 수 있게 된다. '실정법'이라는 대상에 대한 사유적인 작업을 통하여 법에 대한 숙고를 함으로써 자기 나름의 조건을 성찰적으로 제시할 수 있을 것이다. 따라서 둘째 관점은 현행법을 배제한 상태에서 법을 평가하는 사고의 반영에 해당한다.

셋째 관점 속에서는 실정법 그리고 정언명령의 근거지움의 과정 내에서 준칙이 갖는 지위 사이에 존재하는 일정한 유사성이 드러난다.

준칙이 개인의 실천적 행동과 관련하여 이미 개념적으로 파악된 개인의 실존방식인 것처럼, 경험적인 법도 인간에 의해서 개념적으로 형성된 — 이 형성이 궁극적으로 성공작이 되는가 아니면 실패작으로 특징되는가는 전혀 별도로 하더라도 — 일련의 규칙인 것이다. 현행법이 길잡이로 사용되는 이유는, 현행법은 앞에서 언급한 첫째 관점에서 작용하는 것처럼 무릇 당위질서로 나타날 뿐 아니라, 어쨌든 (임시적인, '주관적') 정당성의 요구를 스스로 하고 있기 때문이다. 그러나 이런 방식으로 현행법은 자기 자신 속에 — 그리고 준칙과는 달리 — (긍정적으로 성공한 규범이건, 부정적으로 실패한 규범이건 간에) 법의 순수한 원리들을 지시하는데, '법'은 양자(= 현행법과 법의 순수한 원리)를 연결시키는 매개개념이기 때문이다. 여기서도 자유는 법원리로서 근거를 부여하는 힘을 발휘하게 된다: 법은 항상 강제 가능성과 결부되어 있기 때문에, 모든 경험적인 법질서는 법과 현실의 결합이기도 하다 — 이 현실은 말하자면 단순한 법의 현실이 아니라, 바로 인간의 현실이다; 실정 법질서는 그 현실의 형성물인 것이다. 칸트가 기술하듯이, 법을 심사하는 사유는 이제 '일시적으로' 경험적 법질서를 버릴 수 있다; 그러나 인간들의 현실은 법을 심사하는 사유를 결코 버릴 수가 없다. 인간들이 자유를 파악하기만 하면, 모든 실정 법질서는 이 원리에 반드시 부딪히게 된다. 따라서 현행법에서 법을 심사하는 사고는 현행법을 따라서 그리고 현행법을 관통하여 법의 근원에 도달할 수 있는 것이다. 이러한 행보 위에서 법검증적 사고는 극단적이 되어서는 안 되고, 지속적으로 법현실을 스스로 안고 가야 하는 것이라는 것도 추가적으로 확고해졌다. 이렇게 해서 길잡이에 대한 비유는 이 비유의 연원인 아리아드네*Ariadne* 신화와도 연결되게 해준다:[41] 길잡

---

41 이 신화에 관하여는 *Hunger*, Lexikon der griechischen und römischen Mythologie,

이는 돌아오는 길을 보장해 준다. 그래서 비판적 법사고는 현행법에
도 관여해야 하는데, 그것은 — 칸트가 같은 문장에서 적고 있듯이 —
그 길의 끝에 도달해서는 다시 현행법과 삶의 모습으로 되돌아와야
하기 때문이다.[42·43]

그래서 칸트는, 이러한 방식으로 얻은 순수한 원리들은 '가능한 실
정 입법을 위한 기초'가 될 수 있다는 근거 있는 확신을 할 수 있게 된
다. 그리고 §B.의 첫 문단 마지막 문장은 마찬가지로 더 넓은 이해를
가져다준다: 경험적이기만 한 법이론은 뇌가 없다; 그렇지만, 순수한
원리로만 이루어진 법은 손과 발이 없는 것이다라고 보충해야 할 것
이다.[44]

Hamburg 1974, 표제어 Ariadne.

42 사유 과정의 이러한 관계 때문에도 칸트가 유고집에 있는 성찰에서 고려한
것, 즉 순수한 법이론과 실정적(= 경험적) 법이론 사이에 '들어가서 둘 사이
의 관계를 이어주는 법이론의 한 부분'은 필요하지 않다(Kants gesammelte
Schriften, Preussische Akademie der Wissenschaften (편), BD. XXI (3. Abtlg.,
Handschr. Nachlass, 8권), Berlin und Leipzig 1936, 178면); 이 참고문헌은 앞
의 각주 5에서 인용한 볼프강 나우케Wolfgang Nauke의 논문 덕분이다.

43 언급한 맥락은 헤겔의 〈법철학〉 서문(Werke (각주 33), 제7권 13면 이하)에
서 매우 유사하게 표현되고 있다: "더욱이 법, 인륜, 국가에 관한 진리는 공적
법률과 공적 도덕 및 공적 종교에서 공표되고 알려진 것만큼 오래된 것이다.
사유하는 정신이 이 진리를 이런 방식으로 갖는 데 만족하지 못한다면, 이 진
리는 무엇을 더 필요로 하는가? 이것은 개념적으로 파악된다는 것이며, 그 자
체 이미 이성적인 내용이 이성적인 형식까지도 갖게 되고, 그럼으로써 자유
로운 사유에 대해서 정당화되는 것으로 보일 수 있게 된다. 왜냐하면 이러한
사유는 국가나 사람들의 합의와 같은 외적인 기성의 권위나 내적인 감정, 심
정의 권위, 그리고 정신이 직접 동의하는 증거에 의해 뒷받침되는 것이거나
어느 쪽이건 간에 기왕의 것에 머물지 않고, 스스로로부터 시작하여 스스로
가 그 가장 내면적인 존재로서 진리와 통합된다는 것을 인식할 것을 요구하
기 때문이다."

44 그러므로 현행법(경험적인 법)의 고려는 (이미 언급한 이유에서) 볼프강 나
우케Wolfgang Naucke의 해석(앞의 각주 5 끝부분)에서보다 더 강해야 할 필요
가 있다.

V.

이렇게 해서 법에서의 근거지움의 원이 완성된다. 법에서의 근거지움
은 내적 논증과정들의 정교한 체계로만 이해할 수는 없는데, 이렇게
한다면 그것은 단순히 실정주의적인 것에 지나지 않기 때문이다. 그
렇지만 법에서의 근거지움은 현행법을 시야에서 놓치는 순수한 원리
적 사고로만 상정할 수도 없다. 법에서의 근거지움은 오히려 현행법
에서 출발하여 법의 수범자와 법의 핵심 인물인 각 인격체로 진척해
나가야 하고, 유한한 이성의 존재로서의 구성조건들을 해명하여야 한
다. 그래야만 인간의 자유에 대한 확신에서 출발하는 사유는 상호적
인 자유의 보장 속에서 법원리의 필요한 형태를 얻을 수 있으며, 법과
불법을 가르는 타당한 판단을 할 수 있고, 이렇게 함으로서 "가능한
실정 입법에 대한 기초를 (…) 세울 수 있는 것이다."[45]

---

45 *Kant*, Metaphysik der Sitten, § B.

§5 칸트로부터 비롯되는 비판철학개념으로서의 정의*

Ⅰ. 서언

정의는 실천철학의 한 개념이기 때문에 인간의 행위에 관한 것이다.[1] 정의로운 행위는 올바른 것과 법의 영역으로부터 얻어지는 특정한 그리고 특정되어야 하는 성격을 제시해 준다. 이것으로 '정의' 개념이 인류의 오래된 대주제 중의 하나임을 말해주고 있다. 이 개념이 경험한 규정들은 항상 인간의 자기이해와 타인들과의 관계 그리고 일반적으로 세계 속에서 인간의 위치를 의미한다. 따라서 이러한 개념의 기초 규정과 새로운 규정은 사상사의 시기를 성격규정해 준다. 이 역사가 서양의 사상사인 한 철학에서도 통상 고대, 중세, 근대로 구분하곤 했다. 이것은 헤겔*Hegel*의 분류와 해석을 수용하는 것이라고 발터 브뢰커*Walter Bröcker*는 지적한 바 있다.[2] 브뢰커 자신은 다른 구분을 제안하였는데, 바로 1. 칸트 이전의 철학, 2. 칸트 철학 그리고 3. 칸트 이후의 철학이다.[3] 이 제안만으로도 칸트의 이름과 저작은 철학의 한 동류항적인 사슬에 간단히 끼워 맞출 수 없다는 것을 분명히 해 준다. 왜

---

* 이 글은 Theorie der Gerechtigkeit. 15. Tagung der Deutschen Sektion der IVR in Hamburg, 30. Sept. — 2. Okt. 1992. ARSP-Beiheft 56, 105-122면에 수록된 것이다.

1 설명은 Historisches Wörterbuch der Philosophie (*Joachim Ritter/Karlfried Gründer* 편), Bd. 3 (1974), Sp. 329 이하에 있는 표제어 '정의'와 *Johannes Hoffmeister* (편), Wörterbuch der philosophischen Begriffe, 제2판, Hamburg 1955 참조 — '정의로운 것Gerecht'과 '정의Gerechtigkeit'는 당연히 더 다양하고 광범위한 의미들을 지니지만, 그 의미는 법철학의 맥락에서는 그다지 중요하지 않다.

2 *Walter Bröcker*, Kant über Metaphysik und Erfahrung, Frankfurt/M. 1970, 7면 참조.

3 *Walter Bröcker* (주 2).

냐하면 칸트는 근원적인 방법으로 사고의 규칙을 새롭게 규정하였기
때문이다.[4] 이러한 새로운 규정이 정의의 개념에도 영향을 미쳐야 한
다는 것은 사실 자명한 것이나 다름없다.

Ⅱ. 비판철학 이전의 정의개념: 아리스토텔레스

그러한 영향을 더 분명하게 부각시키기 위하여 일차적으로는 가장 영
향력 있는 칸트 이전의 정의 개념을 상기해보는 것은 도움이 되는데,
그것은 아리스토텔레스*Aristoteles*의 정의 개념이다.[5]

아리스토텔레스에게서 정의는 최고선이자 윤리의 최종 목적으로
서의 행복에 대한 추구로 분류된다.[6] 정의는 덕德이며 그리고 이것 때

---

4 철학사에서 칸트의 특수한 지위에 대해서는 예컨대 Windelband/Heimsoeth,
  Lehrbuch der Geschichte der Philosophie, 제17판, Tübingen 1980, 456면; Otfried
  Höffe, Immanuel Kant, in: Höffe (편), Klassiker der Philosophie, Bd. II, München
  1981, 7면 이하(36면); Karl Jaspers, Kant, 제2판, München-Zürich 1983, 226면 이
  하 — 윤리에서 칸트의 위치와 관련하여 자세한 것은 Dieter Henrich, Das
  Problem der Grundlegung der Ethik bei Kant und im spekulativen Idealismus, in:
  P. Engelhardt (편), Sein und Ethos, Mainz 1963, 350면 이하; Volker Gerhardt,
  Selbständigkeit und Selbstbestimmung, in: Pawlowski/Smid/Specht (편), Die prak-
  tische Philosophie Schellings und die gegenwärtige Rechtsphilosophie, Stuttgart
  1989, 59면 이하.
5 우선 개요가 되는 것으로는 Historisches Wörterbuch der Philosophie(주 1)에
  있는 정의, Abschnitt I, 1, Sp. 320 이하. Hans Welzel, Naturrecht und materiale
  Gerechtigkeit, 제4판, Göttingen 1962, 28면 이하; Friedrich Jodl, Geschichte der
  Ethik als philosophischer Wissenschaft, 제4판 증보판, 1930, Magnus-Verlag,
  Bd. I, 38면 이하; 상세한 것은 예컨대 Hermann Adolph Fechner, Über den
  Gerechtigkeitsbegriff des Aristoteles, Leipzig판 신판, 1855, Aalen 1964, 특히 27
  면 이하; Max Salon, Der Begriff der Gerechtigkeit bei Aristoteles, Leiden 1937, 특
  히 77면 이하; Peter Trude, Der Begriff der Gerechtigkeit in der aristotelischen
  Rechts- und Staatsphilosophie, Berlin 1955.
6 Nikomachische Ethik (Olof Gigon 역, München 1978, 이하에서는 NE로 약칭하
  여 인용하며, 권Buch은 로마어로, 장Kapitel은 아라비아 숫자로 하고, 팔호 안은

문에도 아리스토텔레스의 개념성에서는 극단 사이에서 이성적인 중용을 준수하는 것이라고 말해졌다.[7] 그렇지만 정의는 타인에 대한 관계에서 중용을 지키는 것이기 때문에 특별한 덕이다; 그래서 아리스토텔레스는 정의를 완전한 덕이라고도 부른다.[8] 그러므로 정의의 척도는 법칙만이 아니라, 더 일반적으로 그 행위 속에서 발견되는 중용, 즉 평등의 기준이다. 이러한 중용의 시각에서 유명한 시정적 정의와 분배적 정의의 구분도 전개되었으며,[9] 이 양자는 평등관계를 만들고 복원하는 데 초점을 맞추고 있다. 그렇지만 정의로운 것이 그 척도를 정당하고 올바른 것으로 인식한 것에 의해서 얻는 것이라면 아리스토텔레스의 철학에서 정의개념의 표명은 행위하는 각 개인의 관점에 머물러 있을 수는 없을 것이다. 주지하는 바와 같이, 아리스토텔레스에게서 윤리와 정치는 밀접한 관련을 맺고 있다.[10] 각 개인은 부분일 뿐이고, 그 부분의 방향 설정은 올바른 것에서 전체를 추구하는 것으로서 전체는 폴리스Polis이다.[11] 이것은 타인과 결합하고 국가를 건설하는 인간의 본성에 부합한다. 〈정치학Politik〉의 바로 첫 장에서 이미 분명하게 밝히고 있듯이, 참된 삶은 정의 속에서 오로지 국가 안에서만 존재할 수 있는 것이다.

I권의 페이지로서 *I. Bekker* 편, Berlin 1931), I 참조.

7 NE, II, 5 und 6(1106 b 37 이하, 1107 a 28 이하).

8 NE, V, 3(1129 b 25).

9 NE, V, 9(1133 b 29 이하).

10 이에 관하여는 *Joachim Ritter*, ‚Politik' und ‚Ethik' in der praktischen Philosophie des Aristoteles, in: 동저자, Metaphysik und Politik, Frankfurt/M, 1977, 106면 이하; *Manfred Riedel*, Politik und Metaphysik bei Aristoteles, in: 동저자, Metaphysik und Metapolitik, Frankfurt/M. 1975, 63면 이하; *Ottfried Höffe*, Praktische Philosophie, Das Modell des Aristoteles, München/Salzburg 1977, 특히 48면 이하; *Günther Bien*, Die Grundlegung der politischen Philosophie bei Aristoteles, Freiburg 1973, 59면 이하, 195면 이하도 참조.

11 *Aristoteles*, Politik (*Olof Gigon* 역, München 1978), I, 2(1253 a 25 이하).

이렇게 하여 아리스토텔레스에게서도 윤리적인 것은 인간의 자유와 관련을 맺고 있다.[12] 하지만 아리스토텔레스에게서 자유는 후술하는 칸트의 비판철학에서 접하게 될 것과는 다른 방식으로 이해되었다. 그에게 자유는 말하자면 자연이 개방해 둔 관계의 위치로서, 이 위치는 정당한 것의 (국가 안에서 공정한 관계들의) 확고한 지점들의 맞은편에서 그 위치에 방향을 맞춤으로써 다시 완결되어야만 하는 것이다. 그러므로 개개인은 자신의 행위 속에서 또 폴리스의 큰 관계 안으로 들어왔다. 이렇게 인간은 과정 속으로 분류되어서 파악되고, 그 과정의 조건들을 사유로 알 수는 있으나, 조건들에 비하여 자신을 독립적이고 독자적인 것으로 이해할 수는 없는 것이다.

이것은 벌써 비판철학을 미리 암시해 주는 것이다. 그렇지만 비판철학의 사유의 장소를 규정하기 전에 먼저 아리스토텔레스가 제시한 정의 개념에 관하여 언급할 필요가 있다: 이러한 개념의 규정은, 그것으로 개념의 진리가 대부분 파악되지 않았다면 실제로 수천 년 넘게 영향력을 발휘할 수 없을 것이다. 그러므로 칸트에게서 이러한 초안의 몇몇 특성이 재현되고, 완전히 다른 관점으로써 새롭게 정돈되더라도 놀라서는 안 될 것이다.

III. 비판철학에서 세계관의 변화

1. 비판철학의 모든 숙고와 동시에 칸트에 대한 모든 주장도 먼저 이러한 사상의 새로운 출발점을 분명히 해 둘 필요가 있다. 그것은 칸트

---

12 NE, V, 10(1134 a 25 이하); 무엇보다도 III, 1(1109 b 30 이하); 이에 대해서는 특히 *Ritter*(주 10)과 *Max Pohlenz*, Griechische Freiheit, Heidelberg 1955, 102면 이하와 134면 이하.

이전의 근대철학에서 구상되었지만, 칸트에 의해서 비로소 광범위하게 전개되었다. 이 새로운 출발점의 특징은 사유하는 의식 그 자체가, 인간에게 세계에 대한 이해와 타인에 대한 이해 그리고 결국은 자기에 대한 이해를 가능하게 하는 근거지움의 능력의 원천으로 파악된다는 것이다.[13] 칸트 자신이 이렇게 지칭한 사유방식의 혁명[14]과 함께 사유에서 특정하는 것 그리고 특정된 것의 관계에 대한 전환이 생긴다: 말하자면 사유는 더 이상 그 대상들의 이해에만 연루되지 않고, 그러한 이해 자체를 가능하게 하며 그 이해를 보여준다; 그러므로 사유는 그 창조성 안에서 알게 되는 것이다. 그렇지만 이것으로 사유 자체를 통하여 인식이 도달 가능한 광도光度를 측정할 수 있는 가능성이 열리게 되었다. 칸트의 비판철학 개념은 ― 우선은 매우 일반적으로 규정하여 ― 두 가지도 내포하고 있다: 하나는 ― 소극적으로 ― 무엇이 확실한 앎이 아닌지 혹은 아닐 수 있는지가 아니라, 오직 환영과 가상을 분리한다는 것이다. 그리고 다른 하나는 ― 적극적으로 ― 확고한 토대를 확립하는 것인데, 이 토대로부터 포괄적인 의미에서 세계에 대한 확실한 이해를 하게 되는 것이다.

　이것으로 ― 부언하자면 ― 객관적인 세계구조의 쐐기돌로서 신이나 영혼의 불멸성을 말하였던 구형이상학이 일시에 소멸되었다.[15] 헨

13　이에 관하여는 칸트 자신의 〈Kritik der reinen Vernunft(KrV, 순수이성비판)〉, B 131 이하(뒤에서 칸트의 모든 저작은 10권 전집의 빌헬름 바이쉐델 *Wilhelm Weischedel*판, Darmstadt 1975에 따라 인용하였다; 여기서 제3권과 제4권의 〈순수이성비판(KrV)〉은 제1판(A)과 제2판(B)의 면수에 따라서 인용한다); B 428 이하도 참조. 이러한 사고의 출발점에 대한 전 작용을 피히테가 비로소 분명히 밝혔는데, 예컨대 Zweite Einleitung in die Wissenschaftslehre, in: *I. H. Fichte*(편) Sämtliche Werke, Nachdruck der Ausgabe Berlin 1845/46, Berlin 1971, Bd. I, 451면 이하 참조. 이 관계에 대해서는 *Dieter Henrich*, Fichtes ursprüngliche Einsicht, in: Festschrift für Wolfgang Cramer, Frankfurt/M. 1966, 188면 이하.

14　KrV, 제2판 서문, B XIV u.ö.

리히*Henrich*가 명확하게 표현한 바와 같이,[16] 그 이름만으로도 오늘날
배후세계Hinterwelt에 대한 지나친 인식의 만용을 연상시킨다. 그런데
이따금 성찰적 사유에 대하여 형이상학의 의혹이 제기될 때마다 칸트
가 사고에 부여한 다른 입장은 고려하지 않고 이 해묵은 시각이 넌지
시 암시되고 있다. 그렇지만 칸트와 더불어 바로 사유를 추궁하는 질
문은 또 사유에 의하여 대답되어야 하는 질문으로도 이해되는 것이라
는 인식에 대한 전환이 이루어졌다 — 그리고 이것은 근대의 의식을
성격규정해 준다. 하지만 대답의 모든 방식에서 정신적으로 관련되
어, 즉 사유하면서 행동한다는 것, 이것은 주어진 사실이고, 또한 자
기 자신에 대해서 — 타인에 대해서는 말할 것도 없고 — 의미심장한
단 한 문장만 말하고자 해도 이 사실로부터 자유로울 수 없으며, 사유
하면서 행동한다는 것은 인간 의식의 당연한 본질이다.

　이 같은 사유의 전환으로써 방법과 대상도 어떤 밀접한 관계 속으
로 들어갈 수밖에 없었는데, 방법은 사유에 해당하는 방식으로서 이
해될 수 있지만, 사유는 그 대상을 파악하는 데서 생산적인 것으로 이
해될 수 있기 때문이다. 이것은 무엇보다 성찰된 실천의 관점에 해당
되는 것이기 때문에 정의의 개념에도 해당된다.[17]

15　이에 관한 일반적인 것은 H. *Heimsoeth, Die sechs großen Themen der abend-
　　ländischen Metaphysik*, 제7판, Darmstadt 1981. 칸트의 위치는 디터 헨리히에
　　게서 더 분명해진다. *Dieter Henrich, Was ist Metaphysik, was Moderne?*, Merkur
　　1986 (Heft 448), 495면 이하 참조(동저자, 증보판, Konzepte, Frankfurt/M.
　　1987, 11면 이하 참조).
16　앞의 책 (주 15), 496면.
17　칸트의 순수실천이성의 방법론에 대한 규정 참조, 이것은 "순수실천이성의
　　법칙에 인간의 정서가 (…) 어떻게 수용될 수 (…) 있는가"에 관한 문제만을 다
　　룬다(Kritik der praktischen Vernunft - KpV -, Werke Bd. 6, A. 269). 이것은
　　〈실천이성비판〉의 서문과 함께 읽을 필요가 있다: "이성이 순수이성으로서
　　실제로 실천적이라면, 이성은 자기의 실재성과 자기 개념들의 실재성을 행위
　　를 통하여 증명한다 (…)" (KpV, A 3).

2. 이것을 자세하게 설명하기에 앞서 획득한 비판철학의 한 관점에
서 약간의 예비적인 지적을 해 둘 필요가 있다.

a) 첫째로 지적해야 할 것은 **이론적 인식**의 확실성은 **실천적 통찰**의
확실성과는 구분되어야 한다는 점이다.[18] 이론적인 인식 속에서 사유
는 객체의 대상성으로 인하여 세계 속에서 확고한 근거를 가지며, 이
근거는 — 제대로만 숙고된다면 — 사유가 극단으로 기우는 것도 스
스로 막아 준다. 따라서 이러한 세계의 인식에 관한 방식의 대단한 매
혹으로 인하여 이 확실성에 관한 사유의 형태를 세계에 대한 모든 이
해들의 형태로 하려는 노력, 이것만이 합리적 사고라는 것은 오해이
다.[19] 그러나 이것은 잘못된 것이고, 다시 한 번 비판철학의 근본사상
에 적용하여 본다면 이 잘못은 더욱 분명하게 드러난다: 이에 의하면
이론적인 확실성마저도 그것의 근거가 되어주는 사고능력에 의존하
는 것으로 이해할 수 있다. 하지만 모든 능력의 근원인 각 주체와 관련
되는 모든 인식은, 세계의 연관성 속에서 주체의 두드러지는 성격도
같이 나타낼 필요가 있다. 그러나 실천철학은 인간 행위의 규정근거
에 관한 성찰이다. 여기서 문제되는 것이 전적으로 자기결정이나 또
는 (확대하여) 동주체와의 관계에서의 자기결정이라면, 대상과 같은
물화와 거리화를 벗어나는 어떤 두드러진 방식으로 규정의 주체는 항
상 특정되어야 하는 주체와 필연적인 관계에 놓이게 된다. 하지만 그
밖에도 실천으로 인간은 스스로 세계를 변화시킨다. 인간은 이것을

---

18 이것은 무엇보다 한편으로는 〈순수이성비판〉(특히 B 585 이하/A 557 이하
　　참조)에서 그리고 다른 한편으로는 〈실천이성비판〉(예컨대 A 58과 특히 서
　　문, A 5, Anm. 참조)에서 칸트가 자유의 문제점을 다룬 데서 더 분명하게 드러
　　난다.
19 주로 분석윤리와 분석법철학이 이러한 상상의 영향을 받았다; 이에 관하여는 예
　　컨대 *Grewendorf/Meggle* (편), Sprache und Ethik에 수록된 논문들, Frankfurt/M.
　　1974 참조; *Hoerster*, Grundthesen analytischer Rechtstheorie, in: Jahrbuch für
　　Rechtssoziologie und Rechtstheorie 2 (1972), 115면 이하(특히 122면).

본능에 따라서 하지 않고, 옳고 그른, 선악과 같은 개념들에 따라서 행
위하기 때문에 이러한 개념들을 받쳐주는 원리들은 이론적인 인식을
궁극적으로 해명하는 데서 밝혀지는 것과는 당연히 다른 형태여야
한다. 설계 전체는, 실천은 자유에서 나오는 인과성이라는 칸트의 명
확한 표현에서 분명해진다.[20] 이것으로 비판실천철학에 대하여 의
식이 어떤 방식으로 방향을 설정하는지를 설명해야 하는 과제가 말
해졌다.

b) 둘째의 지적은 칸트의 실천철학의 범위와 관련된다. 칸트는 단
지 행위자의 심정만 다루었지 올바로 통찰한 것의 실현 자체는 다루
지 않았다라고 생각하는 것은 오해이다.[21] 이것은 칸트라는 사람이
전혀 실천철학을 한 것이 아니라, 실천철학의 반만 한 것이라고 비난
하는 셈이 된다. 칸트가 이것을 의도하지 않았다는 것은 가령 〈도덕형
이상학원론〉의 한 부분에서 드러난다: 여기서[22] 그는 순전한 소원을
의지와 명확하게 구분하고, 이 의지를 "그 수단이 우리의 지배하에 있
는 한 모든 수단을 동원하는 것"으로 규정하고 있다. 그러나 칸트가
의지의 실현의 측면도 같이 생각했다는 것은 무엇보다도 〈도덕형이
상학〉에 있는 그의 법론이 보여주며, 법론은 행위의 외적인 측면을 고
려하지 않고는 이해될 수 없는 것이다.

---

20 KrV, B 560 이하/ A 532 이하 참조.
21 예컨대 *Schwemmer*, Die praktische Ohnmacht der reinen Vernunft, in: Kants
    Ethik heute (neue hefte für philosophie, A. 22), 1면 이하, 10면 참조.
22 Grundlegung zur Metaphysik der Sitten(GMS), Werke Bd. 6, BA 3.

IV. 비판철학과 정의 개념

이러한 지적 다음에는 이제 비판적인 실천철학의 입장으로부터 서로 맞물려 있는 세 단계에서 정의 개념이 전개되어야 할 것이다.

1. 제1 단계는 올바른 행위를 위하여 정언명령의 의미를 부각시키는 것이다.[23]

올바른 행위의 문제는 — 칸트가 표현한 바대로 — 인간은 이성적인 존재로서 법칙에 따라 행위하는 것이 아니라, 법칙의 표상에 따라 행위한다는 것에서 생긴다.[24] 인생에서 '나는 무엇을 해야 하는가?' 라는 물음을 제기하게 되면 자연이 길을 보여주는 답을 줄 때까지 기다릴 수는 없다. 그렇지만 타인이 누군가에게 답하기를 기다릴 수는 있을 것이다. 이것은 미성숙의 상태이다. 미성숙 상태에서는 사실 '나는 무엇을 해야 하는가?'라는 질문에서의 자아das Ich가 사라지므로, 이 질문도 동시에 사라지게 된다. 따라서 답은 오로지 질문하는 의식 그 자체로부터 나올 수 있으며, 오로지 이것만이 비판철학의 원리들에 부합한다. 칸트는 이 출발점을 특히 〈실천이성비판〉이 끝나는 유명한 결어에서 분명하게 보여주고 있다: 그는 여기서 도덕법칙은 "나의 보이지 않는 자기Selbst, 나의 인격성"에서 시작하는 것이라고 말한다.[25]

23　칸트의 실천철학에서 정언명령의 의미에 관하여는 H. J. Paton, Der kategorische Imperativ, Berlin 1962와 Lewis White Beck, Kants ,Kritik der praktischen Vernunft', München 1974 참조.

24　GMS, BA 36.

25　KpV, A. 290. — 칸트 법철학의 차후 전개를 위해서 중요한 것은 '내 머리 위의 별이 총총한 하늘'이 나오는 같은 구절에서 그의 사상적 출발점은 '내가 외적인 감각계에서 차지하는 자리'를 통하여 결정된다는 것이다. 아직 더 설명되어야 하겠지만 칸트의 법론은 이 두 사유의 배열 속에 존재하는 '나'를 하나

그러므로 자의식自意識이 실천을 일반적으로 가능케 하는 것이다.

　인간은 또 유한한 존재이기 때문에 올바른 것에 대한 이성적인 통찰은 실제 행위로 저절로 옮겨지지 않는다. 따라서 실천이성의 한 비판에는 명령이 들어 있으며, 이 명령은 올바른 행위를 당위요청을 통하여 하게 한다 — 그것이 자신의 행위를 목적-수단-관계로 정돈하는 소위 가언명령이든, 이성의 자기보존과 직접 결부된 상황에서 행위에 방향을 제시하는 정언명령이든지 말이다:[26] 약속을 지키는 것, 타인에 대하여 위증을 하는 것, 위난에 처해 있는 사람을 도와주는 것 또는 자살하는 것은 옳은 것인가? — 이 모두는 이른바 목적-수단-관계 속에서 밝혀질 수 없는 경우이다.[27] 그러므로 여기에는 이성이 무조건적인 실천법칙, 정언명령을 통하여 작용한다. 칸트가 〈도덕형이상학원론〉에서 정언명령에 부연한 정식은[28] 다음과 같다: "준칙이 보편법칙이 되도록 네가 의욕할 수 있는 그러한 준칙에 따라서만 행위하라."[29]

　여기서 칸트가 말하는 것을 명확하게 하기 위해서는 먼저 칸트에게서 중요한 것이 무엇인가를 설명할 필요가 있다: 그것은 바로 행위실행에 관한 이성의 규정으로서, 행위의 실행은 이성의 규정을 통하여

의 통일체로 만들려는 시도로 이해할 수 있다.

26 〈도덕형이상학원론GMS〉에서 두 명령 형태의 직접적인 대조에 관하여는 BA 39/40.

27 즉 그것은 판단의 결과가 확실히 계산할 수 있는 방법으로 결코 결정되지 않는다는 이유에서도 그렇다; 이에 대해서는 매우 구체적인 칸트의 설명, GMS, BA 46 이하 참조. 바로 이런 까닭에 행복은 올바른 행동에 대한 직접적인 결정근거는 될 수 없으나 — 문헌에서는 늘 충분히 언급되지 않았지만, 칸트에 의하면 — 일정하게 매개된 방식으로는 윤리적으로 정당한 행위의 결과가 될 수는 있다(KpV, A 198 이하).

28 정언명령의 다양한 형태에 대해서는 Paton (주 23), 152면 이하 참조.

29 GMS, BA 532. — 정식에 관하여는 Christian Schnoor, Kants kategorischer Imperativ als Kriterium der Richtigkeit des Handelns, Tübingen 1989, 84면 이하 참조.

비로소 완전한 의미에서의 의식적인 행위실행이 된다. 행위의 실행은
일상에서는 아주 빨리 이루어진다; 행위의 실행에서는 이전의 경험도
이미 성찰된 것으로 받아들이게 되지만, 이것으로 방향설정의 과정이
무의식적으로 진행되지는 않는다. 실천철학이 방향설정을 하는 개별
요소에 대하여 묻는다면 철학적 성찰의 철저함으로 인하여 시간도 길
어지는 것처럼 보이는데, 이 시간은 올바른 행위에 대한 질문을 할 때
에 결론을 얻기 위해서 필요한 것이다. 그렇지만 사실은 일상 행위 속
에서 부각되고 서로 정확하게 규정된 그 요소들은 상호적으로 밀접한
관련을 맺으며 행위에서 입증되거나 수정되어야 하고 한 생애를 통하
여 개체 자신만의 고유한 통일체를 만드는 것이다.

　이제 이러한 성질에 관한 의식적인 방향설정의 본질적인 요소들을
살펴볼 필요가 있는데, 이 요소들은 (이미 설명한 명령이어야 하는 형식을
제외하고는) 정언명령에서 중요하다. 바로 제1 요소, 준칙은 그 자체가
성찰의 산물이다: 문제는 행위를 하면서 자신의 주관적 상태를 인식
하는 것이다.[30] 예컨대 어떤 사람이 학자이고, 자신의 목적을 달성하
기 위해서는 실험결과를 조작하거나 타인의 논문을 표절하는 한이 있
더라도 모든 수단을 동원하여 성공하겠다는 원칙을 정해 놓고 있다고
가정해 보자. 이 제1 단계에서 중요한 것은 행위실행에 대한 직접적

---

30 여기서 생기는 능력에 관하여 더 상세한 것은 E. A. Wolff, Das neuere
　Verständnis von Generalprävention und seine Tauglichkeit für eine Antwort
　auf Kriminalität, ZStW 97 (1985), 786면 이하, 808면 이하; 동저자, Die
　Abgrenzung von Kriminalunrecht zu anderen Unrechtsformen, in: Winfried
　Hassemer (편), Strafrechtspolitik, Frankfurt/M. 1987, 137면 이하, 162면 이
　하. — 정언명령을 칸트 스스로가 '진부한' 것이라고 표현한 황금률과 동일
　시한다면 이 능력은 없어진다(Kant, GMS, BA 68, Anm. 참조). 이에 대해서는
　Hruschka, Die Konkurrenz von Goldener Regel und Prinzip der Verallgemeinerung
　in der juristischen Diskussion des 17./18. Jahrhunderts als geschichtliche
　Wurzel von Kants kategorischen Imperative, JZ 1987, 941면 이하(특히 950면
　이하)도 참조.

인 지침이 아니고, 행위실행을 의식의 주관적 상태 속으로 정돈하는
것이다. 이미 여기서 정언명령에 대하여 반복적으로 종종 가해지는
비판이 적절하지 않다는 것이 드러나는데, 그 비판에 의하면 정언명
령은 내용이 없는 단순한 형식원리라고 한다.[31] 정언명령은 **형성적인**
원리로서 형식적인 측면을 갖고는 있으나 그것은 입증되어야 하는 명
료한 근거들로부터 나오는 것으로서 여기에 대해서는 다시 언급하기
로 한다.

정언명령의 제2의 근본요소는 일반법칙이다. 그렇지만 일반법칙
은 그 자체로 존재하는 요소, 이 요소가 마치 행위하는 주체에게 외부
적인 것 같은 그런 것은 아니다. 그것은 말하자면 지표로서 이 지표 앞
에 주체 스스로가 찾아낸 준칙을 놓는 것이다. 일반법칙이 되는 적합
성의 검토에서 보편성이 완전하고 철저하게 이루어지며, 이 보편성은
준칙으로 생각하는 규정을 통하여 이미 구상된 것이다: 이것은 이러
한 준칙에 따라서 보편적으로 행위하는 경우에 주관적이고 보편적인
이성의 상태에 의거하여 묻는 것이다. 연구결과를 조작하는 학자의
사례에서는 학문이 사라지는 동시에 연구자의 본래 목적도 사라질 것
이다: 즉 준칙은 자기모순에 부딪히게 된다.[32]

---

31 시발점은 헤겔이다. *Hegel: Über die wissenschaftlichen Behandlungsarten des
Naturrechts*, Werke (*Eva Moldenhauer/Karl Markus Michel* (편), Frankfurt/M.
1971 u.ö.), Bd. 2, 434면 이하(459면 이하). 그 밖에도 예컨대 *Max Scheler*, Der
Formalismus in der Ethik und die materiale Werteethik, 제6판, Bern, München
1980, 특히 45면 이하 참조; *Nicolai Hartmann*, Ethik, 제4판, Berlin 1962, 98면 이
하. 이에 대해서는 *Julius Ebbinghaus*, Gesammelte Aufsätze, Vorträge und
Reden, Hildesheim 1968, 140면 이하.
32 이 모순은 헤겔이 주장한 그저 외견상의 모순과는 구별되어야 하고, 이에 의
하면 도움이 필요한 모든 사람이 도움을 받는다면 가난이 사라질 것이라고 한
다(Über die wissenschaftlichen Behandlungsarten des Naturrechts — 주 31 —,
465면 이하). 왜냐하면 도움이 필요한 경우에 정당한 관계의 성립은 행위자
로 인하여 '나는 무엇을 해야만 하는가?'라는 질문을 야기하였던 결핍상황
을 종료하게 하기 때문이다; 그러므로 현실에서는 관철되어야 하는 주관적

지금 우리가 논하는 이 주제에서 중요한 것은 정언명령의 이러한 작용방식의 몇 가지 특성이다: 우선 칸트가 계속해서 강조한 점은 이런 방식으로 — 명확하게 부합하는 것은 아니지만 — 가장 평범한 오성은 올바른 것에서 방향을 정한다는 것이다.[33] 그러므로 정언명령과 함께 실천에 대한 전문가의 학문이 입증되는 것은 결코 아니다. 그 밖에도 정언명령의 형식성과 관련하여서, 먼저 정언명령은 실천이성의 법칙으로서 이것은 마치 이론적인 앎에서의 — 비교가 가능하다면 — 낙하법칙처럼 매우 형식적인데, 이 둘 속에서는 일반성이 모든 특수성과 무관하게 생각되기 때문이다. 그러나 정언명령의 형식적인 구조에 대한 또 다른 이유는, 개별사례에서 실천의 규정들을 제시하는 것은 보편적 자유의 철학에 적합한 요구일 수 없다는 것이다: 그렇게 한다면 보편적 자유에 대한 철학은 자기모순이 된다. 그러므로 보편적 자유에 대한 철학은 형성적 원리만을 제공할 수 있고, 이 원리는 각 개인에게 나아가야 할 방침을 제시하는 것이지 결론을 제시하지는 않는다. 이것은 이 글의 주제의 맥락에서 가장 중요한 점으로 연결된다: **각 개인의** 행위에 대한 규정의 근거(어떤 준칙)를 정련하는 각 개인의 그 의식은 정언명령에 대한 인식을 얻게 해주는 장소이다. 개개 의식이 할 수 있는 행위의 지시는 오로지 각자의 의식 그 자체에 의하여 각자의 의식 그 자체를 위하여 발견될 수 있다. 더 부언하자면: 성찰 속에서 준칙이 일반법칙으로 연마되어 가지만, 일반법칙이 행위자의 준칙으로부터 형성되는 것이라고 한다면 일반법칙도 행위자의 주관성의

행위의 방향설정과 일반적 관계들이 일치하게 된다. 일반법칙을 위한 준칙의 형성에 대한 다양한 형태에 관해서는 E. A. Wolff, Die Abgrenzung von Kriminalunrecht (주 30), 171면 이하 참조. 헤겔의 칸트 비판에 관하여는 *Andreas Wildt*, Autonomie und Anerkennung, Stuttgart 1982, 44면 이하 참조.

33 예컨대 GMS, BA 21 이하 그리고 실천이성비판의 방법론Methodenlehre der Kritik der praktischen Vernunft, A 269 이하 참조.

특성을 필연적으로 가지고 있다. 오로지 행위자의 자유만이 실현되는
것이다. 이렇게 본다면 정언명령의 작용방식에 대한 예들은 행위자보
다는 다른 타인에 의하여 (그러니까 주로 도덕철학자들에 의해서) 제시되
는 한 예증으로는 적합하고, 상의나 도움에도 유용하지만 그것이 정
언명령의 작용방식을 확립하기 위해서든, 동요시키기 위해서든 간에
결코 근거지움 그 자체의 부분으로서는 적합하지 않다. 그러므로 (정
언명령에 관한 최근의 한 연구에서도 다시 범하게 되듯이)[34] 칸트가 예로서
제시한 적용의 결과를 진부한 것으로 간주할 수도 있다 — 하지만 타
인에 대한 평가는 근거를 제시하는 이 지점에서는 중요하지 않기 때
문에 이것은 사소한 이의이다. 중요한 것은 오로지, 정언명령으로써
어떻게 스스로 해명하고 근거를 대면서 올바른 것에 관한 인식에 도
달할 수 있는가에 대한 길을 제시하였다는 점이다. 여기서 근거지움
의 형태는 이성적인 다른 존재에게서 유사한 근거지움의 구조를 보여
준다; 그러나 (칸트의 실천철학에 들어 있는) 이성적인 다른 존재에 대한
이 추론의 내용은 피히테*Fichte*에 의해서 비로소 명확해졌다.[35]

정언명령 속에 당연히 들어 있는 주관성과 보편성 간의 분리될 수
없는 관계는, 외부에서 어떤 행위를 판단할 때에 가령 그 행위가 일반
법칙과 합치되지 않는다는 확인이 말하자면 주관성을 제거하고 찾아
낸 결과가 구속력 있는 것으로 되는 것을 막아 준다. 왜냐하면 외부에
서의 모든 판단은 기껏해야 같은 형태의 인식을 주장할 수는 있으나,

---

34 *Schnoor*, Kants kategorischer Imperativ (주 29), 194면, 196면 참조: "(...) 그 (즉
　　정언명령의) 기준으로서의 가치는 실망스럽다 (...)".
35 Grundlage des Naturrechts, Sämtliche Werke (주 13), Bd. 3, 1 면 이하(§§ 1-4).
　　예컨대 *Edith Düssing*, Intersubjektivität und Selbstbewusstsein, Köln 1986, 179
　　면 이하, 특히 240 면 이하 참조; *Zaczyk*, Die Struktur des Rechtsverhältnisses
　　(§§ 1-4) im Naturrecht Fichtes, in: *Kahlo/Wolff/Zaczyk* (편), Fichtes Lehre vom
　　Rechtsverhältnis, Frankfurt/M, 1992, 9면 이하.

자신이 결코 행위자를 대신할 수는 없기 때문이다. 달리 말하면 그리
고 법을 염두에 두고서 미리 말해두자면: 성찰의 필연적인 결과들은
도덕에서는 오로지 자기강제로서만 존재한다는 것이다.
이것은 중요한 최종추론까지도 허용한다. 정언명령이 각 개인의
행위로부터 분리되어 도덕의 이론원리로 간주됨으로써 일종의 윤리
의 자동판매기가 된다면 정언명령은 정말 왜곡되는 것이다.[36] 정언명
령을 이리저리 돌려서 주시하고, 검토의 목적으로 윤리적인 문제를
정언명령에 제기할 수는 있다 — 이는 정언명령이 어떤 결과를 가져
다주던지 인간의 실천과는 무관한 것이며, 기껏해야 그러한 실천의
형상과 관련될 뿐이다. 개개인의 실제 행위가 정언명령에 방향을 맞
출 때에만 〈실천이성비판〉에서 묘사한 정언명령과 자유의 지시 관
계도 생길 수 있는 것이다.[37] — 보편화원리를 개개 주체로부터 분리
시키는 것은 소위 담론윤리의 제거될 수 없는 근본오류로서, 담론윤
리는 각 개인이 개인으로서 먼저 행위하면서 구성되기도 전에 그를
사회화한다.[38]

---

36 예컨대 *Hoerster*, Kants kategorischer Imperativ als Test unserer sittlichen
Pflicht, in: *Manfred Riedel* (편), Rehabilitierung der praktischen Philosophie,
Freiburg 1974, Bd. II, 455면 이하(와 그곳의 각주 3)에 나오는 입장 참조. 정언
명령을 또 범주적 기능으로 좁힌다면 이러한 단순화의 위험은 명백하다. 예
컨대 *Höffe*, Kants kategorischer Imperativ als Kriterium des Sittlichen, in: 동저
자, Ethik und Politik, Frankfurt/M. 1979, 84면 이하 참조 — 이에 대해서는
Schnoor, Kants kategorischer Imperativ (주 29), 108면 이하도 참조.
37 KpV, A 5, Anm. *Jürgen Stolzenberg*, Das Selbstbewusstsein einer reinen prakti-
schen Vernunft, in: *D. Henrich/Rolf-Peter Hostmann* (편), Metaphysik nach
Kant?, Stuttgart 1998, 181면 이하도 참조.
38 이에 대해서는 *Jürgen Habermas*, Diskursethik — Notizen zu einem Begründ-
ungsprogramm, in: 동저자, Moralbewusstsein und kommunikatives Handeln,
Frankfurt/M. 1983, 53면 이하(특히 68면 이하) 참조. — 클라우스 귄터*Klaus
Günther*는 행위하는 개개 주체의 빈자리를 근거를 제시하는 담론과 적용하는
담론을 구분함으로써 메우고자 하였다(Der Sinn für Angemessenheit,
Frankfurt/M. 1988, 특히 60면 이하 참조). 하지만 이것은 방법을 개혁하는 것

여기서 정의 개념으로 가는 제1 단계가 완결된다. 비판철학은 실천을 자율적으로 근거지워진 실천으로서 이해한다. 그러므로 정의 개념에는 반드시 자율성이 들어 있어야 하는 것이다.

2. 다음의 제2 단계에서는 법적으로-정당한 행동의 요소들이 행위하는 자의 관점에서 규정될 것이다.

정언명령의 작용방식에 대한 부각은 실천이성비판의 성과이며, 실천이성에 대한 비판으로써 말하자면 자유의 영역이 밝혀지게 되는 것이다. 그렇지만 여기서는 외부세계에서의 실제 행위에 관한 것이기 때문에, 실천철학이 현존하는 자유의 완전한 규명을 위한 비판의 토대 위에서부터 시작한다면 실천철학은 추가적인 인식을 성취해 낼 준비가 되어 있어야 한다. 이것이 칸트의 저작 〈도덕형이상학〉에서 일어났다.[39]

칸트의 어법에서 〈도덕형이상학〉은 비판의 기반 위에서 확립된 자유의 규정들에 대한 체계를 뜻한다.[40] 그러므로 이 맥락에서 형이상학은 구형이상학의 포괄적인 의미는 아니지만, 구형이상학의 주제

이 아니라, 단지 결정을 한 자리 더 멀리로 미루는 것이다. — 이러한 맥락에서 Zaczyk, Das Unrecht der versuchten Tat, Berlin 1989, 16면 이하와 각주 166도 참조.

39 Werke (주 13), Bd. 7; 뒤에서 법론의 인용은 MdS(RL)로 줄여서 하며, 그 다음 1797년 제1판의 면수는 A, 1798년 제2판의 면수는 B로 한다. — 칸트의 법론에 관한 최근의 문헌은 Gerd-Walter Küsters의 개요, Kants Rechtsphilosophie, Darmstadt 1988과 Stefan Smid, ARSP 71 (1985), 404면 이하 참조; 그 밖에도 Kristian Kühl, Rehabilitierung und Aktualisierung des kantischen Vernunftrechts, in: Alexy/Dreier/Neumann (편), Rechts- und Sozialphilosophie in Deutschland heute, ARSP-Beiheft 44 (1991), 212면 이하 참조.

40 MdS (RL), AB III 참조; 법론에서의 이러한 체계에 관하여 더 자세한 것은 AB IV. 이 맥락에서 칸트의 형이상학 개념에 대한 일반적인 것은 Monika Sänger, Die kategoriale Systematik in den „Metaphysischen Anfangsgründen der Rechtslehre", Berlin-New York 1982 (Kant-Studien, Erg. H. 114), 특히 75면 이하와 Johannes Schwartländer, Der Mensch ist Person, Stuttgart u.a. 1968, 175면 이하 참조.

들에 대한 대항 개념으로도 사용되지는 않았다.

칸트의 〈도덕형이상학〉은 주지하는 바와 같이 「법론」과 「덕론」 두 부분으로 되어 있으며, 이러한 구분은 이미 칸트 이전에도 익히 알려 진 것이었다.[41] 그렇지만 유명해지고 법철학적으로 상식이 된 것은 행위의 합법성과 도덕성 간의 구분으로서, 이 구분은 외견상으로만 첫째 구분(= 법론과 덕론의 구분)과 연결된다. "동기와는 무관하게 법칙 과 행위의 단순한 일치 또는 불일치를 합법성(합법칙성)이라고 한다; 하지만 법률에서 나오는 의무의 개념과 행위의 동기가 일치하는 것은 도덕성(윤리성)이라 한다."[42] 이 구분은 설명이 필요한데, 무엇보다도 사유가 이 규정이 가진 비판적 잠재력에 미치지 못하고 뒤처지는 것 을 막기 위해서이기도 하다.

인용문에서 언급되고 법칙에서 행위를 평가해야 하는 '법칙' 개념 의 이해를 위해서는 〈실천이성비판〉에 대한 새로운 시각이 요구된다. 정언명령은 〈실천이성비판〉에서 '실천이성의 근본법칙'이라고 불린 다.[43] 정언명령을 통하여 행해진 사고활동에서만 준칙은 구속력 있는 명령, 즉 실천법칙으로 될 수 있다.[44] 이제 이 능력은 — 앞서 말한 바 와 같이 — 대리될 수 없는 각 개인의 능력의 산물이며 각 개인의 자율 성의 표현이다. 그런데 이것이 일반적으로 의미하는 것은: 윤리적 행 위에 관한 것이든, 법적인 행위에 관한 것이든 간에, 이러한 행위를 규 정하는 법칙은 각 개인의 통찰과 한 관계 속에 있어야 하며, 이 관계는

41 *Christian Thomasius*, Fundamenta juris naturae et gentium(자연법과 만민법의 기초), 제4판, Halle und Leipzig 1718, Aalen 1963, Libri I, caput V, § 21(149면): "법에 상응하는 의무는 언제나 외적이며, 타인의 강제를 두려워한다".
42 MdS (RL), Einleitung in die Metaphysik der Sitten, AB 15.
43 KpV, A 54 (§ 7의 표제).
44 KpV, A 54 이하; GMS, BA 37 이하; MdS (RL), AB 13 이하 참조. 이에 대해서는 *Paton*, Der kategorische Imperativ (주 23), 159면 이하; *L. W. Beck* (주 23), 84면 이하 참조.

통찰이 적어도 법칙의 타당성을 함께 만드는 것임을 보여준다.

이제 행위의 합법성에서 법칙과 행위의 일치에 대한 판단과 관련하여 보면 두 관점을 수용할 수 있다: 하나는 행위와 법칙을 서로 비교하는 외적인 판단이다. 이것은 특수한 법적–법학적 견해라고도 말할 수 있을 것이다. 그러나 이러한 견해가 단순히 '합법성'이라는 성격묘사로써 이미 자유의 법관계에 대한 **정당한** 견해로서 입증된 것은 결코 아니라는 점은 충분히 강조하고 부각시킬 수 없을 것이다. 왜냐하면 너무 쉽게 법칙과 외적 법률, 특히 국가의 법률을 동일시하기 때문이다.[45] 여기서 어떤 행위의 도덕성에 대한 반대 개념으로부터 국가가 시민의 도덕성에 관여하는 것은 허용되지 않는다는 것을 이끌어 냄으로써 법률의 성격에 대한 추가적 진술을 할 수는 있을 것이다. 그렇지만 또한 국가의 법률에 대한 구속력을 위해서는 추가적으로 근거를 제시하는 일련의 단계들이 더 필요하다는 것을 망각하는 위험에 빠지게 되고, 이 추가적인 단계들과 함께 비로소 법에서는 무엇 때문에 주체의 자율성이 사라져서는 안 되며 타인이 정한 규칙의 타율성과 교체되어서는 안 되는지가 입증된다.[46]

따라서 어떤 행위의 합법성과 도덕성의 구분에서 사유적으로 완전히 입증된 것은 사고과정의 이 지점에서는 언급한 행위자의 의식으로

---

45 예컨대 *Gustav Adolf Walz*, Die Staatsidee des Rationalismus und der Romantik und die Staatsphilosophie Fichtes, Berlin-Grunewald 1928, 192면 참조; *Herbert Marcuse*, Kant über Autorität und Freiheit, in: *G. Prauss* (편), Kant, Köln 1973, 310면 이하. *Ebbinghaus*, Kant und das 20. Jahrhundert, in: 동저자, Gesammelte Aufsätze (주 31), 9면 이하, 114면에 있는 표현도 참조: "그러나 의사자유의 문제는 법론 너머에서 비로소 시작된다". 이 오판에 대한 다른 논거는 *Brocker*, Kants Besitzlehre, Würzburg 1987, 50면 각주 96.

46 법강제의 문제점에 관해서는 *Michael Köhler*, Zur Begründung des Rechts-zwangs im Anschluss an Kant und Fichte, in: *Kahlo/Fichte/Zaczyk* (주 35), 93면 이하 참조.

부터 나오는 둘째 관점뿐이다: 행위자 자신은 의무가 자기 행위의 동기인지 아니면 그저 법칙과 외적으로 일치하는 것인지를 성찰 속에서 밝혀낼 수 있다. **이러한** 관점에서 도덕성과 적법성의 구분은, 문헌에서 이미 자주 강조된 바 있듯이, 윤리 내에서의 구분이다.[47] 그러나 여기에만 머물러 있다면 구분은 거의 무가치한 것이 될 것이다. 왜냐하면 곧바로 단순히 적법한 행동을 참된 윤리적 행동으로 바꾸라는 이성의 호소가 뒤따라야 할 것이기 때문이다. 그러므로 구분이 지속되려면 행위의 적법성 판단에는 행위하는 자의 단순한 내적 시각을 보충하고 확장해주는 추가적인 관점들이 다루어진다는 것을 규명할 필요가 있다. 이것은 특별한 행위의 부류가 문제되는 경우이다. 이러한 법적으로-중요한 행위들의 부류가 존재하고, 그것은 행위의 특별한 성격과 행위규정의 특별한 성격으로 인하여 드러나는 것이다.[48] 이것의 정확한 성격을 묘사하기 위해 칸트는 〈도덕형이상학〉에서 더 중요한 설명을 한다.

그는 법에서 중요한 영역을 인격들 간의 관계로, 특히 "그들의 행위

---

47 이에 관해서는 *Bartuschat*, Phil.Jb. 94 (1987), 28면 이하; 동저자, Zur Deduktion des Rechts aus der Vernunft bei Kant und Fichte, in: *Kahlo/Wolff/Zaczyk* (주 35), 173면 이하, 175면 이하; *Dreier*, Zur Einheit der praktischen Philosophie Kants, in: 동저자, Recht — Moral — Ideologie, Frankfurt/M. 1981, 286면 이하(294면); *Friedrich Kaulbach*, Moral und Recht in der Philosophie Kants, in: 동저자, Studien zur späten Rechtsphilosophie Kants und ihrer transzendentalen Methode, Würzburg 1982, 135면 이하; *Gerhard Luf*, Freiheit und Gleichheit, Wien-New York 1978, 53면 이하.

48 법의 근거를 확립하는 출발점은 이러한 규정을 하는 데 있는 것이지, 이와 달리 이차적인 법강제의 문제에 있는 것이 **아니다**. 이것이 그 밖에는 아주 공적이 많은 볼프강 케르스팅의 연구에서는 간과되고 있다. *Wolfgang Kersting*, Wohlgeordnete Freiheit, Berlin-New York 1984, 10면, 29면 등; 동저자, Die verbindlichkeitstheoretischen Argumente der kantischen Rechtsphilosophie, ARSP-Beiheft Nr. 37 (Rechtspositivismus und Wertbezug des Rechts, *Ralf Dreier* 편, Stuttgart 1990), 62면 이하, 특히 67면 이하 참조.

가 행위로서 상호 간에 (직간접적으로) 영향을 줄 수 있는 한에서"[49] 타
인에 대한 인격의 외적이고 실천적인 관계로 묘사한다. 오로지 그러
한 외적인 행위들에만 또 외적인 입법을 연결하는 것이 가능하다.[50]
이 외적 영역에 대해서는 바로 언급해야 할 것이다.

이에 앞서 밝혀두어야 할 것은 법적인 행위의 경우에 자의식의 능
력을 칸트가 어떻게 묘사하고 있는가 하는 점이다. 여기에 대해서 칸
트는 법의 원리를 정의하고, 이 원리로부터 법의 명령을 이끌어 낸다.
법의 원리는 다음과 같다: "한 사람의 행위가 또는 그 행위의 준칙에
의하여 한 사람의 자의의 자유가 보편법칙에 따라 모든 사람의 자유
와 양립할 수 있는 행위는 법적이다".[51] 여기서 도출된 명령은 다음과
같다: "너의 자의의 자유로운 사용이 모든 사람의 자유와 보편법칙에
따라서 존립할 수 있도록 외적으로 그렇게 행위하라."[52] 여기서 자기
결정이 어떻게 확장되는지를 보게 된다. 더 많은 주관적인 존재가 그
존재의 이성성에서 검토될 뿐 아니라, 사유의 활동 속으로 타인격의
자유로운 현존재도 첨가되고 있다. 타인의 자유는 더 많은 주관적 존
재의 자기결정에 본질적인 의미를 갖게 된다. 자의식이 타의식에 전
이될 수 있는 사유적 조건은 피히테*Fichte*가 비로소 완전하게 조명하였
다.[53] 그렇지만 칸트에게서 자기결정과 마주하는 것은 타인의 자기결

---

49 MdS (RL), Einleitung in die Rechtslehre, § B(AB 32).
50 주 49와 같이 § A(AB 31). 이에 대해서는 *R. Dreier*, Rechtsbegriff und Rechtsidee,
    Frankfurt/M. 1986, 10면 이하도 참조.
51 주 50, § C(AB 33).
52 주 51, AB 34.
53 무엇보다도 Grundlage des Naturrechts nach Principien der Wissenschafts-
    lehre, Sämtliche Werke (주 13), Bd. 3, §§ 1-4 참조; 이에 관하여는 주 35에 있는
    문헌 참조. 이에 대한 법학적 관점에서는 *Johann Braun*, Freiheit, Gleichheit,
    Eigentum, Tübingen 1991, 97면 이하도 참조 — 칸트에게서(§ C) 이성은, 자유
    는 그 보존의 그 외적 조건에 자기와 타인에게서도 제한되어 **있는** 것이라고
    한다; "그리고 이것을 이성은 더 이상 증명이 불가능한 요청이라고 한다."

정이며, 즉 주관적 이성을 넘어서는 첫 단계는 상호주관성이라는 통찰에 대한 토대가 구축되었던 것이다.

칸트는 법적으로-정당한 행동의 개별적인 규정의 근거를 울피아누스*Ulpian*의 법칙(honeste vive, neminem laede, suum cuique tribuere, (법적인 인간은) 바르게 살며, 아무에게도 손해를 입히지 않고, 각자에게 각자의 것을 주어라)에 의거하여 전개하고,[54] 이것을 법의무로서 명확하게 표현하였다. 지금까지 말한 바에 의하면 칸트가 법의무를 상호주관적인 관계에 유념하여 규정한다는 것은 자명하다. (바르게 사는, honeste vive) 법적인 인간이라고 하는 것은 타인과의 관계에서 자신의 가치를 한 인간의 가치로서 고수한다는 것을 말한다: "너를 타인에게 단순한 수단으로 하지 말고, 동시에 그들에게 목적이 되어라." 아무에게도 불법을 행하지 말라neminem laede는 적극적으로 표현하면 항상 바르게 또는 정당하게 행위하라는 것을 말한다. 매우 이상하지만 납득이 가도록 칸트는 이 점에서 계속해서 쓰고 있다: "아무에게도 불법을 행하지 말며, 이로 말미암아 타인과의 모든 관계로부터 벗어나고 모든 사회를 피할 수밖에 없다고 해도 말이다." 이는 표면상으로만 관계가 없어 보인다; 이것으로 한 사유가 명확하게 표현된 것인데, 이 사유는 국가로 가는 이행에서 또 한 번 중요하고 뒤에서도 다시 다루게 될 것이다. 마찬가지로 마지막 법의무도 이에 해당한다: "네가 후자(즉 타인에게 불법을 행하는 것)를 피할 수 없다면, 각자에게 자기 것이 유지될 수 있는suum cuique tribuere 타인과 공존하는 사회 속으로 들어가라(각자에게 자기 것을 배분하라)". 이것은 '정의' 개념의 비판적 규정에 매우 교훈적

(MdS, RL, AB 34). — 칸트의 도덕형이상학의 업적에 대해 매우 부당하고 지나치게 회의적인 것은 W. *Schreckenberger*, Legalität und Moralität, 박사학위논문 Heidelberg 1959 (ms.), 98면 이하.

54 이에 대해서는 MdS (RL), AB 43, 44 참조.

인 공식의 번역으로서 이미 아리스토텔레스 때부터 널리 알려진 것이다: 정의가 독자적인 인격 간의 관계 속으로 정돈되어서 생각된다면, 누군가에게 이미 그가 가지고 있는 무언가를 준다는 것은 아무런 의미가 없다. 그래서 칸트는 이 공식을 각자에게 자기 것이 보장되는 타인과 공존하는 상태 속으로 들어가는 의무로 재해석할 때에만 이 공식은 의미가 있다고 한다.

여기서 이제 법적으로 중요한 행위의 둘째 요소, 즉 행위의 외적인 측면을 살펴보아야 할 지점에 이르렀다. 이것을 이해하는 데 또 적용되는 것은, 〈도덕형이상학〉에서의 칸트의 업적을 고려하여 칸트에게서 규정에 대한 이유의 예지적 성격은 규정된 것의 현상에서는 찾아낼 수 없는 것이었기 때문에 그래서 칸트는 이 외적인 것을 제대로 파악할 수 없었다는 안일한 상상에서 벗어나야 한다는 점이다.[55] 오히려 칸트가 근거를 확립하는 데서 이루어 낸 것을 사유의 맥락 전체를 위하여 더 부각시켜야 할 필요가 있다.

이미 〈도덕형이상학〉에 대한 서언Einleitung in die Metaphysik der Sitten의 둘째 문장은 주목할 만한 개념을 비판적인 법론에 제시한다: "자신의 표상에 따라 행위하는 존재의 능력을 삶이라고 한다."[56] 유한성 속에서 개개인을 연결하는 현존재의 본성적인 측면이 이로 인하여 행위능력의 토대로서 파악되는 것이다. 이것은 윤리적인 행위와 법적인 행

---

55 칸트의 소유권론에 대해서는 예컨대 *Manfred Brocker*, Kants Besitzlehre (주 45), 특히 61면 이하(이에 관하여는 차칙의 서평, in ius connube, XVI — 1989 —, 515면 이하); *Kristian Kühl*, Eigentumsordnung als Freiheitsordnung, Freiburg/München 1984, 특히 111면; *Gerhard Luf*, Freiheit und Gleichheit (주 47), 70면 이하; *Wolfgang Schild*, Begründungen des Eigentums in der Politischen Philosophie des Bürgertums, Locke — Kant — Hegel, in: *J. Schwartländer/ D. Willoweit* (편), Das Recht der Menschen auf Eigentum, Kehl/Straßburg 1983, 33 면 이하.

56 MdS (RL), AB 1.

위에 공통으로 적용된다. 그러나 칸트에게서 법은 인격들 간의 관계로부터 출발한다는 점을 고려한다면, 법적인 행위의 영역은 자유가 타인과의 관계에서 외적으로 존재하는 것이라고 할 때에 밝혀지게 된다. 자유가 이것을 이성의 근거로부터 **할 수 있다는 것**을 (그리고 이로 인하여 실천이성도 확장된다는 것을) 칸트는 실천이성의 법적 요청에서 보여주고 있다;[57] 하지만 자유가 이것을 또 **해야 한다**는 것은 외견상 진부해 보이는 한 사고로부터 입증된다: 바로 우리는 둥근 공모양으로 생긴 하나의 단일한 지구에서 살고 있는 것이다. 한편으로는 이것으로 인하여 상호 간에 무한으로 멀어지는 것이 불가능하다면, 법에 대한 이해는 불가피한 관계로서 밝혀지게 된다. 그렇지만 다른 한편으로는 누구나 이 지구상에서 반드시 한 자리를 가져야 한다: "모든 법적인 행위에 선행하는 (자연 그 자체에 의해 만들어진) 지구상의 모든 인간들의 점유Besitz는 시원적인 총체적 점유이며 (…), 이 개념은 (…) 선험적인 원리를 내포하는 실천이성개념(이고), 이 원리에 의하면 오로지 인간만이 법의 법칙에 따라 지구상에서 장소를 사용할 수 있다."[58]

이러한 사상적인 배경 위에서 칸트는 자신의 소유권론을 전개한다:[59] 개개인이 현실의 한 부분을 자신의 일부분으로 규정하여 외적인 현실 속에서 한 자리를 얻는다는 것은 살아 있는 이성적인 존재로서의 개개인의 현존재와 결부된 것이다. 이러한 외적인 측면은 법인격의 독자성, 이를테면 그의 의식의 외적인 측면을 함께 만들고 있다.

이러한 추론의 세부사항은 이 글의 맥락에서는 중요하지 않고 실천이성과 유한성 간의 칸트의 종합이 모두 설득력 있는 것인가도 중요하지 않다.[60] 중요한 것은 오로지 이제부터 행위의 외면성과 함께 법

---

57 MdS (RL), § 2(AB 56 이하).
58 MdS (RL), § 13(AB 83/84).
59 칸트의 소유권론에 대해서는 주 55에 있는 문헌 참조.

적으로-중요한 행위여야 하는 그 성질이 상세하게 제시될 수 있다는
것이다: 그 성질은 타인과 공유하는 세계 그리고 이것으로 타인의 현
존재의 외적인 측면에 대한 관계도 보여주어야 한다. 이러한 제한은
허용되는 법강제에도 어떤 기준을 제공해 준다; 그렇지만 이것은 더
이상 이 글의 주제가 아니다.[61]

그러나 각 개인이 자기결정에서 자기 행위의 법적인 정당성에 대한
인식을 할 수 있다는 것을 생각한다면 이제 우리가 논하는 주제에 대
한 제2 단계는 완결된 것이다: 한 행위는 자기결정에서 타인의 외적
자유를 보호하고 인정할 때에 정의롭다. 벌써 이 지점에서 드러나는
것은 법은 도덕에 대하여 적은 것에 대한 많은 것의 관계에 있는 것이
아니라, 도덕과는 다른 것이라는 점이다.[62]

3. 이제 사고과정의 제3 단계이자 종결 단계가 이어진다. 이 단계에
서는 국가가 제정한 법의 필요성이 전개된다.

이러한 제3 단계가 더 이상 필요하지 않다고 생각할 수도 있는데,
제1 단계와 제2 단계에서 모든 개인은 스스로 올바른 것에 대한 통찰
을 할 수 있다는 것이 입증되었기 때문이다. 그렇지만 이렇게 하게 되

---

60 하지만 예컨대 칸트의 소유권론은 자구권을 기반으로 한다는 쇼펜하우어
   Schopenhauer의 비판(Der handschriftliche Nachlaß, Arthur Hübscher (편),
   München 1985, Bd. 2, 261면 참조)은 지면관계상 상세하게 논할 수가 없음을
   밝혀둔다.
61 이에 대해서는 특히 Michael Köhler, (주 46) 참조; 그 밖에도 Otfried Höffe, Kants
   Begründung des Rechtszwangs und der Kriminalstrafe, in: Reinhard Brandt (편),
   Rechtsphilosophie der Aufklärung, Berlin-New York 1982, 335면 이하.
62 그렇지만 이것으로 법과 도덕의 관계에 대한 현재 논의의 이른바 '분리테제'
   가 주장되지는 않았다. 이에 대한 간략한 설명은 Norbert Hoerster, Zur
   Verteidigung der rechtspositivistischen Trennungsthese, in: ARSP-Beiheft 37
   (주 48), 27면 이하 참조. 이러한 논의에서는 법과 도덕 두 영역이 행위와 관련
   되는 동시에 양자의 분리는 이러한 단일성의 파악이 먼저 전제되어야 한다
   는 것이 전혀 고려되지 않았기 때문에, 이러한 토대가 없는 모든 입장표명은
   (그것이 분리건, 연결이건 간에) 그 자체로 잘못된 것이다.

면 이 두 단계에서 부각된 외적인 현실에서의 자기결정이 각 개개인
의 자기결정이라는 것을 간과하고 넘어가는 것이 될 것이다. 자기결
정 속에서 — 제2 단계에서 밝힌 바와 같이 — 타인의 자유로운 현존
재가 각자가 실행한 행위 속으로 통합되었다 하더라도 이것으로 타인
을 위한 자유가 성취된 것은 아니다. 이러한 관점에 대해서는 이것은
바로 타인 자신이 성취하는 것이라고 이의를 제기할 수도 있다: 그렇
지만 이 지적은 문제를 해결해주지 못한다. 왜냐하면 각 개인의 행위
는 벌써 세계를 나누고 있기 때문이다. 만약 그 행위가 자기결정적인
행위로서 이미 최종성을 지닌다고 한다면, 행위는 타인의 행위공간에
서 어쨌든 **이러한** 가능성을 박탈함으로써, 최종적으로는 타인의 행위
공간도 규정하게 될 것이다. 따라서 법적인 자기결정의 성격은 그 자
체가 행위하는 자를 아우르는 일반성이 필요하다는 것을 말해 준다.

　칸트는 이러한 이념을 구체적으로 그의 소유권론에서 전개한다.
외적인 행위에 관한 주장이 공허한 것이 되지 않으려면 외적인 대상
의 점유는 실천이성의 원리와 일치할 수 있어야 한다.[63] 그런데 이 점
유는 타인들과 공유하는 외부 세계에 대한 장악이기 때문에 당연히
행위하는 각 개인에게 그 근거가 있기는 하나 그 효력은 모두의 동의
에 달려 있는 것이다.[64] 그래서 점유는 원래 임시적일 뿐이다. 왜냐하
면 칸트 자신도 기술하듯이, "일방적인 의지는 외적인, 그래서 우연적
인 점유와 관련하여서 모든 사람을 위한 강제법칙이 될 수가 없다
(…). 그러므로 오로지 모든 타인들을 구속하는, 그래서 집합적이고-
보편적인 (공동의) 권능을 가진 의지만이 모두에게 그러한 담보를 제
공할 수 있기" 때문이다.[65] 이러한 의지는 국가에서 현실로 되며, 이

63　MdS (RL), § 2(AB 56-58).
64　MdS (RL), §§ 8, 9(AB 72 이하); §§ 14, 15(AB 84 이하).
65　MdS (RL), § 8(AB 73).

국가를 칸트는 시민 상태 혹은 법적 상태라고도 부른다.[66]

　법적 상태인 '국가'의 필연성에 대한 이 사고는 칸트에게서 또 한 번 달리 표현되고 그리고 보다 일반적으로 표현됨으로써 소유권에 대한 도출의 다소 회의적인 결론에서도 벗어나고,[67] 그다음에 인격의 근본적인 법지위의 관철로 확장된다. 칸트는 다음과 같이 기술하고 있다:[68] 각 개인들은 그토록 선량하고 정의를 사랑한다고 생각할 수도 있지만, 그들은 국가 밖의 상호 폭력 앞에서는 결코 안전하지 못하다. 이는 — 흔히 너무 경솔하게 잘못 추론하듯이[69] — 만인의 만인에 대한 전쟁이 일어나기 때문이 아니라, 각자는 "각자에게 정당하고 선하다고 여겨지는 것을 행하며, 이 점에서 타인의 의견에 의존하지 않고" 자신의 고유한 권리를 지각하기 때문이다.[70] 그러므로 칸트는 가능한 분쟁이 악을 행하는 의사와 부합한다고 말하지 않았으며, 오히려 올바른 것을 행할 의사에 내재하는 한계를 강조하였다: 나의 법영역과 타인의 법영역의 경계가 어디인지를 나는 타인에게 유효하게 말

66　MdS (RL), §§ 41, 43(AB 154 이하, 161 이하). — 칸트의 국가론에 대해서는 예컨대 *Winfried Brugger*, Grundlinien der kantischen Rechtsphilosophie, JZ 1991, 893면 이하(897면 이하); *Wolfgang Kersting*, Wohlgeordnete Freiheit (주 48), 199면 이하; *Claudia Langer*, Reform nach Prinzipien, Stuttgart 1986, 특히 95면 이하; *Gerhard Luf*, Freiheit und Gleichheit (주 47), 133면 이하 참조.

67　이것은 특히 국가에서 투표권은 (소유로 근거지워진) 각 개인의 독립성과 결부되어 있다는 것에서 드러난다; MdS, § 46(A 165 이하/ B 195 이하). 이에 대해서는 예컨대 *Wolfgang Schild*, Freiheit — Gleichheit — „Selbständigkeit" (Kant): Strukturmomente der Freiheit, in: *J. Schwartländer* (편), Menschenrechte und Demokratie, Kehl/Straßburg 1981, 135면 이하; *W. Brugger* (주 66), 898면 이하 참조.

68　MdS (RL), § 44(A 162 이하/ B 192 이하).

69　이 관점으로 회폐는 기우는 것 같다. *Höffe*, Zur vertragstheoretischen Begründung politischer Gerechtigkeit: Hobbes, Kant und Rawls im Vergleich, in: 동저자, Ethik und Politik (주 36), 195면 이하(208면, 210면) 참조; 동저자, Politische Gerechtigkeit, Frankfurt/M. 1987, 382면 이하(383면, 428면). 더 자세히는 *Kersting*, Wohlgeordnete Freiheit (주 48), 202면 이하.

70　주 68 참조.

할 수 없다. 또한 이 경계는 타인과의 관계뿐 아니라, 보편적인 효력을
지녀야 하기 때문에 둘만의 계약으로도 충분하지 않다. 이러한 경계
를 규정하는 것은 쌍방과 모든 타인들을 포괄하는 법적인 상태만이
할 수 있는 것이다.

이러한 법적 상태의 구상에 대한 사유적인 지점에서 칸트는 〈도덕
형이상학〉에서 정의에 관하여 명시적으로 말한다.[71] 법적인 상태는
이 상태에서만 모두가 자신의 권리를 가질 수 있는 것이라고 한다 (이
안에 나눔과 가짐이 투영되어 있다). 이러한 상태를 가능하게 하는 형식
적인 원리를 공적 정의라고 하는데, 이 정의는 "(의지의 내용으로서) 대
상들의 점유의 가능성이나 현실성 또는 필요성과 관련하여 보호적 정
의iustitia tutatrix, 교환적 취득정의iustitia communitativa, 분배적 정의iustitia
distribtiva로 구분할 수 있다."

개념성은 아리스토텔레스를 참조하고 있다. 그렇지만 어떠한 다른
근거지움의 관계 속으로 이 개념성이 칸트에게서 결실을 맺게 되는지
를 보게 된다: 즉 중요한 것은 이 지점에서 모두의 합일된 어떤 의지가
가능하다는 점을 부각시키는 것이다. 그러므로 정의는 공적 개념과
결부된 것이며, § 41의 다음 문단에서 또 한 번 '분배적 정의가 아닌
자연상태'와 대조를 이룬다. 이것은 칸트에게서 정의 개념과 더불어
법관계의 일반성으로의 이행이 이루어짐을 분명히 보여주는데, 이러
한 이행은 주관적으로는 유효하게 행해질 수 없다. 하지만 여기서 이
일반성은 이미 법인격으로서 구성된 인격들에게서 기인하는 것이
다.[72]

---

71 MdS (RL), § 41(AB 154 이하); 뒤의 본문에 나오는 인용의 출처도 이곳.
72 분배적 정의의 점유의 필요성에 관한 (주 71의 문헌 참조) 관계로써 국가의
    본원적인 능력이 근거지워져야 하는 것이라고 이해될 수는 없을 것이다. 양
    상범주에 대한 정의의 다양한 형태의 방향설정은 (KrV, B 106/A 80 참조) —

칸트에게서도 역시 법은 인격들 간의 중심이 된다. 하지만 칸트는 인격의 경우 자유롭고 자기결정능력이 있는 인격에 관한 것임을 염두에 두고 있다. 그래서 법은 비판철학에 의하면 맥락 없이 전체로서 그리고 개개인을 단순히 전체의 부분으로 간주할 수 없는 것이다. 사실 법의 영역에서만 유효한 방식으로 한 사람의 영역이 타인의 영역과 함께 고려될 수 있다; 법관직은 이 영역을 잘 나타내 주며,[73] 이런 방법으로만 정의가 현실로 될 수 있다는 것을 보여준다. 그렇지만 이 법관직은 개개인에 대하여 부권의-우위적 지위가 아니라, 이성을 사용하는 능력이다.

칸트는 앞의 주 71에서 인용한 곳에서 정의를 다시 형식적 원리라고 한다. 그러나 이것을 내용이 없다는 것과 동일시한다면 또다시 제대로 파악하지 못한 것이다. 여기서는 정언명령에서와 같이 형성적 원리의 형식 원리라고 말하는 편이 더 나을 것이다. 왜냐하면 국가의 건립과 유지는 그 자체가 이성의 능력인데, 이성의 능력은 실제로 입증된 것이기를 요하는 것으로서 원리를 필요로 하기 때문이다.

또한 국가의 전 체계에 있어서도 자유의 형태가 중요하다는 것은 칸트에게서 그가 국가의 3권을 실천이성추론의 삼단논법에 대한 유추, 즉 정언명령의 사고 진행에서 이끌어 낸다는 데서 또 한 번 확실해진다:[74] 즉 입법자는 일반법칙을 만들고, 행정권은 그들의 정치 활동에서 이에 대한 준칙을 제공하고 또 법칙이 된 준칙을 실행하며, 사법

점유의 필요성 또는 우연성과 관련하여서 보면 — 오히려 임시적/종국적 점유의 구분과 더 관련되는 것 같다. 이에 관하여는 *Brocker* (주 45), 138면 이하도 참조.

73 이에 대해서는 또 *E. A. Wolff*, ZStW 97 (1985), 786면 이하(815면 이하); 동저자, Abgrenzung (앞의 주 30), 192면 이하.

74 MdS (RL), § 45(A 164 이하/B 194 이하). 이에 관하여는 *E. A. Wolff*, Abgrenzung (앞의 주 30), 209면과 *Kersting*, Wohlgeordnete Freiheit (주 48), 258면 이하.

권은 개별 사건에서 무엇이 정당한지를 말한다.

칸트 자신도 자유의 공동체에서의 잠재적인 능력의 힘을 과소평가한 것 같다. 이것은 그가 여기서 필요한 결정에 소유권을 가진 자립적인 시민만을 관여시키고자 하는 데서 드러난다.[75] 사람들은 칸트가 법의 사회적 차원을 간과한다고 종종 비난을 가하였다.[76] 그러나 비판법철학의 보다 정확한 숙고를 이 비판은 방어해 내지 못한다.[77] 왜냐하면 법적인 상태에서 이루어진 중심은 그 밖에는 상호 무관심으로 채워진 다수 당사자들의 불안정한 느슨한 합의가 아니라, 새로운 성격을 만들기 때문이다. 이 새로운 성격은 각 개인이 이 중심에 대하여 단순히 외부의 참여자가 아니라, 각 개인이 인간인 한 참여를 요구할 수 있다는 것에 대한 이해도 가능하게 해 준다.

이것으로 제3 단계가 완결된다. 비판철학 개념으로서의 정의는, 즉 두 단계로 이해할 수 있다. 이 정의 속에서 개개인의 이성적인 법적 자기결정과 자유의 현존을 위한 모두의 법적인 관계가 결합하는 것이다.

75　앞의 주 67 참조.

76　예컨대 *Kersting*, Wohlgeordnete Freiheit (주 48), 243면 이하 참조.

77　*Luf*, Freiheit und Gleichheit (주 47), 133면 이하 참조; *Kühl*, Eigentumsordnung als Freiheitsordnung (주 55), 271면 이하 — 피히테의 경우는 법의 근거에 관한 인격체 상호 간의 파생으로 인하여 법의 사회적 요소에 중요한 의미를 부여하였다. 이에 관하여는 예컨대 *J. Braun* (앞의 주 53), 16면 이하, 47면 이하 참조.

V. 맺음말

비판철학의 토대 위에서 전개된 정의에 대한 개념은, 출발점을 개개
인의 자기결정적인 자유에서 시작하지 않는 모든 비판철학 이전의 개
념과 근본적으로 구별된다. 법질서의 근거가 법인격의 의식에 있지
않고, 이 근거를 늘 새로이 확인하지 않는 모든 법질서에는 자유의 본
질이 당연히 결여되어 있다는 것도 여기서 분명해진다. 이 본질이 현
재 독일의 국가질서와 법질서 속에서도 아직 완전히 관철되지 않았다
는 것은 — 디터 헨리히*Dieter Henrich*가 표현한 바와 같이[78] — 유감스럽
게도 통독의 협의문제에서 서독체계를 동독으로 전이하였던 둔중한
함구에서 보여주었다. 이 함구는 반드시 해결되어야만 하며, 이 해결
은 정의는 한 국가 안에서 자유와 법으로부터 나오는 살아 있는 적극
적인 관계라는 통찰이 관철될 때에 이루어진다.

---

78 Nur ein mattes Abbild des Westens? Der Umbau der Geisteswissenschaften im
   Osten(서독의 흐릿한 모사에 불과한가? 동독에서 인문과학의 개조), FAZ v.
   28. 10. 1991, 35/36면(인용은 36면).

§6 칸트의 도덕형이상학에 있는
실천이성의 법적 요청에 관한 연구* **

I.

칸트의 후기 저작인 〈도덕형이상학〉[1]을 오랫동안 등한시해 온 것은
칸트의 실천철학에 대한 이해뿐 아니라, 전체적으로 법철학의 상황에
도 부정적인 영향을 미쳤다. 꾸준히 연구하면서 칸트의 문제 제기를
망각하지 않고 최소한 유지만 하였더라도 (현재까지도 범해지는) 여러
오류들을 더 일찍 인식할 수 있었을 것이다.[2] 칸트의 법론에 노력을
기울이지 않은 한 이유는 전적으로 헤겔의 등장 때문이었다. 칸트의
법개념이 가진 이른바 부정적인 입장과 형식성에 대한 헤겔의 강한
비판은 물론,[3] 헤겔 자신의 저작 〈법철학 강요〉의 막강한 업적도 칸트

---

* 이 글은 Das Recht der Vernunft. Kant und Hegel über Denken, Erkennen und
  Handeln. Hans-Friedrich Fulda zum 65. Geburtstag, *Christel Fricke/Peter
  König/Thomas Petersen* (편), 1995, 311-331면에 발표된 것이다.
** 이 글에서 자주 인용되는 칸트의 〈도덕형이상학〉의 법론 제1편 §2(실천이성
   의 법적 요청)와 법론 서론 §C(법의 보편적 원리)는 이 장의 뒤에 부록으로 수
   록하였다.
1 도덕형이상학(법론)은 뒤에서는 자세한 출처 표시 없이 첫 두 판(A/B)의 절
  또는 면수에 따라 인용하기로 한다.
2 가령 하버마스*Habermas*의 Faktizität und Geltung(사실성과 타당성)에 대한, 칸
  트의 규정에 입각한 적절한 비판은 *Köhler*, Menschenrecht, Volkssouveränität,
  internationale Ordnung nach der Diskurslehre vom Recht? In: Rechts-
  philosophische Hefte. *G. Orsi* 외 (편). Band III. 1994. Frankfurt, Bern, New York,
  133면 이하 참조. 또 기본 경향을 취하는 *Maus*, Zur Aufklärung der
  Demokratietheorie. Frankfurt am Main 1992, 특히 32 면 이하 참조.
3 가령 *Hegel*, Grundlinien der Philosophie des Rechts, §29.

의 업적에 대한 시각을 바꾸어 놓았다. 그래서 오늘날 여러 학자들의[4] 연구를 통해서 〈도덕형이상학〉의 제1편도 드디어 철학적으로 중요한 저작으로 인정받게 되고, 그렇게 하여 이의 세부연구를 위한 토대가 마련되었다는 점은 더욱 환영해야 할 일이다.

이 글에서는 칸트의 법철학과 헤겔의 법철학을 비교하거나 양자의 유사점을 찾지 않았는데, 그것은 칸트 법철학은 앞으로의 연구를 통해서 무엇보다도 먼저 해석상 마땅한 지위로 격상되어야 한다는 저자의 확신 때문이며, 이렇게 함으로써 헤겔의 저작을 적절하게 평가하게 되고, 그래서 무엇보다도 헤겔로부터 칸트에게로 돌아가게 해 줄 것이다.

그렇지만 칸트의 법론에 대한 해석이 직면하는 어려움은 아주 크다. 왜냐하면 칸트는 〈도덕형이상학〉에서 30년 넘게 천착해 온 대상을 텍스트의 형태로 완성했기 때문이며,[5] '법이란 무엇인가'라는 물음에 답하기 위하여 칸트는 이성비판의 모든 병기고를 다 동원하였다고 말하는 것은 과장이 아닐 것이다.

〈도덕형이상학〉의 전체 구도에서 본다면 칸트가 그의 법론을 비판적 법론으로 본 것은 확실한 것 같다. 따라서 그의 법론의 규정들은 이성의 자기근거지움에 대한 능력에서 나온 것으로 이해해야 하며, 이렇게 함으로써 실천-법적인 앎의 근거도 획득될 수 있고, 법적으로-잘못된 월권을 한다는 인상도 버릴 수 있게 된다. 법론 속에 있는 상세

---

4 특히 여기서 들 수 있는 저서로는 *Kersting*, Wohlgeordnete Freiheit. 제1판 1984 (1993년판을 인용-); *Luf*, Freiheit und Gleichheit. Wien, New York 1978; *Kühl*, Eigentumsordnung als Freiheitsordnung. Freiburg, München 1984; *Ludwig*, Kants Rechtslehre. Hamburg 1988도 참조. 1988년까지의 2차 자료를 포괄적으로 엮어 놓은 것으로는 *Küsters*, Kants Rechtsphilosophie. Darmstadt 1988.

5 이에 관하여는 *Busch*, Die Entstehung der kritischen Rechtsphilosophie Kants. Berlin, New York 1979 참조.

한 인식의 단계들을 통해서 이성비판과의 각기 연결이 이루어져야 하며, 최소한 법에서의 인식이 비판적 사유의 맥락 속으로 어떻게 편입될 수 있는지는 보여줄 수 있어야 할 것이다. 그렇게 되면 (신중한) 일견에도 결코 간과할 수 없을 정도로 복잡하게 얽힌 칸트 법론의 관계들을 훨씬 더 잘 파악할 수 있는 맥락을 제공할 장기적 전망이 서게된다.

칸트의 법철학에 대한 이러한 해석을 할 때는 실천이성의 법적 요청에 특별한 의미를 부여해야 한다. 이것이야말로 칸트 법론 전체의 핵심이라고 점차 이해되고 있다.[6][7] 뒤에서 하게 될 고찰은 이 점을 좀 더 정확하게 규정하고 입증하려고 한다. 이 글은 칸트의 법론에 관

---

6 예컨대 Brandt, Das Erlaubnisgesetz, oder: Vernunft und Geschichte in Kants Rechtslehre. In: R. Brandt (편): Rechtsphilosophie der Aufklärung. Berlin, New York 1982. 233면 이하 참조(뒤에서는 Erlaubnisgesetz라고 인용-); Tuschling, Das ‚rechtliche Postulat der praktischen Vernunft‘: seine Stellung und Bedeutung in Kants ‚Rechtslehre‘. In: H. Oberer/G. Seel (편): Kant. Würzburg 1988, 273면 이하(284면 이하). — § 2에 대한 상세한 해석을 볼 수 있는 곳은 특히 Brandt, Eigentumstheorien von Grotius bis Kant. Stuttgart, Bad Cannstatt 1974(뒤에서는 Eigentumstheorien이라고 인용-), 187면 이하; Kühl (주 4), 135-144면; Deggau, Die Aporien der Rechtslehre Kants. Stuttgart, Bad Cannstatt 1983, 79면 이하; Brocker, Kants Besitzlehre. Würzburg 1987, 92-96면; 더 많은 참고문헌은 Ludwig (주 4), 111면, 각주 49. — 이러한 해석들에 대한 내용적 논의는 지면 관계상 가능한 한 포기할 수밖에 없었다. — 풀다Hans Friedrich Fulda 역시 기센Gießen의 라우이쉬홀츠하우젠Rauischholzhausen에서 한 강연에서 요청에 관하여 다룬 바 있다. 그렇지만 이 강연문의 최종원고는 이 글이 마무리 될 때까지 유감스럽게도 출판되지 않았다.
7 베른트 루드비히Bernd Ludwig는 § 2를 § 6의 요소로 취급하고 또 이것을 § 6의 본문에 편입시키자고 제안하였다(주 4), 60면 이하; 루드비히는 이 제안을 법론의 형이상학적 원리에 관하여 자신이 출간한 판(임마누엘 칸트, 법론의 형이상학적 원리. 도덕형이상학, 제1편; Metaphysische Anfangsgründe der Rechtslehre. Metaphysik der Sitten. Erster Teil. B. Ludwig (편). Hamburg 1986)에서 실행에 옮겼다. 텍스트에 대한 이러한 중대한 침해는 객관적으로 정당화될 수 없는 것이다; 투쉴링Tuschling은 주6에서 인용한 논문에서 그 이유를 적절히 지적한다(특히 276면 이하 참조). 뒤의 설명에서도 왜 요청이 법론의 최고 위치를 차지하는지를 (암시적으로) 보여주게 될 것이다.

하여 하이델베르크Heidelberg에서 한스 프리드리히 풀다Hans Friedrich
Fulda와 함께 한 세미나를 회상하며 그를 기리기 위해 집필된 것이다.

II.

1. § 2의 표제(실천이성의 법적 요청)에서 칸트는 요청Postulat과 실천이
성praktische Vernunft 간의 관계를 설정하고 있다. 요청을 내용적으로 정
확하게 이해하기 위해서는 그 출발점을 확실하게 해 두는 것이 필요
하다.

칸트는 '이성'이라는 개념을 가지고 인간의 최고의 사유능력을 보
여준다. 이 사유능력으로 인간은 그의 인식능력과 행위능력을 스스로
이해하는 통일체로 만들고, 그렇게 하여 자기와 세계에 대한 관계를
형성하기도 한다. 이 능력이 있는 지점은 각 개인의 의식이며, 이 의식
이 그 능력의 근원이라고 널리 입증되지는 않았어도 말이다. 실천이
성은 행위의 근거들을 그리고 더 자세히는 인간의 의지를 내포하고
있으며 그것들을 규정한다. 실천이성은 행위의 주관적 원칙(준칙)을
정언명령을 통하여 우선은 시험적으로, 그 다음은 확실하게 일반법칙
의 형태로 고양함으로써 의사를 단계적으로 명확하게 하여 행위에 내
용을 부여한다.

그러면 스스로 근거를 밝히는 사유는 추가적으로, 이러한 자신의
근거를 확립하는 능력의 방식을 이해시키고 그 타당성을 납득시키기
위해서는 어떤 도움들을 불가피하게 받아들여야만 하는가라는 물음
을 제기할 수 있게 된다. 그래서 칸트는 실천이성의 이론적 요청에 도
달한다: 신, 자유, 영혼의 불멸성이 그것이다. 이성의 직접적인 능력

에 대한 관계에서 인간의 행위를 올바르게 규정하기 위하여 이러한
요청은 말하자면 좌표들을 설정하는데, 이 좌표들이 비로소 인격체의
정신적 존재에 대한 포괄적인 이해를 가능하게 한다.

  의식의 통일체는 세계의 통일체와 대응하고 있다. 행위에서는 일
정한 방식으로 의식과 세계가 연루되기 때문에 행위에 대한 규정들
은, 그것이 이성에서 나오는 것이라는 속성을 상실하지 않으면서도,
세계와 관련되지 않을 수 없는 것이다; 이것은 자유로부터 전개되는
인과관계이다. 그러나 여기에는 추가적인 어려움이 등장한다: 그것
은 나의 의식의 통일체와 세계의 단일체 사이로 타의식의 통일체, 즉
타자의 동일성이 들어간다는 것이다. 타인의 자기결정도 실천이성의
일반법칙을 따르기는 한다. 그렇지만 타인의 행위결정도 세계와 통일
체로서 연루되어 있는 것이다. 단번에 자신의 자유의 실제를 파악하
면서 그리고 동근원적으로 타인의 자유의 실제를 깨닫는다는 것, 즉
연결하는 것과 분리하는 것을 동시에 생각하는 스스로 근거를 제시하
는 인식은 어떻게 수행할 수 있을까? 칸트는 이것을 자신의 법론의 문
제로 명시적으로 표현하지는 않았다. 그러나 그의 법론에서 자주 만
나게 되는 내적인 나의 것과 외적인 나의 것 **그리고** 너의 것이라는 것
은 이 근본적인 물음 위에서만 이해할 수 있는 것이며, 칸트의 법론 전
체는 — 그리고 특히 §2의 요청은 — 이 문제를 함께 고려하지 않으면
이해될 수가 없는 것이다.

  2. §2에서 표현한 요청은 칸트의 법론에 나오는 유일한 요청은 아
니다.[8] §C에도 요청의 표현이 나오는데, 이것은 외적 행위를 하는 경
우에 한 사람의 자유와 타인의 자유를 조화시킬 것을 요구하는 보편

---

8 이에 관하여는 *Harzer*, Der Naturzustand als Denkfigur moderner praktischer
  Vernunft. Frankfurt u.a. 1994, 99면 이하도 참조.

적인 법의 법칙과의 관계에서 나오는 것이다; 여기서 "이성은 (…) 단
지 이성이 (즉 자유가) 이성의 이념 속에서 그 조건에 따라 제한되며,
타인에 의해서도 실제로 제한될 수 있다고 말한다; 그리고 이것을
이성은 이성이 어떤 증명도 할 수 없는 요청이라고 말한다".[9] 그리
고 § 42에서는 '공법의 요청'이 나오고, 이것은 자연상태에서의 사권
私權에서 비롯되는 것이라고 한다: "너는, 타인과의 공존이 불가피한
상태 속에서, 그 상태에서 나와 법적인 상태로, 즉 배분적 정의의 상태
로 넘어가야 한다." 내용적인 측면에서 보아도 § 2의 요청이 핵심을
차지한다는 것은 분명하다: 즉 이 요청은 (§ C에 비해) 일정한 외적 행
위에만 해당되는 것이며, 다시 말하자면 의지의 외적 대상을 갖는 행
위에만 적용된다; 중간 단계인 이러한 행위들을 통해서만 § 42의 요
청은 나올 수 있다. 그러나 이 관계를 정확하게 규정하기 전에 먼저 §
2의 사념상의 장소와 내용을 자세히 살펴볼 필요가 있다.

Ⅲ.

1. '법의 일반적 분류'에서 칸트는 체계적 이론으로서의 법(자연법, 실
정법)을 "타인에게 의무를 지우게 하는 (도덕적인) 능력"으로서의 권
리와 구별한다.[10] 권리의 분류에서 이보다 상위의 분류는 생래적 권
리와 취득된 권리의 분류이다. 생래적 권리는 모든 인간이 (연령이나
성별 등과는 상관없이) "인간이기 때문에"[11] 갖는 유일한 권리로서, 바
로 자유이다. 자유는 법적 자유로서 "타인의 강요적인 자의로부터 독

---

9 AB 34; 강조는 원문.
10 AB 44.
11 AB 45.

립적인 것"[12]이다; 상호적으로 규정하여 칸트는 이 권리를 내적인 나의 것과 내적인 너의 것이라고 부른다.[13] 법론을 전체적으로 사법과 공법으로 분류하는 것은 **취득된** 권리의 분류에서뿐이다;[14] 그러므로 사법과 공법의 이 분류가 인간의 법적 지위를 총체적으로 결정하는 것은 결코 아니다. 오히려 타인에게 의무를 지우는 개개인의 살아 있는 현존 속에서 만나게 되는 도덕적 능력이 법관계를 두루 미치게 규정하는 것이다. 이것만 보아도 벌써, 가령 사법과 같은 개별적인 사고 과정의 해석에서도 (칸트가) 외적으로 가지는 것을 절대적인 것으로 본다는 편파적인 이해의 위험은 방지되었어야 했다; 하지만 이 기대에 수용사는 부응하지 못하였다.[15]

2. 〈도덕형이상학〉에서 사법은 ─ 공법과 마찬가지로 ─ 자연법이며(AB 52 참조), 즉 "모든 인간의 이성을 통하여 인식할 수 있는 선험적인 법"(§ 36)이다. 여기서 법의 '인식가능성'은 '이론적 조망'으로 이해할 것이 아니라, 실천적 행동의 (자기)성찰에서 도출되는 인식으로 이해해야 한다. 칸트는 외적인 나의 것과 외적인 너의 것 일반을 다루는 일반 법론의 제1부 제1장을, 기대했을 법한 외적 대상들의 **취득**에 대하여 곧바로 다루지 않고, 오히려 "외적인 어떤 것을 자기 것으로 하는 방식에 관하여" 다루는 것에서 시작한다. 이는 일견에는 이미 발생한 취득 뒤의 평온한 상태에 관한 설명인 것으로 보인다. 그렇지만 이렇게 보는 것은 사법의 이러한 시작점을 분류의 관점으로 단순화시키는 것으로서, 이 관점에서 보면 앞서 행한 분류가 일관적이고 내용적으로 성공적인가 만이 문제될 수 있을 뿐이다. 그러나 이러한

12　AB 45.
13　AB 47 참조; AB 63도 참조.
14　AB 47 참조.
15　*Saage*, Eigentum, Staat und Gesellschaft bei Immanuel Kant. Stuttgart u.a. 1973, 83면 이하 참조.

출발점을 통해 정립되고 언급된 것은 그 이상의 것이다: 즉 칸트는 (타인에게 의무를 지우게 하는 능력으로서) 개개인의 본질적 권리를 내적인 나의 것을 확립하는 인격의 통일체로부터 외적인 세계의 귀속의 주체로서의 인격의 통일체로 발전시켜 나갔다.[16] 이것을 통하여 자립성의 근본형태도 명확히 규명된 것으로서, 자립성의 이 형태는 사법과 공법의 전개관계를 지탱해 줄 수 있다.

3. 칸트는 먼저 제1장 § 1에서 법적인-나의 것의 개념 일반에 관하여 언급하면서, 이 개념에서 중요한 것은 타인에 의해서 법적인-나의 것으로 승인되어야 할 주체와 외적 대상의 타당한 귀속에 관한 것이라는 점을 분명히 한다. § 2에서 칸트는 실천이성의 법적 요청이라고 명확하게 표현하고, 이렇게 해서 § 1에서 전제한 것의 근거를 밝히는 일을 시작한다: 무엇인가를 법적인-나의 것이라고 하는 것은 그것이 타당하게 귀속될 수 있을 때에만 성립할 수 있는 것이다.

4. § 2 표제의 표현도 벌써 정확한 고찰을 요구한다. 언급이 된 것은 실천이성으로서, 실천이성은 '법적'이라는 술어가 붙어 있는 요청을 제시하고 있다.

앞에서 거론한 실천이성의 요청들은 우선 § 2의 요청과 구별할 필요가 있다. 신, 자유, 영혼의 불멸성은 실천이성의 이론적 요청들이다;[17] 여기서 규정해야 하는 관계를 칸트는 "이 명제가 선험적으로 절

---

16 그래서 칸트는 법론의 전개를 정언명령과도 연결시킬 수 있었으며 그리고 연결하여야만 했던 것이다. Einteilung der Metaphysik der Sitten überhaupt, AB 48 참조: "우리는 우리가 갖는 (모든 도덕법칙 및 모든 권리와 의무에서 나오는) 자유를, 후에 타인에게 의무를 부과하는, 즉 권리의 개념이 전개되어 나올 수 있는 의무를 명령하는 명제인 **도덕적 명령**을 통해서만 알게 된다." 케르스팅Kersting은 이 관계를 제대로 규명하지 않고 있다. Wohlgeordnete Freiheit (주 4), 112면 이하 참조. 포괄적인 해석으로는 E. A. Wolff, Die Abgrenzung von Kriminalunrecht zu anderen Unrechtsformen. In: W. Hassemer (편), Strafrechts-politik. Frankfurt am Main u. a. 1987, 137면 이하(162-213면) 참조.

대적으로 적용되는 실천법칙에 밀접하게 연결되어 있는 것이라면, 증명할 수 없는 이론적 명제"[18]인 요청이라고 표현한다; 이런 방식으로 개념에 객관적 현실성이 부여된 것이다.[19] § 2는 분명히 이러한 차원의 요청은 아니다. 1796년 12월 〈베를린 월보〉에 발표된 논문 「철학에서 영구평화론 논문의 임박한 마무리에 대한 공지」[20]에서 칸트는 요청을 다음과 같이 규정하였다: "요청은 선험적으로 주어진 것이지, 가능한 실천적 명령의 가능성(결코 그 증명까지는 아니다)에 대한 설명이 아니다. 그러므로 물건을 요청하거나, 어떤 대상의 현존을 요청하는 것이 아니라, 오로지 주체의 행위준칙(규칙)만을 요청하는 것이다."[21] 이 규정을 § 2의 요청에 직접 적용해 보면, 단순히 가능성을 나타내고 있는 것이 명령으로 지칭된다는 점이 눈에 띌 것이다: 칸트는 § 2의 셋째 문단에서 요청의 명칭으로서 '허용법칙'이라는 개념도 제안하고 있다.[22] 허용되는 행위들은 명령과 금지의 중간 위치에 있다; 이를테면 허용법칙은 개개 행위자의 성찰에 대한 이성의 대답인 것이다. 그렇지만 이것만으로는 요청의 강도에 그리고 '법적인' 요청이라는 명칭에 부응하지 못하는데, 이 관점은 § 2의 셋째 문단에서도 언급되었다: 요청은 일반적으로 한 사람 **그리고** 다른 사람(나의 것과 너의 것)에게 적용되며, 이 점에서 사실상 명령이다. 그러나 이는 자기 자

---

17 *Kant*, Logik Jäsche, AA, IX, 112(§ 38), Anmerkung und Reflexion Nr. 3133(AA, XVI, 673) 참조.
18 순수이성비판 A 220.
19 순수이성비판 A 238.
20 AA. VIII, 411면 이하. 뒤의 인용은 418면 각주.
21 *Kant*, Logik Jäsche (주 17) § 38도 참조: "요청은 직접적으로 확실한 실천 명제이거나, 가능한 행위를 규정하는 원리로서, 이 경우 그 행위를 실행하는 방식이 직접적으로 확실하다는 것이 전제된다." — *Brandt*, Eigentumstheorien (주 6), 261면은 유클리드 기하학의 요청들과의 유추를 해보려고 하지만, 이렇게 하면 법적으로 형성된 현실의 다차원성을 무시하는 것이다.
22 이에 대해서는 *Brandt*, Erlaubnisgesetz (주 6) 참조.

신을 통하여 각 개인 간에 요청의 효력을 배분하는 것이다; 그렇다면 이것은 — 칸트에 의하면 — 그들에게 허용되는 것으로 된다. 요청의 이러한 독특한 이중의 모습을 통해서 결국은 개개인의 유효한 결합관계를 도출하는 사유과정을 위한 토대가 다시 마련된 것이다.

5. 여기서는 이제 § 2의 정확한 해석을 해야 할 것이다.

a) 첫째 문단은 한 문장에서 요청을 명확하게 표현한다. 이 문단은 여기서 이미 둘째 문단과 셋째 문단의 설명이 전개될 전 범위를 거론하고 있다. 한 주체('나의 자의'; '나의 것')는 자신의 관계를 그의 자의의 외적 대상에 투영한다. 첫째 문장은 이 투영과정의 결과를 종합하면서, 이것을 앞에서 성격규정한 의미에서의 요청으로 표현한다: 행위의 외적 영역은 일반적으로 주체에 속하는 것으로 이해할 수 있다. 또 첫째 문장부분에 연결되는 '이것은'과 둘째 문장부분을 종결하는 개념 '위법하다'는 첫째 문장부분에서 거론된 '가능성'이 **법적으로**(합당한) 가능성이어야 한다는 것을 확인하고 있다.

이 문장에서는 두 번이나 나의 자의의 대상 또는 자의의 대상을 말하고 있다. 이것은 칸트가 이렇게 하여 적어도 개념적으로는 자의와 대상을 구분한다는 점에서 주목할 만하다. 〈도덕형이상학〉 서언의 첫 장("인간의 감정 능력의 도덕법칙들에 대한 관계에 관하여")에서는 자의의 개념을, 개념에 따른 욕구능력과 연결시키면서, 욕구능력을 임의로 하거나 하지 않을 능력으로 규정하고 있다. 자의란 "객체를 발생시키는 자기의 행위능력에 대한 인식과 연결되어 있는"[23] 한 이러한 능력을 말한다. 그러므로 자의와 실효성은 결부되어 있다; 그리고 여기서 자의와 실효성 없는 소원所願이 구분된다. § 2에서는 자의와 그 대상이 뚜렷이 구별되고, 그 대상은 추가적으로 둘째 문단에서 사용의 대상

---

23 AB 5.

으로 설정되었다. 이 대상이 갖는 추가적인 특징은, 이 대상은 (§ 4의 개념규정에 따라) 나와의 관계에서 일정한 행위를 하려는 타인의 자의일 수도 있고 타인의 상태일 수도 있다는 것이다. 따라서 자의의 대상이라고 말함으로써 외적인-자연적 실효성(행위를 통한 인과관계)만 언급된 것이 아니라, 외부성이 일정한 방식에서 법적인 인격으로 형상화된 것으로서도 언급된 것이다.

　이러한 넓은 맥락에서 본다면 요청의 둘째 문장부분에서 '준칙' 개념을 사용한 것은 이 준칙이 법칙이 될 수 있는지를 생각해 볼 필요가 있음을 시사해 준다. 칸트는 이것을 맥락에 따라 법의 일반원칙(§ C)에 적용한다: "한 사람의 행위가 또는 그 행위의 준칙에 의하여 한 사람의 자의의 자유가 보편법칙에 따라서 모든 사람의 자유와 양립할수 있는 행위는 법적이다." 준칙은 행위자의 규칙으로서, 행위자는 이규칙을 주관적인 근거들에서 원리로 만든다(AB 25). 따라서 요청의 '합법성Rechtlichkeit'은 우선 외적으로 '법적' 준칙들이 타당성을 얻을 수 있어야 한다는 것, 즉 나의 자유와 타인의 자유가 서로 공존할 수 있도록 그렇게 연결되는 것에서 나타난다. § 2의 요청에서 거론되는 준칙의 특수성은 그것이 자의의 외적 대상들에 적용된다는 것이다. 나아가 이 준칙은, 이런 귀속관계는 전혀 불가능하다고 주장함으로써 내가 대상을 갖는 것을 막으려는 타인의 준칙을 매개로 하여 생각할 수도 있다. 요청이 타당한 것이라면, 이러한 준칙도 위법한 것이 된다.[24] 그러면 벌써 요청에서 찾아볼 수 있는 관점의 상호성은, 왜 이것

24　루드비히(Ludwig, Kants Rechtslehre. 주 4, 113/114면)와 브란트(Brandt, Das Erlaubnisgesetz, 주 6, 260면, 동저자, Eigentumstheorien, 주 6, 185면도 참조)는 둘째 문장부분, 특히 그의 '주인 없이'라는 개념은 물건에만 해당되는 것이지, § 4에서 언급된 자의의 다른 대상들에 해당되는 것은 아니라고 가정한다. 피상적으로 보면 이는 사실 수긍이 간다. 그렇지만 칸트는 물res(대상Gegenstand)이라고 말하였지 유체물res corporalis이라고 말하지 않았다. 그 밖에도

이 외적인 나의 것 **그리고** 너의 것의 근거로 적합한지도 밝혀 준다.

b) 둘째 문단은 요청의 근거를 제시하고 있다. 여기서 문장은 짧은 줄표를 통해서, 내용적으로도 서로 대조를 이루게 다시 절로 나누어진다.

aa) 제1절은 자의의 주체와 자의의 대상 간의 물리적인 연결관계를 확인하는 것으로 시작한다 — 이것은 〈도덕형이상학〉 서문의 모두冒頭와 비교될 만한 사념상의 출발점이다: "자신의 표상에 따라 행위하는 존재의 능력을 삶이라고 한다."²⁵ 우선 단순히 자의의 경험적 통일체 속에서 이루어진 이 연결관계는 — 일반적으로 말하여 — 법적 사고가 이 연결관계를 파괴할 수 있는지, 말하자면 법적 사고는 각 개인의 손에서 그 자의의 대상을 내려놓게 할 수 있는가를 검토한다. 앞으로 더 정밀하게 제시하려는 이유에서, 이것은 단지 대상을 자기 것으로 가질 수 있는 **가능성**만을 묻는 것이다. 요청을 설명할 때는 엄격한 의미의 증명은 할 수 없다고 한 데 비하여, 이 논증은 간접 논증의 형태로 진행된다.²⁶ 칸트는 이 설명과정에서 그 형식의 면에서 보아 자의와 그 대상 간의 물리적 연결을, 자유와 법의 차원과 특별한 방식으로 관련시키고 있다.²⁷ 왜냐하면 실천이성의 요청은 물리적 연결만으

다음과 같은 해석을 적어도 검토는 해 볼 필요가 있다: 요청에서 중요한 것은 인간과 대상이 법적으로 결합할 수 있는 가능성이다; 이 결합은 일방적인 데 그치지 않고 — 더욱이 타인의 능력의 대상에서 혹은 특히 그 상태에서 — 상호적으로 규정된다; 그렇게 되면 특히 다른 류의 대상들의 경우에도, 대상들은 주시하는 사람 없이도, 그래서 방향 없이(그 자체 주인 없이)도 존립할 수 있다는 가정도 위법한 것으로 확인될 수 있어야 한다. — Refl. 7671 (AA, XIX, 484)도 참조: "국민이 스스로 지배할 수 없다면, 그러면 그 지배는 무주물이며 선점되어야 한다."

25 AB I.

26 이런 형태의 간접 논증에 관하여는 순수이성비판 B 817이하 = A 789이하 참조.

27 간결한 설명은 *Kersting*, Wohlgeordnete Freiheit (주 4), 233면 이하. 그래서 루드비히가 생각하는 것처럼, 텍스트는 여기서 개념상 여전히 법의 공리公理의 차원에 있는 것은 아니다(*Ludwig*, Kants Rechtslehre. 주 4, 119면).

로는 설명될 수 없지만, 그 속에 들어 있는 자유의 모습은 외적 자유로
서 사유과정을 규정할 수 있기 때문이다. 그렇다면 개인은 외적으로
행위하는 개인으로서 존재하며, 다른 주체들도 이 차원에서 그가 만
나는 주체로 파악하게 된다. 이 절의 마지막 문장은 이것에 해당하는
것이다: 외적 행위는 자유의 개념 속에 들어 있는 것으로서 타인들의
자유와 양립할 수 있어야 하며, 그 타인들 역시 외적-자유를 가지고
행위하는 것이라면 말이다. 그렇지만 이것은 단지 첫 걸음을 내디딘
것에 지나지 않는다. 이 절의 원래 과제는, 자의의 대상을 가질 **법적**
가능성의 근거를 확립하는 것이다. 이것에 대한 논증은 개념상 그 반
대(외적인 어떤 것을 자기의 것으로 가지는 것이 확실하게 불가능하다는 것)
를 상정하고 그것이 불합리한 결과에 귀착된다는 식의 귀류법ad
absurdum으로 행하여졌다. 여기서의 근거지움을 이해하는 데 중요한
것은, 칸트가 대상과의 관계에서 사용된 개념들(대상에 대한 지배력; 대
상의 사용)을 물리적 존재의 영역으로부터 자유의 영역으로 끌어올려,
이 관점에서 이 개념들을 고찰한다는 점이다. 대상의 사용은 인격의
내적 자유와의 관계에서 이미 밝혀졌다는 것을 여기서는 전제하고 있
다. 이것과 관련하여 중요한 것은 인격과 대상 간의 포괄적인 연결이
다. 이제 법의 근거에서 이 연결을 — 이것은 시공간상의 규정을 통하
여만 인격과 더불어 만들어질 수 있는 연결이다(경험적 소유) — 말하
자면 헛된 연결로 보아야 하는가를 묻는다면, 주관적으로 존재하는
유한한 자기결정의 형태는 심오한 성찰의 단계를 통하여 세계로부터
배제되게 될 것이다. 왜냐하면 사용가능한 대상들을 사용하는 것이
법적으로 불가능하다면, 그런 결론이 나올 수밖에 없기 때문이다. 그
렇게 되면 인격의 외적인 전체 행위영역이 단순히 물리적인 대립으로
이해되는 것이 될 것이며, 이렇게 하여 이성적인 유한한 존재로서의

인격과 분리되어 무주물이 되어 버릴 것이다. 더 보편적으로 말한다
면, 실천이성은 실천이성에서 비롯되는 성찰의 단계에 따라 각 개인
을 통해서 연결된 세계의 고유성을 포기하는 것이 될 것이다.

칸트의 논증과정은 간결하지만, 방식에 있어서는 극도로 농축되어
있다. 여기서 또 유념해야 할 것은, 칸트의 논증과정을 통해서 단지 외
적인 어떤 것을 자신의 것으로 가질 **가능성**만이 설명되었다는 점이다.

bb) 제2절은 동일한 문제를 오로지 사유(예지)의 관점에서만 다루
고 있다. 실천이성은 실제의 행위에 대하여 형식을 법칙으로서 제시
한다. 그러나 이 형식이 — 이미 aa)에서 보여준 바와 같이 — 내용을
포괄하는 (즉 완전한) 형식이어야 한다면, 이 형식은 내용에 대해서 얼
버무리고 넘어갈 수는 없다. 자의의 대상들로 옮긴다는 것은, 실천이
성은 자의의 질료(= 대상)는 도외시 할 수 있지만, 자의와 대상 간의
연결의 개요는 도외시할 수 없다는 것을 말한다. 행위가 외적 세계로
영향을 미치게 되면, 실천이성은 이 영향의 절대적인 금지를, 외적 세
계를 자유에 대항하는 것으로서 완전히 다르게 묘사하는 식으로 할
수는 없는 것이다.[28]

cc) 제3절은 첫 두 절을 탁월하게 연결시킨다. 이 절은 일견에는 특
별히 중요하지 않은 권능Macht, potentia과 능력Gewalt, potestas의 구분을 자
의의 대상과의 관계에서 한다. 권능은 자의의 대상을 사용하는 물리
적 힘으로 규정되며, 능력은 단순한 힘이 아니라 현실적인 자의의 행
위를 전제하는 대상에 대한 관계로 규정된다. 따라서 하나는 다른 것
의 사념상의 준비에 불과한 것으로 보인다. 이에 대응하여 브란트
Brandt는 벡J. S. Beck의 주석서에 따라, 요청은 권리의 근거를 밝히는 행

---

28 순수이성비판 서문 A 3도 참조: "왜냐하면 이성이 순수이성으로서 실제로 실
    천적인 것이라면, 이는 자기의 실재성과 자기 개념의 실재성을 행위를 통해서
    증명하며, 그리고 그럴 가능성에 반대하는 궤변은 헛된 것이기 때문이다."

위의 현실적인 가능성에 해당하는 것이라고 적고 있다.[29] 그렇지만 이 말은 부분적으로만 타당하다. 왜냐하면 §2는 우선 대상을 합법적으로 **갖는** 것만을 문제 삼기 때문이다. 여기서 고찰하는 절에서 칸트는 벌써 이 갖는다는 것을 신체적 능력이라고 말할 수 있게 되는데, 그 능력이 경험적 조건들로 단순화되는 것이라는 상상을 하지 않게 하면서 말이다; 갖는다는 것은 여기서 벌써 가능한 사용으로부터 도출되는 사념상의 관계로 근거지워지고 있다. 그래서 이 절의 마지막 문장에서, 신체적 권능을 인식함으로써 대상을 자의의 대상으로 **사유**할 수 있다는 것이 충분히 근거가 밝혀졌다고 말할 수 있게 된다(강조는 원문). 언급한 자의의 (합법적) 행위는 물건의 사용에 대한 것일 수 있다; 그러면 자의의 행위는 지금까지 근거가 제시된 것과 들어맞는다.[30] 그렇지만 자의의 행위를 통하여 물건의 취득이 시작되는 경우에는, 요청을 통한 근거제시는 아직 행해지지 않았다; 취득의 경우에 행위는 수단의 지위와 매개의 지위만을 갖는다.[31]

dd) 제4절은 설명의 과정으로부터 결론을 이끌어 내고 이 결론을 또 놀라운 방식으로 확장한다. 요청은 다시 한 번 실천이성의 선험적 조건으로서 그 중요성이 강조되고 있다. 여기서는 우선 행위하면서 존재하는 주체의 주관적 확신이라는 시각에서만 언급되었다: 즉 이것은 **나의** 자의의 대상들이라는 것이다; 이러한 관계를 구성하는 요소들에 대한 철저한 연구에 의하면 나의 자의는 사념적으로 가능한 (법적) 관계로 밝혀졌다. 그러나 이러한 단계를 거치면서 실천이성의 요

---

29 *Brandt*, Eigentumstheorien (주 6), 261면, 각주 6.

30 칸트는 대상을 '나의 지배력in potestatem meam redactum'으로 바꾸어 표현하기도 하며, '되몰고 오다redactum'에는 되가져오는 것Zurückbringen, 되찾아오는 것 Zurückholen이 포함된다.

31 §10과 외적 취득의 원칙에 관한 상세한 설명 참조.

청에 대한 근거가 밝혀지고, 이렇게 하여 이성적 존재 일반에 대한 타
당한 언명을 하게 되었다. 칸트는 제4절에서 여기서 나오는 결론을
아직은 조심스럽게 자의의 외적 대상을 파악하는 것에 대해서만 제시
한다: 외적 대상들은 '객관적으로-가능한 나의 것 또는 너의 것'으로
이해할 수 있다. 이 언명을 통하여 이성적 주체들은 외적 세계에서 우
선은 서로 대항하게 된다. 그렇지만 이 언명의 보편성은, 요청을 명령
으로서 지니고 있는 실천이성에서 나온다. 이것으로 이미 사념적으로
밝혀진 세계를 분류하는 가능성에는 (논리적으로) 향후 연결에 대한
필요성의 핵심이 들어 있는 것이다. 이에 관하여는 더 상세하게 논하
게 될 것이다.

  c) 셋째 문단은 요청을 훨씬 더 광범위하게 들어간 논증의 영역 속
으로 밀어 넣는다. 칸트는 요청과 '허용법칙' 개념 간의 관계를 정립
하지만, 그것은 요청을 허용법칙의 개념과 대등하게 취급하는 식으로
하는 것이 아니라, 오히려 이러한 **명칭**을 부여하는 것을 허용하는 식
으로 한다. 칸트는 그의 저서 〈영구평화론〉의 예비조항 제6조의 주석
에서 '자연법론자에게 '허용법칙'의 개념'을 환기시켰으며, 특히 행위
의 **금지**를 부각시켰다.[32] 명령과 금지는 객관적으로 실천적 필연성을
갖기 때문에 법칙의 개념과 조화되는 데 비하여, 허용법칙은 실천적
인 우연성을 말하는 것으로 보인다. 그렇지만 이미 인용한 부문에서
도 칸트는 허용법칙과 금지를 연결하며, 정확히 말하면 내용적으로
다양한 행위들이나 여러 행위의 주체들을 통해서 연결하는 것이 아니
라, 점유의 가능성과 그것의 타당한 증명 간의 논리적 관계를 통해서
연결한다. 이때 금지는 예컨대 타인의 점유를 침해해서는 안 되는 타
인과 관련되는 것이 아니라, 원시취득으로서 확립된 시민사회에서 금

---

32 *Kant*, Zum ewigen Frieden, BA 16/17.

지되어 있는 취득방식에 관한 것이다; 따라서 허용과 금지는 행위자
의 관점에서 같은 방식으로 규정되게 된다.

§2에서 이것은 우선 상호인격적인 맥락 속으로만 (자연상태 속으로)
자리를 옮겼다. 요청은 타인에 대한 권능과 효과를 부여한다; 그리고
타인에게는 점유를 통하여 '우리가' 원시취득한 것을 사용할 때에 가
지는 의무가 부과된다. 지금까지 말한 것에 따르면, 이것은 아직 유효
한 점유의 지위에 대한 근거를 밝힐 수 없다. 그렇지만 요청은, 이것을
"단순한 권리의 개념에서 끄집어 낼 수는 없을 것"이라고 칸트가 말
한 한 인식을 얻게 해 준다: 그것은 바로 나의 자의의 외적 대상들과의
관계에서 타인들에게 의무를 부과하는 것이다. '단순한' 개념들은 법
의 '순수한' 개념들로서, 이 개념들은 가령 내적인 나의 것과 내적인
너의 것의 법적 지위들을 상호적으로 규정하기는 하지만, (직관 속에
들어 있는) 외적 세계와의 적극적인 교섭을 통해서 법적 지위가 발생
하는 것을 그 속에서는 설명할 수가 없다.[33] 셋째 문단의 둘째 문장은
의지의 주체로서의 이성을 말한다: 실천이성은 요청이 원칙으로서 효
력을 가질 것을 원하고, 실천이성은 요청을 ― 이렇게 보충해도 될 것
이다 ― 명령으로서 원한다고 한다. 마찬가지로 언급한 이성의 확장
이란 우선적으로 외적 행위영역을 실천이성의 영역 속에 담는 것이
다. 그런데 요청은, 자의의 외적 대상들을 통해서 타인도 그의 법 속으
로 설정함으로써, 이성의 세계 내재성에 대한 이해도 추가적으로 확
장시킨다; 이것은 나에 대한 관계에서만 타인에게 의무를 부과하는
것이 아니라, 원리적으로 타인에게도 같은 권능을 인정하는 것이다;
자의의 모든 대상은 객관적으로-가능한 나의 것 또는 너의 것이다.
두 관계를 합쳐야 비로소 요청의 법적 성격이 드러난다.

---

33 이에 관하여는 *Brandt*, Erlaubnisgesetz (주 6), 272면 이하 참조.

d) 이제 셋째 문단에서는 '우리가' 대상을 원시취득하기 때문에 타인의 의무가 발생한다는 것을 말하고 있다. 이것을 잘 생각해 보면 요청과 함께 도달한 지점이 사고과정의 최종지점이 아닐 수 있다는 것이 분명해진다. 왜냐하면 요청으로써 이미 갖는다는 것의 타당성이 확정된 것도 아니고, 시간적인 요소(선점)만으로 이 타당성의 근거를 밝힐 수 있는 것도 아니기 때문이다. 그러므로 요청은 칸트 법론의 더 큰 맥락 속으로 설정할 필요가 있다.

IV.

1. 요청의 함축성은 우선 외관상으로는 〈도덕형이상학〉의 사법私法의 사고과정에서 나타나는데, 이 책 여러 곳에서는 명시적으로 또는 의미에 따라 암시적으로 이 점을 지적하고 있다(예컨대 §§ 6, 7, 9, 10, 13, 14, 15, 17, 33 참조). 요청은 제1장[34]의 가장 중요한 곳에서 취한 입장으로부터 당연히 외적인 어떤 것에서의 취득도 규정해야 하며(제2장, 특히 § 10), 즉 주체의 행위에 대한 근거를 확립하여 외적인 어떤 것이 자신의 것이 될 수 있도록 만든다. 제3장 "공적 사법판결에 의해서 주관적으로 제약된 취득에 관하여"에서 요청은 더 이상 언급되지 않았다;[35] 왜냐하면 여기서는 그러나 개개인의 권리에 관한 각인의 주관

---

34 칸트가 이 장에 때때로 상당히 중요한 지위를 부여하려고 했다는 것은 파이어아벤트Feyerabend가 쓴 1784년의 자연법강의 노트가 보여준다(AA, XXVII, 2.2, 1317 이하). 외적인 나의 것과 외적인 너의 것의 원칙은 여기서는 법의 일반 원칙(후의 § C)과 강제권능(후의 § D) 간의 관계 속으로 근거를 제시하면서 도입되었다, 1334-1336면 참조. 그렇지만 당시에 칸트는 점유론을 그 후의 인쇄판본의 형식으로 주장하지는 않았다.

35 그렇지만 여하튼 § 39(A 146 = B 145/146)의 서두 참조.

적 판단과 (이미) 보편화된 법원의 판결 간의 가능한 차이점이 파악되었기 때문에, 요청은 아무튼 대립관계의 일방에게는 의미가 있는 것이다.

2. 요청의 근거를 확립하는 힘은 사법私法 및 더 구체적으로는 물권법의 다양한 모습에서 소진되지는 않는다. 그것은 실천이성에 그 근원을 둔 요청으로서 오히려 국가의 법적 상태에까지 가닿는 근거지움의 지평을 위한 기초와 출발점이 된다. 더욱이 법적 상태 그 자체에서도 요청의 내용은 인간들 간의 법적 관계를 위해서도 중요해진다.

a) 요청에 의하여 이루어지는 이성적 존재와 외적 대상들 간의 합 Synthese은 우선, 외부 세계 안에서 특수화하는 가능성이 실천이성 앞에서 효력을 갖는 것으로 설명되는 효과가 있다. 여기서 칸트는 이 가능성을 양상범주(= 가능성, 현실성, 필연성, 역자 주)의 역학에 연결하여 이것을 §41에서 명확하게 지적하며, 그러니까 계속하여 점유의 현실성과 필요성을 언급하는 것이다.[36] 하지만 양상범주는 법론의 논증관계 속에서 실천이성의 범주적 규정들로서 등장함으로써 감관지각으로의 통일체를 가져다주는 것이 아니라, 개개인의 이성적 행위의 형태를 갖게 만든다. 이것은 요청의 개념에도 해당되는 것이어서(앞의 내용 참조), 이러한 통일체로부터 양상범주를 더 상세하게 규정하는 토대도 가지게 된다.

그렇게 되면 점유의 현실성의 형태는 물권의 세 종류에서 나오며, 이것은 사법私法의 제2장에서 설명하는 것과 같이 외적 취득의 종결된 과정에 해당되는 것이다 (그 이유는 외적인 나의 것과 외적인 너의 것은 "언제나 취득되지 않으면 안 되는 것이기"[37] 때문이다). 그렇지만 이것으로 점

---

36 순수이성비판 B 106 = A 80.
37 AB 45.

유의 현실성이 완전히 파악된 것은 아니다. 왜냐하면 점유의 현실성
은 점유의 가능성과 필요성 간의 매개개념이기 때문이다. 그리고 제2
장 "외적인 어떤 것을 취득하는 방식에 관하여"에서의 설명도 취득의
활동을 평온하게 가지는 것의 앞에 설정하고 있다.

　점유의 현실성에 대한 추가적 관점은 다음과 같은 생각을 통해서
얻는다: 이 현실성은 **법적** 현실이지만, 외적인 것에 대한 그 현실성의
관계 속에는 '세계가 들어 있는' 것이다. 이러한 특별한 관계는, 사법
의 세 개의 장 자체가 서로 얽혀서 상반된 것처럼 보이고 사법을 떠난
사유의 과정들을 보여주는 데서도 반영되고 있다: 즉 칸트는 외적인
대상을 갖는다는 것에서 시작하고, 그 관계를 예지적 관계로 규정한
다(§§ 1, 6). 그리고 나서 비로소 그는 대상을 취득하는 법적 행위로 넘
어가며, 이 법적 행위를 자연에 의해 만들어진 행위, 지상에서의 근원
적인 공동점유 위에서 확립하고 있다(§ 13 참조); 그다음 논증의 이 지
점(§ 13 끝부분)에서 칸트는 다시 — 본질적으로 — § 2의 요청을 지적
하는데, 이 요청은 **법의 법칙에 따라** 지면의 사용을 가능하게 하고 인
격들의 행위로 현실화되는 것이다(§ 14). 두 개의 핵심 장에서 칸트는,
이러한 임시적 귀속에 불과한 것을 법적 상태에서의 최종적 귀속으로
변경시킴으로써 비로소 유효하고 완전한 귀속으로 바뀌어야 하는 필
요성을 강조하고 있다(§§ 8, 15 참조). 점유의 형태가 갖는 상대적인 일
시성은 제3장에서 가령 증여와 같이 일정하게 존재하는 사법의 제도
들에 대하여 지적한 것, 그리고 이 제도들은 이미 그 자체로 법원의 귀
속행위를 통하여 이루어지는 공적 정의에 의존하고 있다는 것으로써
더 확고해졌다.

　그러므로 자연상태에서 점유의 현실성은 법인격에게 이를테면 외
적인 형태를 부여하기는 하지만, 법적-실천이성[38]은 이 형태를 그 자

체로 있게 하지는 않는다. 왜냐하면 지구 표면적의 제한 때문에도 벌써 한 사람에게 귀속하는 순간 다른 사람의 권능이 문제시되기 때문에, 자연상태에서의 점유는 과도기적인 것으로만 생각할 수 있다.

이 지점에서 원시취득도(§2 끝부분, 특히 §14 참조) 본질적으로는 시간적인 우위에서 생기는 점유로서 그 의미를 잃게 된다. 법적 상태는 (실제) **행위들의** 자유로운 성격으로부터 생겨난다. 무릇 행위가 발생하고 이것으로 인하여 실천철학의 기본입장이 받아들여진다는 것, 이 속에 원시취득의 실제 의미가 있으며, 원시취득은 그 자체로는 아직 유효한 권한을 생기게 하지 않는다.

그러므로 자의의 외적 대상과의 법적 관계가 존재한다면, 이 관계와 공동체성은 당연히 연결되어 있다. 각 개인에게는 외적 대상들을 사용하고 보유하는 권리를 실천이성의 요청에 따라 인정할 수 있다. 그러나 개개인은 이러한 관계가 만들어진 후에는 그 취득의 타당성에 대하여 질문해야 하며 법적 관계로 들어가는 발걸음을 내디뎌야 한다.

취득과 가지는 것의 타당성에 대한 확인을 유한성으로 제한된 각 개인의 이성은 이제는 더 이상 해낼 수가 없다. 우연이 아닌 점유의 **필요성에 대한** 근거를 밝히기 위해서는 이성에 의해 요구되는 (요청되는) 공동의 능력으로서, 법적 상태와 그 형태로의 이행이 필요하다. 이러한 이성능력의 가능성에 관한 형식적 원칙을 — 칸트는 §41에서 이렇게 — 공적 정의라고 하며, 그 구분을 점유의 방식들의 관점에서 하고 있다: 즉 보호되는 정의는 점유의 가능성에 해당하고, 상호적으로 취득되는 정의는 점유의 현실성에 해당하며, 배분적 정의는 대상의 점유에 대한 필요성에 해당한다.[39] 그러므로 법적 상태에서는 점유의

---

38 이 표현에 대해서는 §7(AB 71) 참조.

우연성이 필요성으로 변형되는 것이다.

이 지점에서 비로소 자의의 외적 대상들에 관한 법적-실천이성의 근거지움의 과정이 완성된다. 법적 상태에서 그리고 그 공동체의-일반법칙에서 이성은 외부 세계에 있는 인격의 특수성을 확인한다; 이성은 이러한 확인을 통하여 자기 스스로에게 귀환한다고 말할 수도 있을 것이다.

b) 그렇지만 이미 앞에서 시사한 것과 같이, 이것이 요청을 갖게 됨으로써 부딪치게 된 사유과정에서 나오는 유일한 결론은 아니다. 법적 점유의 가능성은 생래적인 권리를 가졌기 때문에 자유로운 개개 인간들이 지닌 가능성이다. 양자는 인격, 각 이성의 주체의 통일체에서 결합되어 있다. 이러한 상황에서 배분적 정의에 의해서 행하여지는 점유의 유효한 귀속은 오로지 공법의 상태인(§ 41) 국가에서만 일어날 수 있다. 이 상태는 사념상 자연상태에서의 점유의 (임시적인) 현실성으로 인하여 형성된 것이지만, 국가는 점유자들로만 이루어져 있지 않고, 오히려 '국민들', 즉 법의 법칙 하에 있는 많은 사람들(§ 45)로 구성된다; 그 밖에도 칸트는 이 지점에서 법론을 정치적 현실에 대하여도 열어 놓고 있다. 이 상태에서만 분배의 정의가 이루어질 수 있으며, 그리고 칸트가 여기서 외적 대상들의 점유에 대한 '필요성'을 말할 때는, 국가에서의 정의는 자연상태에서의 점유의 현실만을 떠받드는 것이 아니라, 그것은 모든 국민들을 망라하는 것이다. 물론 칸트에 의하면 적극적인 국민은, 이미 권한을 부여받은 행위를 하여 외적 세계에서 지위를 획득한 사람만을 말한다(§ 46 참조); 오로지 이러한 사람만이 입법에 참여할 수 있다. 그렇지만 이것으로써 법률의 성격

---

39 A 155 = B 154/155. 이에 대하여는 쾰러*Köhler*의 중요한 연구인 Iustitia distributiva. Archiv für Rechts- und Sozialphilosophie 79 (1993), 457면 이하 참조.

이 일반법칙으로서 두루 미치게 정해진 것은 아니다. 왜냐하면 법률은 수동적인 국민들(비독립적인 국민들)에게도 적용되기 때문이다. 그러나 자의의 외적 대상과 법률의 관계는 갖는다는 것의 현실에 따라서만 정해지는 것이 아니라, 이 관계의 전 형태에서 정해진다. 여기서 요청의 상호인격적 의미가 다시 효력을 발휘한다: 그것은 이론의 여지없이 모든 타인을 **가능한 한 권한자**로서 취급한다는 전제를 하게 하는 것이다.[40] 따라서 이것은 일반법칙이 모두에게 적극적인 국민이 되도록 노력하는 것을 가능하게 해주어야 한다는 것을 말한다.[41] 그러므로 칸트의 체계에서 분배적 정의는 여하튼 사념상의 요소로서, 인간으로서 무릇 점유를 할 수 있다는 필요성도 보여준다. 그렇지만 이것을, 국가가 아버지처럼 개개인에게 외적 대상을 떠맡기는 것으로 이해해서는 안 된다. 가능성으로부터 개개인에게 맞는 정당한 현실이 되게 하는 독자적인 결정만이 자의의 외적 대상에 대한 법적 관계의 근거를 확립할 수 있는 것이다.

V.

실천이성의 법적 요청에 관한 연구는 — 특히 근본적이고 — 구체적인 부분에서 칸트의 후기 작품에서의 사고과정이 어떠한 난해하고 긴

---

40 게하르트 루프*Gerhard Luf*가 적절히 지적한 것처럼(Freiheit und Gleichheit, 주 4, 87면), 칸트의 점유론은 — 매우 세분화한 방법으로 — 외적으로 가지는 것과 관련하여 철저하게 동등하게 권리를 부여하는 것을 목표로 하였다. 케르스팅*Kersting*의 논박(Wohlgeordnete Freiheit, 주 4, 388면 이하)은 이 점을 너무 경솔하게 다루었다; "이제 칸트적 자율성 개념은 소유의 정치적 의미를 전개해 나가기에는 별로 적합하지 않다(...)"는 그의 문장은 전혀 구체성이 없는 것이다.
41 §46, A 168 = B 198.

밀한 연관성에서 나타나는지를 보여주고자 한 것이다. 물론 이 작품
은 노년의 작품이어서 모든 사고 단계가 상세하게 설명되지도 않았고
묘사되지도 않았으며, 때때로 그저 급작스럽게 제시된 사안 자체에
관한 문제만이 중심이 되고 있다. 이렇게 해서는 당연히 헤겔이 그의
최고 전성기에 활력을 가지고 장엄하게 기획한 것처럼 법의 파노라마
가 만들어지지 않는다. 그렇지만 칸트의 법론에 대한 학문적인 노력
은 납득할 만한 것이며, 법과 자유의 관계는 헤겔이 외견상 최종적으
로 규정한 것과는 또 달리 타당하게 사유할 수 있다는 것을 예측할 수
있게 한다. 그리고 마지막에는 '법이란 무엇인가?'라는 물음에 대해
두 개의 이론유형[42]이 서로 움직이고 있다는 것도 입증될 수 있을 것
이다.

[부록 1] 칸트의 〈도덕형이상학〉 법론

§ 2.
실천이성의 법적 요청

나의 자의의 모든 외적 대상을 나의 것으로 갖는 것은 가능하다;
즉: 어떤 준칙이 법칙이 된다면, 그 준칙에 따라 자의의 대상을 그
자체로 (객관적으로) **주인 없는 것**(무주물res nullius)으로 만들게 할
준칙은 위법하다.

왜냐하면 나의 자의의 대상이란 내가 **물리적으로** 나의 권능 안에

---

42 *Fulda*, Zum Theorietypus der Hegelschen Rechtsphilosophie. in: *D. Henrich/R. P. Horstmann* (편), Hegels Philosophie des Rechts. Stuttgart 1982, 393면 이하 참조.

서 사용할 수 있는 것을 말하기 때문이다. 그런데 그것을 사용하는
것이 **법적으로** 절대 나의 권능 안에 있지 않다면, 즉 보편법칙에 따
라서 모든 사람의 자유와 양립할 수 없다면 (불법이라면): 자유는
사용가능한 대상들을 **사용**이 불가능하게 무효화시키고, 즉 그것들
을 실천적 관점에서 무주물res nullius이 되게 함으로써 대상에 대한
자의의 사용을 자기 스스로 버리게 될 것이다; 자의가 물건의 사용
에서 형식적으로 모든 사람의 외적 자유와 보편법칙에 따라서 양
립한다고 해도 그렇다. — 지금 순수 실천이성은 자의의 사용의 형
식적 법칙들만을 토대로 삼으며, 그러니까 자의의 질료, 즉 객체의
그 밖의 성질을, 그것이 **자의의 대상이기만** 하면, 배제하기 때문에,
그러한 대상과 관련하여 그 대상의 사용을 절대적으로 금지할 수
없는데, 그러한 금지는 외적 자유 그 자체와 모순될 것이기 때문이
다. — 그러나 나의 자의의 대상이란 그 대상을 임의적으로 사용
할 수 있는 물리적 능력이 나에게 있으며, 그것의 사용이 나의 권
능potentia 안에 있는 것을 말한다; 이것과 구별해야 할 것은, 대상을
나의 지배력 안에 가지고 있다in potestatem meam redactum는 것이고,
후자는 이 능력뿐 아니라, 자의의 행위도 전제한다. 그런데 어떤 것
을 단지 나의 자의의 대상으로 **생각하기** 위해서는 내가 그것을 나
의 권능 안에 가진다는 것을 의식하는 것으로 충분하다. — 따라서
나의 자의의 모든 대상을 객관적으로 가능한 나의 것 또는 너의 것
으로 여기고 그렇게 취급하는 것은 실천이성의 선험적 전제이다.

이 요청을 실천이성의 허용법칙lex permissiva이라고 부를 수 있으
며, 이 법칙은 권리 일반의 단순한 개념들로부터는 도출할 수 없는
권능을 우리에게 부여한다; 그것은 우리가 어떤 대상을 선점하였
다는 이유로 다른 모든 사람들에게 우리의 자의의 대상을 사용하

지 못한다는, 그렇지 않았다면 갖지 못할, 의무를 부과하는 권능이다. 이성은 이러한 허용법칙이 원칙으로서 효력을 갖고, 나아가 이 허용법칙을 통해서 실천이성의 선험적 요청을 확장해 가는 **실천이성**으로서 효력을 갖기를 원하는 것이다.

[부록 2] 칸트의 〈도덕형이상학〉 법론

§ C.
법의 보편적 원리

"한 사람의 행위가 또는 그 행위의 준칙에 의하여 한 사람의 자의의 자유가 보편법칙에 따라서 모든 사람의 자유와 양립할 수 있는 행위는 **법적이다.**"

따라서 나의 행위 또는 나의 상태가 보편법칙에 따라서 모든 사람의 자유와 양립 가능함에도 불구하고, 다른 사람이 나를 방해하여 나로 하여금 그 행위를 하지 못하게 하거나 또는 그 상태에 있지 못하게 한다면, 그는 나에게 불법을 행하는 것이다; 왜냐하면 그의 방해행위(저항)는 보편법칙에 따라 자유와 양립할 수 없기 때문이다.

그렇지만 또 이것으로부터 도출되는 것은 모든 준칙의 이러한 원리 그 자체가 다시 나의 준칙이 되어야 한다고 요구할 수 없다는 것, 즉 나는 이 원리를 나의 행위의 **준칙으로** 삼을 것을 요구할 수 없다는 것이다; 왜냐하면 개개인의 자유가 나에게 대하여는 전적으로 무관심하다고 하더라도, 또는 내가 그의 자유를 내심으로는 저해하고 싶어 한다고 하더라도, 나의 **외적 행위**로 인하여 내가 그의 자유를 침해하지 않는 한, 개개인은 자유롭게 존재할 수 있을 것이기 때문이다. 정당하게 행동하는 것을 나의 준칙으로 삼는 것은 윤리가 나에게 하는 요구이다.

　그러므로 보편적 법의 법칙은 다음과 같다: 너의 자의의 자유로운 사용이 보편법칙에 따라서 모든 사람의 자유와 양립할 수 있도록 외적으로 사용하라, 이 법칙은 나에게 의무를 부과하는 법칙임은 분명하지만, 이 법칙은 내가 이러한 의무를 위해서 나의 자유를 그러한 조건들 자체에 **스스로**를 제한하는 것을 전혀 기대하지 않으며 요구하는 것도 아니다; 오히려 이성이 말하는 것은 단지 나의 자유는 그 이념에서, 그러한 조건들에 제한되어 **있으며**, 타인에 의해서도 완력으로 제한될 수 있다는 것이다; 이것을 이성은 하나의 요청, 즉 더 이상의 증명이 가능하지 않은 요청이라고 말한다. — 덕을 가르치려는 의도가 아니라, 무엇이 **법적인가**를 말할 의도라면, 앞의 법의 법칙을 행위의 동기라고 할 수는 없으며, 그렇게 해서도 안 된다.

§7 국가와 형벌
─ 칸트의 『도덕형이상학』에 나오는 이른바 '섬비유'에 관한 고찰*

I.

형법의 근거를 밝히는 것에 대한 칸트의 논문은 칸트 법철학의 현재성을 살펴보고자 하는 간행물에서는 적절치 않아 보인다. 왜냐하면 형법 문헌에서 소위 '다수설'을 보면 칸트의 논거와 같은 '절대적 형벌의 논증'은 자칭 현대의 목적사상의 관점에서는 도저히 받아들일 수 없는 것이기 때문이다.[1] 칸트의 형법론을 성격규정하기 위하여 대부분 〈도덕형이상학〉에서 거론한 이른바 섬비유를 인용하는데, 이 비유는 '시민 연합체의 본성에서 나오는 법적 효과에 관하여'라는 표제어와 함께 § 49에 대한 '일반 주해Allgemeine Anmerkung'에 나온다; 여기의 'E. 형법과 사면권'이라는 장에는 지금까지 자주 인용되는 다음과 같은 문장이 있다:[2]

---

* 이 글은 Freiheit, Gleichheit, Selbständigkeit, *Götz Landwehr* (편), Hamburg 1999, 73-87면에 수록된 것으로서 1998년 3월 7일에 한 강연 내용을 보완하고 각주를 추가한 것이다.

1 *Jakobs*, Strafrecht Allgemeiner Teil, 제2판, 1993, Abschnitt 1/난외번호 19; *Jescheck/Weigend*, Lehrbuch des Strafrechts Allgemeiner Teil, 제5판, 1996, § 8 III, 70면 이하; *Maurach/Zipf*, Strafrecht Allgemeiner Teil, Teilband 1, 제8판, 1992, § 6 난외번호 17 과 § 7 난외번호 15; *Roxin*, Strafrecht Allgemeiner Teil, 제3판, 1997, § 3 난외번호 3.

2 Metaphysik der Sitten, Rechtslehre, Werke Bd. 7, 455면(A 199/B 229). ─ 칸트의 저작은 1975년에 발간된 빌헬름 바이쉐델Wilhelm Weischedel의 10권 전집에 따라 인용하였다; 제1판(A)과 제2판(B)의 면수를 각각 인용하였으며, 〈도덕형이상학Die Metaphysik der Sitten〉은 'MdS'란 약어로 인용하였다.

"가령 시민 사회가 모든 구성원의 동의로 해체된다고 하더라도 (예컨대 섬에 거주하는 국민이 서로 헤어져 전 세계로 흩어질 것을 결의한다고 해도) 감옥에 있는 마지막 살인자는 그전에 미리 처형되어야 할 것이며, 그것은 모든 사람이 자기의 행위가 어떤 가치를 갖는지를 알게 되고, 살인죄가 이 처벌을 촉구하지 않았던 국민에게 전가되지 않도록 하기 위해서이다; 왜냐하면 (그렇게 하지 않으면, 역자 주) 국민은 정의를 공적으로 침해하는 데 관여한 공범으로 간주될 수 있기 때문이다."

이 형벌론이 '절대적'이라고 불리는 이유는 바로 형벌을 어떠한 목적과도 결부시키지 않고 논증하기 때문이다; 형벌의 근거는 오로지 발생한 범죄와 그 범죄의 상쇄에 대한 요구에 있는 것이다.[3] 이 이론은 특히 1960년대와 70년대에는 논의할 필요도 없는 것으로 간주되었다; 발생한 범죄는 일어나지 않은 것으로 되돌릴 수 없으며, 인간의 행위로는 장래의 목적만 추구될 수 있고, 이러한 형벌론은 '형이상학'이라는 것이다.[4] 반면에 형벌의 근거는 형벌로써 추구하고자 하는 목적에 있다고 한다: 그 목적은 바로 행위자의 개선(이른바 특별예방) 내지 타인의 처벌에 대한 경험을 통해서 타인을 위하거나('소극적' 일반예방) 혹은 타인의 규범의식을 안정화('적극적' 일반예방)하는 것이다.[5] 이 같은 관점에서 본다면 '섬비유'와 그 현재성을 위해서는 낙담

---

3 이에 관한 기초규정 및 상세한 내용에 관해서는 *E. A. Wolff*, Das neuere Verständnis von Generalprävention und seine Tauglichkeit für eine Antwort auf Kriminalität, ZStW Bd. 97 (1985), 786면 이하(787면 이하) 참조.

4 예컨대 *Klug*, Abschied von Kant und Hegel, in: *Jürgen Baumann* (편), Programm für ein neues Strafgesetzbuch, 1968, 36-41면 이하. *Roxin* (주 1), § 3 난외번호 8 (응보이론은 "오늘날 학문적으로 더 이상 지지될 수 없다"고 한다). — 클룩 *Klug*에 대한 비판은 *Hellmuth Mayer*, Kant, Hegel und das Strafrecht, in: Festschrift für Karl Engisch, 1969, 54면 이하 참조.

5 이 이론들에 관한 설명은 예컨대 *Schmidhäuser*, Strafrecht Allgemeiner Teil, 1997, Kap. 1, 37면 이하.

스런 결과가 나온다: 왜냐하면 칸트의 논증에 대한 맥락이 시대에 뒤
떨어진 것은 절대적 형벌이론이 정당화될 수 없기 때문이어서만은 아
니다; 만약 칸트가 남의 가르침에 따라 형벌의 근거를 목적으로써 밝
히려고 했다면 비유는 더군다나 잘못된 것인데, 섬에 사는 민족은 더
이상 장래가 없기 때문이다; 행위자는 재사회화될 필요가 없으며, 그
이유는 사회가 해체되기 때문이다; 그리고 그에 상응하게 위하되어야
하는 다른 시민들도 존재하지 않는다 — 이렇게 생각할 수도 있을 것
이다.

   그렇지만 이렇게 본다면 부정확하고 피상적인 것이 될 것이다; 그
것은 절대적 형벌론이 사념적으로 거론한 것을 분석한 것도 아니고
— 그 결과 — 섬비유의 내용에 부응하는 것도 아니다. 섬비유에 대한
근본적인 성찰과 또 이 섬비유를 칸트 법철학의 더 넓은 영역 속으로
정돈하는 것에 대한 철저한 검증은 지금도 주목할 만한 통찰을 갖게
해 주는데, 그 이유는 이 통찰이 형벌의 근거에 관한 근본관계를 정확
하게 밝혀줌으로써 여전히 많은 것을 시사해 주기 때문이다.[6]

II.

칸트의 〈도덕형이상학〉은 1797년에 발간되었다; 당시 이 책의 저자

---

6 잘못 이해한 섬비유의 현실은 칸트 철학에 의거하지 않은 것이기 때문에 참고
   가 될 정도로만 언급하며 오류를 지적해 두고자 한다: 현재 정치와 언론에 의
   해서도 조종되는 시대정신은 형벌을 일종의 복수적인 잔인성과 결부시키는
   경향이 있으며, 이렇게 해서 '범죄자'에 대한 사회의 축적된 불안을 진정시키
   려는 것이다. 이것은 칸트나 절대적 형벌이론과는 무관한 것이고, 뒤에서 드
   러나게 되겠지만, 오히려 소위 상대적 이론, 특히 일반예방이론의 내적 논리에
   더 가깝다.

는 73세였다. 이것은 수용사에서 오랫동안 이 작품이 노년의 저작으로 경시되고 그리고 근거를 확립하는 데서 — 충분히 나타나는 — 간략함과 단절감을 저자의 초기 노쇠증 탓으로 돌리게 만들었다.[7] 그렇지만 이를 달리 볼 수도 있다. 정신의 고령 작품에 대한 동종의 특징을 확인할 수 있는 것이다;[8] 이러한 특징을 발견하기 위해서 음악애호가는 말년의 베토벤Beethoven 소나타를, 미술애호가는 말년의 피카소 Picasso 작품을, 문학전문가는 말년의 괴테Goethe 시를 좋아할 수 있다: 그것은 동의를 구하려고도 하지 않으며, 일거수일투족을 밝히지도 않고, 오히려 그것은 삶의 인식을 최종 형태로 만드는 것으로서, 이 최종 형태 속에서는 얄팍하게 지각할 수 있는 것 그것만이 내용이 아니라, 얄팍하게 지각할 수 있는 것은 마치 문과 같이 작품의 깊은 차원에 이르게 한다. 이러한 작품들의 창작자들은 (그래서 칸트도) 그 깊이를 측량하는 것을 해석자들에게 맡길 수 있다: 〈도덕형이상학〉의 경우에는 거의 200년 동안 이 작업을 주저하였다. 약 20년 전부터 비로소, 〈도덕형이상학〉은 진지하게 수용해야 하는 철학적 성과이지만 해석학적으로 해명될 필요가 있다는 인식이 서서히 인정되었다.[9]

이 점에서 정확하게 '일반 주해Allgemeine Anmerkung'와 그 안에 있는 섬비유와 관련하여 칸트는 서문Vorrede의 말미에서 이 장의 내용에 관하여 철저하게 생각해 볼 필요성을 분명하게 언급하고 있다: "책의 말미에서 나는 몇몇 장을 이 앞의 다른 장들과 비교하여 예상될 수 있는

---

7 예로는 Paulsen, Immanuel Kant. Sein Leben und seine Lehre, 1898, 339면 참조. Ludwig, Kants Rechtslehre, 1988, 39면 이하도 참조.

8 이 관점에 대하여는 Stöcklein, Stil des Alters bei Platon und Goethe, in: 동저자, Wege zum späten Goethe, 제2판 1960, 331면 이하도 참조.

9 특히 Luf, Freiheit und Gleichheit, 1978; Kühl, Eigentumsordnung als Freiheitsordnung, 1984; Kersting, Wohlgeordnete Freiheit, 1984, 1993년 신판; B. Ludwig, Kants Rechtslehre, 1988. 1988년까지의 2차 문헌은 Küsters, Kants Rechtsphilosophie, 1988에 총괄되어 있다.

것보다 덜 상세하게 다루었다: 그것은 부분적으로는 이 장의 내용이
앞 장들로부터 쉽게 추론될 수 있을 것으로 보였기 때문이며, 부분적
으로는 (공법에 관한) 마지막 장은 현재 많은 논의 중에 있지만 그럼에
도 매우 중요한 것이기 때문에 결정적인 판단을 당분간 유예하는 것
도 정당화될 수 있기 때문이다."[10] 이 글에서는 칸트 스스로 주의를
환기시킨 그의 저서에 있는 '앞' 장들과 비교하면서 섬비유를 정돈하
는 해석을 하고자 한다.[11]

Ⅲ.

섬비유에서 칸트는 시민 사회의 통일체(이 개념을 국가 '개념'과 동일시
할 수 있다[12])와 살인자의 범죄행위 그리고 이 범죄행위에 대한 형벌
간의 관계를 거론하고 있다. 이것은 칸트가 전제한 상황에서는 국가
의 통일체가 해체됨으로써 사회의 다른 구성원들도 그 통일체의 관계
를 상실하는 것처럼 보인다. 이것이, 마지막 살인자는 그래도 반드시
처벌되어야 한다는 것을 일반적으로 부적절하다고 생각하는 이유인
지도 모른다.[13] 그런데도 지적해 두어야 하는 것은 형의 집행 당시 그
요소들의 통일체는 섬비유의 시간적 범위가 지난 후에도 여전히 유지

---

10 MdS, 313면(A/B X).
11 뒤에서 하게 될 해석은 모든 면에서 담보된 칸트의 법론에 관한 광범위한 전
    체해석을 목표로 하는 것은 아니고, 전체해석은 오로지 〈도덕형이상학〉의
    광범위한 해석에서 단행본으로 행해질 수 있다. 중요한 것은 학회에서의 발
    표에 토대가 된 것과 같이, 섬비유에 관한 변화된 관점을 제안하는 것이다.
12 MdS, § 43, 429면(A 161/B 191)도 참조.
13 우선 주 1에 있는 문헌과 Schild, Die staatliche Strafmaßnahme als Symbol der
    Strafwürdigkeit, in: Zaczyk 외 (편), Festschrift für E. A. Wolff, 1998, 429면 이하
    (439면 이하)와 같은 전문문헌 참조.

된다는 점이다: 즉 사회가 해체되기 **전에** 형은 그래도 마땅히 집행되어야 하는 것이다. 그러나 이것으로 또한 불가능하게 된 것은, 형벌의 근거가 어떤 장래의 사건에 있을 수도 있다는 점이다:[14] 즉 모든 상대적 이론(특별예방과 일반예방)은 칸트가 전제한 상황에서는 근거 없는 것이 될 것인데, 두 이론은 형벌의 근거로서 장래의 사건을 전제할 뿐 아니라 이러한 사건을 야기하는 주체(국가)도 전제하기 때문이다.

이것으로 당연히 이른바 '절대적' 형벌이론의 타당성에 대해서는 아직 아무것도 결정된 것이 없으며, 오히려 특정한 이론의 맥락이 그 극단으로 치닫게 되었다. 이를 통해서 가능한 것은 국가의 통일체가 존속하는 경우에 소위 '상대적' 형벌이론은 그 정당성을 충분히 증명할 수도 있을 것이라는 점이다. 그렇지만 E.장의 해석에 앞 장들을 참작하라는 칸트의 조언을 생각한다면 자유에 기반하여 논증되는 국가에서는[15] 저질러진 범죄 행위에서 그 이론적 출발점을 찾는 형벌의 근거지움만 고려된다는 것이 입증될 수 있다. 자유에 입각하여 국가를 이해하면, 형벌이라는 제도를 법강제의 특수한 형태로서 그 입장에서 근거 없이 전제하고 그저 법강제의 투입을 일정한 목적의 추구를 통해서 길들인다는 것은 불가능한 일이다. 이것이 바로 소위 상대적 형벌이론의 대응방식인데, 이것은 강제수단인 형벌을 더 이상 근거를 제시하지 않고 받아들임으로써 사실은 (나쁜 의미의) 절대적 형벌이론인 것이다. 오히려 자유를 중심으로 한 법의 근거지움freiheitliche Rechtsbegründung이 일차적으로 보여주어야 할 것은 형벌은 그 전 범위 안에서 실제로

14　이것은 소위 '절대적' 형벌론에 의해서도 '처벌한다'는 행위가 모든 인간의 활동처럼 미래로 지향된 것이 아니라는 뜻은 아니다; 이에 대해서는 뒤의 본문 및 *E. A. Wolff*(주 3), 786면 이하(788면과 827/828면 및 각주 86) 참조.

15　이것에 대하여는 MdS, Einleitung in die Rechtslehre, §§ B, C, 336-338면(A/B 30-34) 및 § 46, 432면(A 165/166/B 195/196) 참조.

법제도라는 점이다. 그러나 자유가 중심인 법의 근거지움은 그것이 각 개인의 자유와 근거가 확립된 관계에 있을 때에만 오로지 자유가 중심인 법의 근거지움이 될 수 있는 것이다. 이것은 형벌의 경우에는 형벌이 대개 해악을 가하는 것으로 파악되기 때문에 그래서 기이하게 보일 수도 있는데, 해악을 가하는 것에는 표면상으로 그리고 외적인 기능의 지시를 통하여 이성의 느낌만 줄 수 있을 뿐이다.[16] 그렇지만 이것은 형벌을 제대로 파악하지 못한 것이다. 형벌에서 피상적으로는 그렇게 확연해 보이는 부정이 근거를 가질 수 있는 긍정적인 핵심, 정확히 말해서 자유의 핵심을 가지고 있지 않다면 형벌은 법제도가 될 수 없다.

법제도로서의 형벌과 각 개인의 자유를 필연적으로 연결하는 것은 직접적인 방법으로는 할 수 없으며 중간 단계를 거칠 필요가 있다. 이러한 중간 단계의 진행은 강제로부터 시작할 수는 없고 개개인의 자유로부터[17] 시작해야 하며, 그러나 이것으로 긍정적인 상태에서 출발해야 하는데, 이 상태는 사념상 불법 이전과 형벌 이전의 상태이며, 즉 아직 행위자와 피해자를 알지 못하는 것이 아니라, 바로 자유로운 인격들 서로를 연결하는 상태이다.

소위 상대적 형벌이론이 이러한 근거지움의 기본단계를 행한다는 것은 불가능한 일이다.[18] 상대적 형벌이론은 앞서 말한 바와 같이 형

---

16 이것에 관해서는 *Köhler* (주 5), Kap. 1, 44면 이하도 참조 — 그래서 볼프강 쉴 트*Wolfgang Schild*가, 형벌의 한계에만 관심이 있는 칸트에게 국가 형벌의 조치적 성격은 너무나 당연한 것이라고 기술하는 것은 적어도 오해의 소지가 있다. Anmerkungen zur Straf- und Verbrechensphilosophie Immanuel Kants, in: Festschrift für Wolfgang Gitter, 1995, 831면 이하(835면) 참조; 해당 부분은 836면.

17 (형벌에 국한되지 않은) 법강제의 근거를 확립하는 문제에 관하여는 *Köhler*, Zur Begründung des Rechtszwangs im Anschluss an Kant und Fichte, in: *Kahlo* 외 (편), Fichtes Lehre vom Rechtsverhältnis, 1992, 93면 이하 참조.

벌을 국가의 강제수단으로 전제할 뿐 아니라, 자유와 자유에 근거를 둔 인격들의 평등성과도 합치될 수 없는 것으로 드러났다. 특별예방 이론은 왜 행위자의 범행으로부터 그를 개선하는 능력을 타인에게 증강시켜야 하는지를 설명할 수가 없다. 일반예방이론은 행위자를 타인의 목적에 이용함으로써 객체로 만드는 것이다: 즉 행위자의 처벌이라는 수단을 통해서 타인의 위하 또는 타인의 규범충실에 대한 안정화가 따른다고 한다. 두 이론은 행위자의 주체성을 부정하며, 여기서는 아무튼 특별예방이론의 선한 동인이 때로는 더 설득력이 있다.

형벌의 근거지움이 사념상 일차적으로 인격들 상호 간의 자유의 관계를 전제한다면 먼저 칸트의 섬비유를 위해서도 사념상의 연결선이 제시되었으며, 이것으로 관점을 더 이상 공동체가 해체되는 시점에만 맞추지 않고, 해체 **이전의** 국민의 상태에 맞추는 것이다. 그렇지만 이것을 통하여 성찰의 지평이 확장되었다. 그것은 파악한 사회성의 이 상태로부터 시작해야 하고, 이렇게 일차적으로 근거를 확립하고 난 다음에는 법강제인 '형벌'을 공동체의 해체 이전에 집행하는 것도 더 이상 그렇게 불합리한 것으로만 보이지는 않는데, 이러한 반응의 이유도 해체 이전에 있기 때문이다.

칸트는 섬에서 살고 있는 공동체를 '시민 사회'라고 부른다. 섬비유의 해석을 위해서는 서로 관련을 맺는 세 단계가 필요하다: 그것은 바로 '시민 사회'의 개념을 칸트의 법철학에서 설명하는 것이다; 그다음 법제도 '형벌'을 이러한 토대 위에서 그 근거를 밝히고, 끝으로는 이 둘을 연결시키는 것이다; 이러한 독자적인 해석의 단계는 섬비유에 있는 칸트의 결론을 타당한 것으로 입증하여 줄 것이다.

---

18 비판에 대해서는 특히 *E. A. Wolff* (주 3)과 *Köhler* (주 16) 참조.

IV.

1. 칸트는 그의 시민 사회 내지 시민 상태의 개념을 개개 인격의 개념
으로부터 전개시켰다. 그래서 칸트의 법론은 제1편의 사법(이것을 오
늘날 민법의 의미와 동일시해서는 안 된다)으로 시작하고, 사법에서부터
제2편의 공법으로 넘어가며, 이 공법 안에서 시민 사회의 개념은 자
기 위치를 갖게 된다.

칸트는 〈도덕형이상학〉에서 〈실천이성비판〉의 결론들을 전제하
고 있다.[19] 인간의 자유는 자기결정에 대한 능력과 사유상 필연적으
로 결부된 것으로서 타당한 인식으로 확보되었다. 〈도덕형이상학〉에
서는 이 토대 위에서 이제 적극적으로 근거를 밝히는 방식으로 실천
적인 행동에 대한 상세한 인식으로 나아갔다. 〈도덕형이상학〉의 제1
편인 사법에서 자유는 이제 본질적으로 타인과의 관계에서 입장을 표
명하는 자기결정으로서 주제가 되고 있다. 자유는 법적인 자유로서
필연적으로 세계의 관계 및 현실 관계의 외적인 측면을 가지고서 이
러한 방식으로 타인격들과의 관계 속으로 들어가며, 이들은 동일한
방식으로 입장을 표명한다; 행위들Handlungen은 "행동(facta)으로서 서
로 (직간접적으로) 영향을 끼친다".[20] 칸트는 사법에서 먼저 자유의 이
외적인 현존의 형태를, 특히 물건의 점유를 통하여 규정하지만, 여기

---

19 MdS, 309면(A/B III) 참조. 그러므로 칸트의 법론은 '비판적' 법론이 아니라는
   주장도 근거 없는 것이다. 하지만 이러한 주장은 *Ritter*, Der Rechtsgedanke
   Kants nach den frühen Quellen, 1971. 그러나 이것은 도덕형이상학의 전체해
   석을 통해서만 드러날 수 있다. 체계적인 맥락에 관하여는 *Höffe*, Kants
   Begründung des Rechtszwangs und der Kriminalstrafe, in: *Brandt* (편),
   Rechtsphilosophie der Aufklärung, 1982, 335면 이하, 337면 이하도 참조.
20 MdS, Einleitung in die Rechtslehre, § B, 337면(A/B 33).

서 다루는 것은 포괄적으로 인격의 외적인 자기결정, 또 (가령 계약을 통한) 타인격들과의 관계 속에서의 자기결정이다.

생래적인 유일한 권리로서의 자유[21]에 대한 인식에서 모든 인간의 원칙적인 평등이라는 당연한 결론이 나오기는 하지만, 이것은 추론된 사고로서이다. 모두가 자유롭기 때문에 또 모두에게 외적인 자기결정이 실제로 가능해야 하는 것이다.[22] 그러나 이제 모든 개개인이 각기 지닌 기준은 한편으로는 자유적으로 오로지 각 개인을 통해서만 규정될 수 있으나, 다른 한편으로는 각 개인만으로는 모든 타인을 위해서 타당하게 규정할 수가 없다. 그렇지만 기준은 확정될 필요가 있는데, 모두는 유한한 세계에서 그들의 현존의 공간을 가져야 하고, 한 사람에 의한 확정만으로는 다른 모든 사람이 이 확정에서 배제되므로 무법적일 가능성이 있기 때문이다. 이 점에서 칸트는 인격의 자유에 대한 인식을 정언명령을 통하여 얻었다: "네 의지의 준칙이 보편법칙이 되도록 그렇게 행위하라."[23] 정언명령을 여기서 광범위하게 해석할 수는 없지만, 이 글의 사고과정을 위해서는 다음의 지적만으로도 충분하다: 인간의 자기결정에는 자기 행위를 보편법칙에 비추어 성찰할 능력이 들어 있다. 이것은 항상 개개인과 그의 행위에만 타당한 것이다; 개인은 타인을 대리하여 타당성에 대한 성찰을 할 수 없으며, 하물며 이것을 행위에서 실행한다는 것은 더더욱 불가능하다. 그렇지만

21　MdS, 345면(A/B 45).
22　이에 대해서는 *Köhler*, Iustitia distributiva, Archiv für Rechts- und Sozial-philosophie Bd. 79 (1993), 457면 이하; 동저자, Ursprünglicher Gesamtbesitz, ursprünglicher Erwerb und Teilhabegerechtigkeit, in: Festschrift für E. A. Wolff (주 13), 247면 이하; *Zaczyk*, Untersuchungen zum rechtlichen Postulat der praktischen Vernunft in Kants Metaphysik der Sitten, in: *Fricke* 외 (편), Das Recht der Vernunft, 1995, 311면 이하.
23　이것은 〈도덕형이상학 정초Grundlegung zur Metaphysik der Sitten〉에 있는 정언명령의 제1 공식, Werke Bd. 6, 51면(B A 52).

스스로를 일반법칙의 공동입법자로 이해하는 주관적 이성은 법의 생
각을 완성할 수 있다: 그것은 모두의 자유가 모든 개개인의 현실 속에
서, 하지만 이렇게 하여 또한 보편적으로도 만들어져야 한다는 것이
다. 이것을 통하여 각 개인의 자기결정의 형태는 현실 속에서도 이를
포괄하는 일반 상태, 바로 시민 사회의 상태를 이루도록 한다. 이 상태
는 모두가 자신의 권리를 '공유할 수'[24] 있도록 개개인이 만들어야 하
며, 그렇지 않으면 개개인은 이 권리를 실질적으로만 보장하지는 않
았을 것이다. 이것은 홉스*Hobbes*가 생각한 바와 같이, 타인이 가지고
있을 수도 있는 사악성을 암시하는 것이 아니다. 오히려 개개인들을
그렇게 선량하고 법을 준수한다고 원하는 대로 생각할 수도 있다:[25]
왜냐하면 개개인들은 항상 자기 고집대로 하기 때문에, 분쟁 그 자체
는 전제하였던 호의성에서는 정말 필요한 것인데, 한 개인은 유한한
세계에서 영향력 있게 모두를 위해서 그리고 모두에 대항해서 행위할
수 없기 때문이다.

그러므로 인격들은 시민 사회 속으로 들어가야 하고, 칸트에 의하
면 시민 사회는 공법에 의해 만들어진 것으로서, "국민, 즉 수많은 인
간들을 위한 법칙들의 체계 (…), 그들은 서로 상호적인 영향을 주고
받는 가운데, 법적인 것을 공유하기 위하여 그들을 합일하는 의지 하
에서 법적인 상태, 헌법constitutio을 필요로 한다."[26]

이러한 상태는 그래서 인격성과 인격의 상호성 그리고 주로 공적인

---

24 칸트에게서 이 표현은 *Kant, MdS*, § 41 („Übergang von dem Mein und Dein im
   Naturzustande zu dem im rechtlichen Zustande überhaupt"), 423면(A 155/ B
   154).
25 MdS, § 44, 430면(A 162/ B 192) 참조.
26 MdS, § 43, 429면(A 161/ B 191) — 매우 전문적인 내용이기는 하지만 이 맥락
   에 관하여는 *Kahlo*, Soll es dem Staat im Strafprozess rechtlich erlaubt sein,
   Verdachtsklärung durch Täuschungshandlungen zu unternehmen?, in: FS für
   E. A. Wolff (주 13), 153면 이하도 참조.

법률에서 표명되는 국가의 일반성을 통해서 성격규정되었다. 이와 같은 상태의 설립은 이것을 각 개체가 역사적인 무에서 집단 속으로 들어가는 것처럼 역사적-사실로 생각해서는 안 되고,[27] 자유를 위한 공동체 상태의 증명으로서 사념상의 과정으로 생각해야 하며, 그래서 모든 역사적인-실제 상황으로부터 각 개인은 그들의 자유에 따라 국가의 근거를 제시할 수 있게 되는 것이다.

2. 섬비유에서도 사용된 바와 같이 시민 사회의 개념을 위하여 자유 개념에 대한 이러한 일차적 검토는, 사고과정의 다양한 단계에서 자유 개념이 어떻게 효력을 발휘하는지 이제 이 개념을 내용상 구체적으로 다루는 것으로써 보충할 필요가 있다; 그리고 이렇게 해야만 범죄 속에 들어 있는 불법의 정확한 파악이 가능하다.

칸트의 실천철학뿐 아니라 법철학에 대한 서술도 종종 자유 개념의 이론-형식적인 관점에 의하여 성격규정되었지만, 이것은 칸트의 자유의 법철학에 부합하지 않는다.[28] 자유는 인간의 행위를 공식으로 만드는 이론적 가설이 아니다 (그리고 이러한 공식이 정언명령인 것은 더욱 아니다). 칸트와 그를 계승하는 독일 관념론의 철학자들, 특히 피히테Fichte와 쉘링Schelling 그리고 헤겔Hegel이 다루었던 것은 행위로 실현되는 자기결정으로서의 자유이다. 그것은 현실을 완성하는 방식을 이성에서 나오는 규정의 근거들을 통하여 설명하고 납득하게 할 것을 요구한다. 이러한 의도는 칸트가 실천적이고 올바른 행동에 대한 인식으로 가는 길을 묘사하는 정언명령의 내용에서 아주 명확하게 드러

---

27 MdS, § 52, 462면(A 210/ B 240).

28 특히 비판적 의도의 문헌인 *Scheler*, Der Formalismus in der Ethik und die materiale Wertethik, 제6판, 1980 및 칸트의 실천철학의 소위 신칸트주의에 의한 수용은 예컨대 *Cassirer*, Kants Leben und Lehre, 제2판 증보판, (1921) 1974, 424면 이하의 설명 참조.

난다. 준칙은 특정한 각 인간의 주관적인 원칙이다.[29] 준칙과 함께 정
언명령의 사유적 활동 속에는 각기 고유한 행위자의 주관적 상태와
더불어 삶의 현실이 들어 있다.[30] 나아가 이런 방식으로, 개개인이 세
상과 유리되지 않고 그들 자신의 시대와 그들 자신의 장소에서 살고
있다면 사회적으로 정해진 상황들 내지 역사적으로 형성된 상황들이
각자 행위의 정당성에 대한 판단에 어떻게 영향을 줄 수 있는지가 설
명된다. 칸트의 실천철학은 현실과 괴리된 것도 아니고, 비역사적인
것도 아니다. 다만 이것 하나만은 확고히 해 둘 필요가 있다: 그것은
바로 삶의 현실은 판단과 행위의 재료를 주지만, 실제적인 규정근거
는 — 자유에 기반을 둔 자기결정은 — 절대적인 것으로서 현실의 구
체적 형태들에 내맡기지는 않는다는 것이다. 이것은 법에서도 마찬가
지다: 법을 결코 사실성에 제한해서는 안 된다. 그 반대로 할 필요가
있다: 행위의 근거규정은 행위를 통해서 현실을 변화시킨다. 법은 그
자체가 자유의 형성원리이다: 그것은 그런 본성을 지닌 많은 개인들
의 공존을 가능하게 한다. 칸트의 말로 하면: "법은 (…) 한 사람의 자
의와 다른 사람의 자의가 자유의 보편법칙에 따라 서로 조화될 수 있
는 조건들의 총괄 개념이다."[31] 이 조건들은 가령 넓은 의미의 점유와
같이 주관적인 법지위들에만 있는 것은 아니다. 그 밖에도 이것은 많
은 개인들을 한 국민으로 하나가 되게 하는 국가의 제정된 형태 안에
도 존재한다. 칸트가 섬비유에서 시민 사회와 섬에 거주하는 국가에
대해서 거론할 때에는 이러한 자유롭고 자립적인 시민들의 법치국가

---

29 Grundlegung zur Metaphysik der Sitten, Werke Bd. 6, 51면(B A 52), Anmerkung
   참조.
30 해석하는 식으로 설명하는 것은 E. A. Wolff, Die Abgrenzung von Kriminalun-
   recht zu anderen Unrechtsformen, in: *Hassemer* (편), Strafrechtspolitik, 1987,
   137면 이하(162면 이하) 참조.
31 Einleitung in die Rechtslehre, § B, 337면(A 33/ B 33).

의 구체적인 형태를 말하는 것이다.

3. a) 불법과 형벌에 대한 파악은, 그 전에 먼저 일반적으로 법과 개개 인격의 법지위가 파악되었을 때에만 가능하다. 이러한 법에 대한 일차적인 접근에서 인격들은 각기 자유의 방식으로 서로 연결된 것으로 생각되었다. 이것으로부터 법제도인 형벌은 여기서는 아직 사념상의 장소가 없다는 결론이 나온다. 오히려 추가적인 단계가 더 필요한데, 이것도 섬비유에서 거론되었다: 즉 범죄가 발생해야 하는 것이다. 섬비유 앞에 있는 E장의 본문은 범죄에 대한 비유들에서 살인의 극단으로까지 고조되었고, 살인은 범죄에 대한 예시로서 개념을 자세히 확립하지 않고 단지 직관으로는 적합하다. 그러나 더 나아가서 범죄를 일반적으로 어떻게 규정해야 하는가는 해석학적으로 해명되어야 할 필요가 있는데,[32] 칸트는 형법에 대한 논평을 ― 그의 서문에서 한 통고에 따라 ― 매우 느슨하게 법의 일반 규정들과 연결시키고 있기 때문이다. 하지만 이것은 말할 수 있다: 범죄는 법위반으로서, 한편으로는 타인과의 자유 및 평등관계에 대한 중대한 침해이며, 말하자면 범죄자가 타인에 대한 이 관계를 현실에서 중단하고 스스로 관계에 적응하는 것이 아니라, 이 관계를 지배하는 것이다. 그런데 다른 한편으로는 이러한 자유의 관계는 국가에서 보편적으로 보장되었고 법적으로 확정되었기 때문에 그래서 개개 인격의 침해를 넘어서 피해자의 법지위에 대한 일반적인 보장도 문제가 되는 것이다. 따라서 범죄행위는 개인적인 동시에 일반적인 의미가 있으며, 범죄행위는 이러한 특별한 의미에서 법평화에 대한 교란이다.[33]

---

[32] 이에 관해서는 Naucke, Die Reichweite des Vergeltungsstrafrechts bei Kant, Schleswig-Holsteinische Anzeigen 1964, 203면 이하와 Schild (주 6), 많은 참고문헌이 제시된 838면 이하. 전체맥락에 관해서는 특히 E. A. Wolff (주 30), 194면 이하 참조.

그렇지만 불법행위도 법의 영역에서는 행위인데, 이 행위는 사실
로서 타인에게 영향을 미치는 일반 기준을 충족하기 때문이다(§ B 참
조).[34] 하지만 이 행위는 타인의 인격을 그의 자유에서 존중하라고 명
령하는 법의 이성과 합치되지 않는다(§ C). 이것은 범죄자의 영역에
직접적으로 영향이 되미치며, 범죄자는 범죄행위 이전에 동등한 법인
격체로서 간주되어야 하지만, 동등한 법인격체에 의하면 — 그가 미
성숙하거나, 정신병자가 아니라는 점 등을 전제하면 — 법평화에 대
한 교란의 장본인인 것이다.

b) 이 지점에서 칸트에게 있어 엄숙주의가 나타나는데, 이 엄숙성
이 그의 사고와 전체적으로 일관된 것인가 또는 이것이 그의 철학, 특
히 구체적인 자유에 대한 그의 법철학의 기본입장을 통해서 풀어질
수 없는가를 철저히 검토해 보아야 할 것이다;[35] 이러한 해석에 대한
지시는 섬비유 그 자체에 있지만, 섬비유는 매우 완고해 보인다.

칸트는 E장의 바로 도입부문에서, 범죄는 이를 범한 자를 국민이
될 수 없도록 한다라고 쓰고 있다. 이것은 뒤따라 나오는 언급에서 계
속되고, 범죄자는 이 행위에 대한 국가의 판결에 따라서 노예신분이
될 수도 있다.[36] 하지만 벌써 '형법의 개념 설명을 위한 부언'[37]에서도

33 MdS, 452면(A 196 B 226) 참조: 범죄로 인하여 "단지 개개 인격체가 아니라
    공동체가 (…) 위태롭게" 된다고 한다. — 또한 *Klesczewski*, Kants Ausdiffer-
    enzierung des Gerechtigkeitsbegriffs als Leitfaden der Unterscheidung von
    Unrechtsformen, ARSP-Beiheft Bd. 66 (1997), 77면 이하의 고찰도 참조.
34 쉴트*Schild*는 전혀 다르게 보는데, 그에 의하면 법적 반응인 형벌로 인해서 비
    로소 범행이 법행위로 된다고 한다(주 16, 841면 이하). 그렇지만 이것은 행위
    의 현실인 '불법'에 대해 행위자와 피해자 모두에게 타당하지 않는 것이다.
35 이러한 추가적인 해석은, 항상 이런 해석이 행해지는 것은 아니지만, 칸트의
    형법론에 관한 문헌에서는 필요해 보인다; 이에 대한 입증은 *Schild* (주 16),
    338면과 각주 17 참조; *Enderlein*, Die Begründung der Strafe bei Kant,
    Kant-Studien Bd. 76, 1985, 303면 이하도 참조.
36 MdS, 452면(A 195/ B 225); 455면(A 199/ 229).
37 MdS, 480면 이하, 487면 이하(B 159 이하, 170-172). 칸트는 여기서 보트벡

칸트는 자신이 수긍하는 생각을 제시하며 (그리고 교만하지 않게) '휜 목재'[38]에 관해서 언급하였는데, 이것으로 인간이 만들어졌다는 것이다: 말하자면 **법적인 이유**에서 범죄자의 인격성 안에서의 인간성이 (또한) 참작될 필요가 있는가라는 것이다. 이 부분에 대한 언급에서 칸트는 형벌을 통하여 국민으로서의 피고인의 존엄이 '특수한 경우에는 적어도' 유보되어 있다고 적고 있다.[39]

이것을 추가적으로 칸트 법철학의 전체 구조 속으로 정돈해 본다면 그것으로부터 바로, 행위자가 행위를 통하여 초래한 입장의 다소 관대한 고찰이 필연적으로 나오게 된다: 그것은 법의 공동입법자로서 행위자는 그가 국민으로서 현실을 부여한 시민 상태의 통일체에 관여한다는 것을 말한다. 그를 받아들인 이러한 관계가 개별적인 불법행위로 인하여 완전히 끊어질 수는 없는 것이다. 형벌은 오로지 법원에 의해서만 선고될 수 있으며(poena forensia, 법원에 의한 형벌), 공정해야 한다는 것을 달리는 설명할 수가 없다.[40]

그렇지만 이것은 먼저 행위자가 스스로 야기한 상황에 대한 정확한 해석일 뿐이다; 행위자에게 부과되는 제재는 검토되지도 않았고 근거가 밝혀지지도 않았다. 여기서도 칸트는 섬비유에서의 사고를 살인자에게 사형을 요구함으로써 극단으로 몰고 간다.

범죄에 대한 적절한 반응과 그 근거지움의 일반적 문제는 먼저 대안들을 통해서 할 수 있다. 범죄에 대해서 일반적으로 반응하지 않는

Bouterwek이 〈Göttingischen Anzeigen von gelehrten Sachen〉에서 한 자신의 책에 대한 서평에 반응하고 있다.

38 Die Religion innerhalb der Grenzen der bloßen Vernunft, Werke Bd. 7, 760면(B 141/ A 133).

39 MdS, 487면(B 171), Anmerkung.

40 *Schild* (주 16), 842면도 참조, 이에 대해서는 사유적인 토대는 다르지만 앞의 주 34 참조.

것은 있을 수 없는 일이다; 만약 그렇게 한다면 법공동체는 그전에 존
재하는 법평화를 사실은 보장하지 않겠다는 것을 표명하는 것이 될
것이다. 범죄에 대한 복수는 실천이성과 합치될 수 없는 단순한 감정
적 반응일 것이다. 그 밖에도 범죄를 그저 범죄자와 피해자 간에 일어
난 사건으로만 취급하며 두 관여자에게만 이 관계를 새로이 규정하라
고 맡기는 것도 있을 수 없는 일이다. 왜냐하면 그것은 범죄는 사유적
으로만 존재하는 두-당사자-관계를 교란시키고 민법의 손해배상에
서 그런 것처럼 조정관계로 변화시키는 것이 아니라는 점을 간과하는
것이기 때문이다. 범죄는 앞서 성격규정한 의미의 법평화에 대한 교
란이다; 범죄에 대한 반응은 (반드시 뒤따라야만 하고) 바로 법평화의
교란에 대한 모든 요소를 담고 있어야 하며, 그래서 범죄의 장본인
을 범행이 침범한 법평화의 일반적인 차원과 같이 고려해야 하는 것
이다.

이것으로 반응은 성격규정되었지만, 아직 그 근거는 제시되지 않
았다. 칸트는 이를 해석학적으로 해명 가능한 방식으로 하는데 한 곳
에서는 불완전하기도 하다.

근거지움의 출발점은 범죄자가 범행을 통해 야기하여 실증한 자기
모순이다: "네가 국민 가운데 타인에게 죄도 없는데 어떤 해악을 가한
다면 너는 그것을 네 스스로에게 가하는 것이다."[41] 이러한 자기모순
은 행위자의 도덕성뿐 아니라, 이러한 행위의 합법성에도 중요하다:
이러한 행위를 함으로써 외적인 법률을 위반하며, 행위자 자신은 이
법률을 공동으로 만들었기 때문에 그래서 그것은 행위자와 타인(피해
자)에게 유효한 것이다.

근거지움을 위한 둘째의 사유적 출발점은 범행을 통하여 야기된 반

---

41 MdS, Allgemeine Anmerkung, 453면 이하(A 197/ B 227).

응에 대한 욕구이며, 이 반응은 우선은 사실적 행위로서만 본다. 그러
한 것으로서의 반응은 인간의 모든 행위와 같이 그것이 실천-이성적
인가, 즉 좋은 것인가를 물을 수 있다. 칸트는 형벌에 관한 이 문제를
불법행위에 대한 반응으로서 **도덕적** 방식으로 답하고 있다:[42] 즉 형법
은 정언명령이라고 그는 분명하게 말한다. 이것으로 칸트가 생각하는
것은 형법과 형벌 자체는 정언명령에 의해서 행위로 요구되는 것이라
고 할 수 있는데, 정언명령은 오직 하나뿐이기 때문이다.[43] 그러므로
형법은 (범행을 응보하는) 준칙이며, 이 준칙은 보편법칙으로 고양되고
개별 사건에서 법원에 의하여 선고될 수 있다. 국가의 관계에서도 이
러한 방식으로 정언명령으로써 밀고 나가는 권능은 칸트가 국가의 3
권 또한 실천이성의 형태로부터 도출하는 데서도 드러난다.[44] 이제 법
의 영역에서 이러한 진행의 근거는 당연히 **법적** 근거이어야 한다. 그
러나 칸트 자신은 말하기를 가벌성의 논거는 도덕적('quia peccatum
est, 죄를 범했기 때문')[45]인 것으로서, 형벌의 정의는 반응을 응보에 제
한하는 것이라는 의견인데, 그렇게 함으로써 어느 누구도 그가 범한
것 보다 더 많이 당하지 않기 때문이라고 한다. 이 논증과정 속에는 사
형의 결과도 부득이하게 들어 있다.[46]

42　이는 문헌에서 이미 여러 차례 — 그러나 이 논문에서와 같은 항상 동일한 해
　　석의 연장선상에서는 아니지만 — 비판적으로 언급하였다. *Enderlein*(주 35)
　　의 문헌 참조.
43　이에 대해서는 *Dyroff*, Zu Kants Strafrechtstheorie, Archiv für Rechts- und
　　Wirtschaftsphilosophie, Bd. 17 (1924), 351면 이하도 참조.
44　MdS, § 45(A 164, 165/ B 194, 195) 참조.
45　MdS, 487면(Anhang erläuternder Bemerkungen zu den metaphysischen
　　Anfangsgründen der Rechtslehre), Anm. (B 171) 참조.
46　*Ebbinghaus*, Die Strafen für Tötung eines Menschen nach Prinzipien einer
　　Rechtsphilosophie der Freiheit, Kantstudien — Ergänzungshefte, Heft 94, 1968,
　　특히 26면 이하 참조; 동저자, Das Problem der Todesstrafe, Studium Generale
　　1955, 611면 이하 — *Oberer*, Über einige Begründungsaspekte der Kantichen
　　Strafrechtslehre, in: *Reinhardt Brandt* (편) (주 19, 399면 이하, 414면 이하)는 사

하지만 각기 행하는 반응의 **기준**을 정하는 데서[47] 칸트 스스로 인식하였던 어려움이 사고과정의 이 지점에서는 아직 완전히 해명되지 않았다는 것만 보여주는 것은 아니다; 아직 범죄와 반응의 근본관계도 완전히 규정되지 않은 것 같다. 칸트와 더불어 분명한 것은 먼저 법적 효과인 형벌은 (예컨대 형벌욕구와 같은) 경험에서 도출될 수는 없으며, 실천적인 행동의 모든 근거와 같이 모든 경험에 앞서 정당화되어야 한다는 것이다: "모든 법명제는 선험적 명제인데, 그것은 이성법칙이기 때문이다."[48] 그다음에 남은 문제는 범죄에 형벌이 뒤따라야 한다는 명제를 어떻게 정당화시키는가 하는 것이다. 칸트는 설명한 바대로 이러한 관계의 근거를 확립하는 것을 정언명령을 통해서 하고 있다. 하지만 이것이 **법적인** 행위에 대한 근거의 제시로서 설득력이 있는지는 의문이다. 범죄행위에 대한 반응을 정언명령을 통하여 도덕적으로 그 근거를 밝히는 것은 불가피하게 행위자에 대해 실천적으로-무한의 판결을 초래하며, 이것으로 행위자는 법인격으로서 근거지움의 관계 속으로 더 이상 수용되지 못하고 있다; 행위자의 법인격성은 말하자면 타인의 행위에 대해 이러한 방식으로 없어져 버리는 것이다. 이렇게 한다면 어려움 없이 칸트가 명확하게 표현한 결론(시민이 될 수 없음; 사형; 무기한으로 노예상태로 처함)에도 도달한다.

이러한 근거지움의 방식은, 칸트와 더불어 스스로, 법적-실천이성에 의하여 도출된 법칙들은 단지 타인들의 법지위처럼 한 사람의 **법지위**를 대상으로 하고 있다는 것을 깨닫는다면 수정된다. 그러면 법파

형에서 칸트의 오류를 형식상의 동해보복을 실질적인 동해보복으로 착오한데 있다고 본다. 하지만 형식상의 도덕적 동해보복은 결론에 이를 수는 있을 것이다.
47 이 기준의 문제점에 관하여는 *Höffe* (주 19), 367면 이하도 참조.
48 MdS, § 6, 358면(A B 63).

괴는 여하튼 기준에 따라서는 타인의 도덕적인 인격에 대처함으로서 상쇄되는 것이 아니라,[49] 반응을 통하여 **법**인격성을 겨눔으로써 상쇄되는 것이다. 이것으로 한편으로는 법을 삶 속에서 실현된 자유로 보는 철학에 의하면 사형은 정당화될 수 없다는 것이 확실한데, 사형은 모든 법관계의 근본조건을 파괴하기 때문이다. 다른 한편으로도 분명한 것은 반응에 대한 출발점으로서는 오로지 인격의 외적인 법지위만 고려되며, 그것은 (신체형과 강제노동의 금지 등과 같은 부가적인 전개를 함께 고려하여) 역사적으로 발전된 것이라는 것이다.

　물론 형벌의 행위실행에 대한 근거는 아직 더 지정될 필요는 있다. 범죄행위에는 상쇄하는 반응인 형벌이 반드시 따라야 한다는 것은, 범행 그 자체로써 이미 완전히 증명된 것이 아니다. 모든 법과 결부된 강제하는 권능과는 달리 형벌은 분석적인 판단을 근거로 하여 침해된 법으로부터도 추론될 수는 없는데,[50] 형벌은 바로 단순한 대항적 강제가 아니라 (일반적인 법평화교란의 상쇄에 대한) 추가적인 요구와 결부된 것이기 때문이다. 칸트 자신도 기술하는 바와 같이, 이것은 오로지 국가에서만 행해질 수 있으며 따라서 오로지 정의의 형태 하에서만 행해질 수 있다.[51] 그렇지만 이것으로 행위의 실행 '형벌'의 근거가 충분히 밝혀졌는지는 의문이다. 법적-실천이성은[52] 범죄에 대한 법적인 반응을 (언급한 이유들에서) 요구함으로써 확장된다. 법적-실천이성은 반응 속에서 처벌받는 자의 법인격성을 통합한다. 따라서 칸트

49　이는 예컨대 *Enderlein* (주 35), 많은 참고문헌과 함께 304면.

50　MdS, Einleitung in die Rechtslehre, § D, 338면 이하(A B 35).

51　MdS, § 41, 422면 이하(A 154/ B 154, 155); 이에 관하여는 *Köhler*, Iustitia distributiva (주 22).

52　이는 *Kant*, MdS, 364면(A B 71)에 있는 표현이다 ― 그러므로 의문의 여지가 있는 것은, 형벌은 순전한 법개념에서는 전혀 도출될 수 없으며, 오히려 실천적인 원론의 영역에서 법 속으로 비로소 가져와야 한다는 것이다(이것은 *Oberer*), (주 46), 399면 이하(403면).

에 의하면 형벌이 (일반적으로 고찰하여) 선험적 종합 법명제가 아닌가
를 검토하여야 할 것이다.[53]

c) 이제 형벌의 방법은 섬비유에서 주목을 끄는 유일한 엄격주의가
아니다. 공동체가 해체된다고 해도 형벌은 마땅히 선고 되고 집행도
되어야 하는 것이다. 칸트는 비유의 과격성을 형벌의 근거와 기준에
대한 자신의 견해를 명확하게 하기 위해서 어느 정도 확신을 가지고
의도적으로 극단으로까지 몰고 갔으며, 그것도 행위에 해당하는 것
(살인죄)뿐 아니라 형벌의 방법 (사형) 및 행위가 발생하고 지금은 해
체 전에 있는 국가의 상황까지도 말이다. 이러한 극단의 역장力場에서
는 시선이 이 마지막 지점과 관련하여 쉽게 국가의 해체에 고정되어
있는데, 이 해체 속에 비유의 비범함이 있기 때문이다. 그러나 시선을
먼저 이 해체에 고정한다고 해도 비유는 — 앞서도 이미 언급한 바와
같이 — 생산적인 것이다. 왜냐하면 개선 내지 이른바 일반예방의 목
적지향적인 형벌은 (사형은 여기서 완전히 논외로 하고) 어쨌든 사념적인
이 점에서는 더 이상 형벌이 될 수 없음을 보여주는데, 구체적인 공동
체는 바로 지금 해체되기 때문이다. 그렇지만 또 칸트처럼 형벌을 행
위에 대한 응보로 파악한다고 해도 완전한 해체 이전의 이 시점에서
형벌의 집행은, 불편한 것은 신속히 처리해 버려야 한다는 식의 추상
적인 이유가 있다.

어쨌든 — 마지막의 이 문제는 — 문헌에 나오는 지적이 유용하
다:[54] 해체하면서 처벌하지 않는 공동체는 "정의의 공적 침해에 대한
공법으로 간주될 수 있다"고 칸트는 말한다. 각 개인들은 존재하는 다
른 공동체에 일반적으로 다시 들어가야 하기 때문에 법원칙의 준수에

---

53 이에 관하여는 *Kant*, MdS, § 6, 358면 이하(A B 63)에 있는 설명 참조.
54 E. A. *Wolff*, Das neuere Verständnis (주 3), 827면과 각주 86.

서 그 자체로 모순을 새로운 이 공동체 속으로 가져가는 것이 될 것이다. 그렇지만 추가로 한 가지 더 거론해야 할 점은 칸트의 섬비유의 잠재력은 아직 더 분석할 필요가 있다는 것이다. 형벌은 공동체가 해체되기 **전에** 집행되어야 한다. 이 지점에서 사념상의 맥락은 더 이상 시간적인 맥락으로 이해해서는 안 되고(해체 이전의 형벌), 논리적인 맥락으로(존재하는 공동체에서의 형벌로) 이해해야 할 것이다. 이렇게 한다면 비유의 다른 극단성도 해결될 수 있고, 살인죄가 아니라 절도죄에 대해서도 말할 수 있으며, 사형이 아니라 자유형이나 벌금형에 관하여도 말할 수 있고, 이러한 국가의 관계는 형벌에 대해서 어떠한 의미를 갖는가라는 질문을 전체적으로 제기할 수 있는 것이다.

이렇게 문제를 제기해 본다면 칸트 법철학에 관하여 이미 언급한 몇 가지 요소들을 전체 그림 속으로 아우를 수 있다. 범죄자는 행위 이전에 국가의 공동체, 즉 법의 법칙 하에서 인간들의 결사체에 속하며, 법의 법칙에는 형법도 해당된다.[55] (또한 칸트는 국가를 결코 세계국가로 생각하는 것이 아니라, 바로 섬비유에서 보여 주고 있듯이 세계에 존재하는 각각의 많은 구체적인 연합으로 생각한다). 책임을 져야 하는 불법을 통해 행위자는 이러한 법평화의 관계를 일정한 범위에서 해체시키는데, 이 법평화의 관계가 행위자 자신에게 법지위를 최종적으로 부여하지는 않았다. 범죄자는 말하자면 법률의 보호 밖에 있는 것이 아니라는 점을 이미 앞에서 보여주었다. 그는 여전히 법원칙에 따라서 취급되어야 하는 것이다. 이것은 범죄에 부여된 형벌은 공정해야 하며, 사인이 아닌 오로지 법원에 의해서만 확정되어야 한다는 것에서도 잘 드러난다.[56] 그래서 범죄자는 바로 법지위가 모두 상실되는 것이 아니라, 그

55 MdS, § 45, 431면(A 164/165, B 194/195).
56 MdS, Allgemeine Anmerkung, 453면 이하(A 196 이하/ B 226 이하).

지위는 단지 저하되어야 하는 것임을 알 수 있으며,[57] 이것은 행형에
서 관계의 형태에 매우 직접적인 영향을 준다.[58] 그러므로 형의 집행
중에도 범죄자와 법공동체의 관계는 해체되지 않는 것이다.[59]

따라서 섬비유의 이러한 해석으로부터 외견상으로만 모순적인 방
식으로 보통 상징으로서의 섬비유에서 추측되는 것의 정반대가 입증
된다. 법제도인 형벌에는 처벌하는 법공동체와 처벌받는 자 간에 형
벌을 절제하는 지속적인 관계가 내재해 있다. 이것을 통하여 형집행
의 끝이 어떠한 모습이어야 하는가도 분명해진다: 바로 범죄행위는
속죄되었고, 범죄자는 법공동체와 화해하였다. 범죄행위는 일반적으
로 청산된 것이다.

---

57 이에 관해서는 *Köhler*, Strafrecht Allgemeiner Teil, Kap. 1, 44면 이하; 동저자,
Der Begriff der Strafe, 1986, passim도 참조.
58 *Eberle*, Kants Straftheorie in ihrer Bedeutung für die Entwicklung einer Theorie
der Straffälligenpädagogik, Kant-Studien Bd. 76 (1985), 90면 이하 참조.
59 이 연구의 발표에 대한 논평과 토론에서 — 일반예방론의 추종자인 — 에버
하트 슈미트호이저*Eberhard Schmidhäuser*는 한 견해를 기술하였는데, 이것을 그
는 에른스트 아마데우스 볼프*E. A. Wolff*의 기념논문집에 실린, 형벌과 일반예
방에 관한 논문 (주 13), 443면 이하에서 별도로 상술하고 있다: 소위 절대적
이론에서 형벌은 완전한 무목적성 때문에 마치 기독교의 세례와 유사한 의
식으로 된다. 그렇지만 이것에 대해서는, 어쨌든 칸트에게서는 법에서도, 불
법에서도, 형벌에서도 임의로 초월성으로까지 높이는 오로지 예지에서의
과정에 관한 것이 아니라는 반론을 제기할 필요가 있다. 법과 불법이 (단지
인간의 축제와 애도의 날만이 아니라) 인간의 삶의 현실을 각인하는 것처럼,
형벌 또한 법적으로 형성된 삶의 현실로, 특히 형벌에 관여한 모두를 위하여
통합된 것이다. 형벌이 만약 단순한 의식이라면 (칸트에 의한다면) 불법일
것이다. — 또 쉴트(*Schild*, 주 13)의 경우에 불법행위를 비현실적으로 보고 형
벌을 단순히 처벌가능성을 위한 상징으로 만든다면, 법과 불법 그리고 형벌
의 관계는 (칸트에 대한 해석에 매우 근접해 있음에도 불구하고) 결국은 없
어지게 된다.

V.

이 글은 칸트 법철학의 현재성에 대해서 묻고 있다. 그래서 결론적으로 세 가지 핵심 내용을 명제식으로 거명하고자 하는데, 이것은 분석한 섬비유의 해석에서 나오는 것이다.

1. 서술한 국가와 형벌의 관계는 정돈된 국가의 존재를 전제하며, 이 속에서 시민은 국가와 그 법률의 제정에 완전한 관계에서 관여하고 있다. 법제정이 주로 행정 조직으로 이루어진 유럽연합의 현상태에서는 연맹 그 자체를 통하여 고유한 국가권력을 요구하는 것은 불가능하다.[60]

2. 구동독이 그랬던 것과 같이, 주권 국가의 해체는 그 국가 또는 그 간부들에 대하여 국가가 스스로 요구할 수 없었던 형벌권을 소급하여 요구할 수 없다; 이것은, 바로 섬비유에서 묘사한 바와 같이, 오로지 구동독 국민 자신만이 할 수 있을 것이다.[61]

3. 처벌하는 자와 처벌받는 자의 존재하는 관계는 현재 대부분 완전히 시야에서 놓치고 있다. 이 관계를 다시 상기하는 것은, 형벌에서 그 기준을 잃지 않으며, 그러나 모든 판결해야 하는 범죄행위가 인간, 더 정확하게는 같은 인간의 범행이어서 우리 모두 속에 내포된 가능

---

60 인종학살과 같은 행위에서는 국제형사법원을 설립하는 방법을 수용할 수도 있을 것이고, 무엇보다도 국제형사법원이 모두에게 공정하게 행위할 수 있으며 정치세력의 계산에 조종되지 않는다는 것이 보장되어야 할 것이다.

61 여기서 이의는 수긍이 가는데, 그러면 사실상 이러한 공동체는 결코 해체될 수 없다고 한다. 본문에서 보여준 국가와 형벌의 내적인 맥락으로부터는 그러면 단지 구공동체가 **법행위를 통해서** 이 문제를 해결하여야 한다는(예컨대 (당시 독일 통일협정서에서 했던 것처럼) 사면이나 새로운 공동체에 ― 존재하는 ― 형벌권의 양도를 통한) 것만 도출된다.

성의 표현이라는 더 깊은 인식 때문에도 필요하다. 괴테Goethe는 자신
이 그 범죄를 범하는 것을 상상할 수 없는 범죄는 존재하지 않는다고
했다 한다. 그리고 칸트는 그 유명한 '나는 무엇을 알 수 있는가?, 나
는 무엇을 해야 하는가?, 나는 무엇을 희망해도 좋은가?'라는 철학에
대한 세 가지 질문들을 스스로 한 질문 속에서 통합하였다: 그것은 바
로 '인간이란 무엇인가?'라는 물음이다.[62] 우리는 특히 형법에서 이
물음을 가볍게, 더군다나 가차 없이 답할 수 있는 것처럼 그렇게 해서
는 안 될 것이다.

---

62 *Kant*, Logik, Werke Bd. 6, 417면 이하, 448면(A 25).

§8 "그러나 살인을 했다면 그는 죽어야 한다"
칸트와 형법*

I.

"그러나 살인을 했다면 그는 죽어야 한다". 칸트의 법론[1]에서 인용한 이 문장은 그의 형법론에 대한 극단적인 언명이다. 이 인용문이 보여주는 바와 같이 칸트는 사형이 당시에 실제로 존재하였고 지금도 여전히 지구상의 수많은 나라에서 집행되고 있는 것처럼 법적 형벌 Rechtsstrafe로서 존재한다는 견해다. 이것이 칸트의 형법론과 어떤 관계가 있으며 그리고 — 더 나아가 묻는다면 — 도대체 어떻게 그의 법론과 조화될 수 있는지에 대하여 하나하나 보여줄 것이다. 그러나 칸트와는 전혀 별개로, 형벌권이 일반적으로 존재할 수 있는 것인가에 관한 물음의 사념적 의미를 당연히 먼저 논해야 할 것이다. 그런데 이 물음은 그 불가피함에 비해서 대체로 진지하게 받아들여지지 않는다는 인상을 자주 받게 된다. 그렇지만 인간이 범한 범죄행위 때문에 같은

* 이 글은 Kant-Lektionen, Zur Philosophie Kants und zu Aspekten ihrer Wirkungsgeschichte. *Manfred Kugelstadt* (편), 2008 Königshausen & Neumann, 241-257면에 수록된 것이며, 저자가 2005년 6월 1일 독일 본(Bonn)대학교에서 한 강연 내용을 보완하고 각주를 첨가한 것이다. 내용은 이미 1999년과 2005년에 발표된 저자의 다른 논문(국가와 형벌 — 칸트의 도덕형이상학에 나오는 이른바 '섬비유'에 관한 고찰; Zur Begründung der Gerechtigkeit menschlichen Strafen. In: *Arnold* 외 편, Menschengerechtes Strafrecht. Festschrift für Albin Eser zum 70. Geburtstag. München 2005, 207-220면)에서 행한 숙고와 동일한 연장선상에 있다.

1 *Kant*, Die Metaphysik der Sitten, 1. Teil, Metaphysische Anfangsgründe der Rechtslehre, 제1판 1792, 제2판 1798, AA VI, 203-372면; 본문의 인용은 333면.

인간에게 형벌이라는 강제를 가하는 법은 문자 그대로 면밀하고 정확하게 그 근거가 확립되어야 하며, 이 근거지움은 — 여하튼 근대의 법사상을 가지고 인격들 서로 간의 관계를 자유롭고 동등한 것으로 규정하고, 국가에게 단지 권력의 **독점권** 같은 것을 부여한 것이 아니라 (만약 그렇게 본다면 그것은 강도단체도 가지고 있다),[2] 오로지 법적 강제를 행사할 수 있는 권능만을 부여한 것으로 본다면 — 쉽게 되는 것이 아니다. 그렇지만 법강제Rechtszwang와 특히 형벌강제Strafzwang는 그 근거를 밝혀야 한다. 왜냐하면 형벌 속에는 가령 손해배상채무에서 보다 훨씬 더 많은 것이 표출되기 때문이다. 형벌은 한 인격체의 법적 지위를 저하시키는 것이다[3] — 법은 인격체의 자유를 일반적으로 보장하는 것인데, 어떻게 타인격체들이, 어떻게 법공동체가, 어떻게 국가가 지위를 저하시키는 것을 법제도로서 할 수 있는 권능을 가질 수 있는가? 이러한 문제 제기의 극적인 사유적 긴장감은 너무 쉽게 사라진다; 그 이유는 한편에서는 분명 다분히 감정적 이유에서 비롯되는 형벌의 근거지움으로 이미 해결되었다고 생각하는 데 있으며,[4] 다른 한편으로는 '범죄자들'에 대한 권능의 근거를 밝히는 것은 가볍게 생각해도 된다고 믿는 데 있다고 할 수 있다. 이 양자는 바로 지금도 (필자가 주장하는 바와 같이) 자유에 기반을 둔 법의 근거지움과 내적 관련을 갖는 형법의 근거지움이라는 말을 꺼내기 어렵게 만드는 이유가 된다.

이것으로 칸트와의 연결이 이루어졌다. 그렇지만 앞서 언급한 근거

---

2 아우구스티누스의 유명한 말은: "국가에 정의가 빠져 있다면 큰 강도단체와 무엇이 다르겠는가", *Augustinus*: Vom Gottestaat. *Wilhelm Thimme* (역). Band 1 (Buch 1-10). München 1977, 4. Buch, 4. Kapitel 참조.

3 이에 관해서는 *Köhler*, Der Begriff der Strafe. Heidelberg 1986, 특히 50면 이하.

4 이것은 원칙상 (좁은 의미의) 형벌학에서 주장되는 소위 예방이론 모두에 적용되는 것이며, 예방이론에서는 형벌을 가지고 추구하는 목적이 형벌의 근거라고 오인하고 있다. 예컨대 *Roxin*, Strafrecht. Allgemeiner Teil, Band 1, 1997, § 3 난외번호 1 이하 참조.

지움의 어려움은 가령 단순히 칸트의 말을 따르는 것으로 해결되지 않
는다. 오히려 아직 더 많은 사유적 작업이 행해져야 한다. 왜 그럴까?
형벌에 관하여 성찰한 칸트의 언명은 이 글의 제목에서 인용한
1797/1798년의 법론에서만 볼 수 있는 것은 아니다. 그 예로는 〈실
천이성비판〉의 한 구절[5]과 〈서간집Briefwerk〉의 한 군데[6]를 들 수 있다.
그렇지만 〈도덕형이상학〉은 법철학의 대표작이다; 여기에 들어 있는
법과 형벌에 대한 언명은 칸트가 최종적으로 가졌던 생각으로 보아야
하고, 모든 해석의 기초이자 출발점이 된다. 하지만 이것으로 벌써 첫
단계의 어려움이 시작된다. 왜냐하면 〈도덕형이상학〉은 칸트가 아주
오랫동안 연구를 한 것이지만, 그 최종 출간은 ― 예컨대 프리드리히
파울젠Friedrich Paulsen이 칸트에 관한 그의 책에서 말한 바와 같이 ― 소
위 칸트의 노쇠의 시기에 속하는 그의 만년작이기 때문이다.[7] 이런 이
유로 오랫동안 이 저작을 진지하게 받아들이지 않았고, 해석상 소홀
히 하여도 된다는 결론을 내렸던 것이다. 그러나 덧붙여 언급해 두어
야 할 것은 ― 칼 로젠크란쯔Karl Rosenkranz의 보고문에 의하면[8] ― 헤
겔Hegel은 프랑크푸르트 시절에 칸트의 이 저작을 집중적으로 연구하
고 발췌초록도 만들었다는 것이다. 이 사본은 안타깝게도 분실되었
다.[9] 그렇지만 그 외에는 오랫동안 관심을 끌지 못하였고, 약 30년 전

---

5 AA V, 37면.
6 *Johann Benjamin Erhard*에게 보낸 1792년 12월 21일자 편지, AA XI, 398면 이하.
7 *Paulsen*, Immanuel Kant. Sein Leben und seine Lehre. Stuttgart 1898, 339면. 이에 관
   해서도 Zaczyk, Staat und Strafe ― Bemerkungen zum sogenannten ‚Inselbeispiel'
   in Kants Metaphysik der Sitten. In: *Landwehr* (편), Freiheit, Gleichheit,
   Selbständigkeit. Zur Aktualität der Rechtsphilosophie Kants für die Gerechtigkeit
   in der modernen Gesellschaft. Göttingen 1999, 74면 이하(한국어 번역은 이 책
   의 §7) 참조.
8 *Rosenkranz*, Georg Wilhelm Friedrich Hegels Leben. Nachdruck der Ausgabe
   Berlin 1844. Darmstadt 1977/1988, 86면 이하.
9 이에 대해서는 *Henrich*의 보고문, Auf der Suche nach dem verlorenen Hegel.

부터야 비로소 여기에 변화가 나타났다. 〈도덕형이상학〉은 철학적인
대작으로 인정되었으며, 이에 관한 많은 해석학적 노력이 이루어졌
다.[10] 이 글에서는 이러한 노력에 대한 성과의 한 부분을 소개하려고
한다.

그러나 여기서 둘째 단계의 어려움이 나타난다. 그것은 바로 해석
의 범위가 광대하다는 것이다. 칸트의 법론은 자유의 사상으로부터
법의 근거를 확립하는 것이다. 칸트의 전 철학은 인간의 자유의 철학
으로 이해되고, 그렇게 해야만 이해할 수 있다. 디터 헨리히*Dieter
Henrich*는 '칸트의 철학관에 관하여'라는 논문에서 자유가 사유에 대하
여 갖는 지위를 이렇게 표현하였다: "사유의 길은 자유로 향한 발전이
며, 자유로부터 나오는 발전인 동시에 자유 속에서의 발전이기도 하

In: Zeitschrift für philosophische Forschung 35 (1981), 585-591면.
10 이를 입증하는 것으로는 예컨대 O. *Höffe* (편), Immanuel Kant, Metaphysiche
Anfangsgründe der Rechtslehre. Klassiker auslegen Band 19. Berlin 1999, 296면
이하; 그 외에도 최근의 연구문헌에 관한 소개는 *Klippel*, Kant und Kontext.
Der naturrechtliche Diskurs um 1800. In: Jahrbuch des historischen Kollegs.
München 2001, 77-107면; *Rückert*, Kant-Rezeption in juristischer und polit-
ischer Theorie (Naturrecht, Rechtsphilosophie, Staatslehre, Politik) des 19.
Jahrhunderts. In: *M. P. Thompson*, John Locke und Immanuel Kant. Berlin 1991,
144-215면. 특히 형법의 근거지움에 관한 최근의 연구는 *Becchi*, Vergeltung
und Prävention. In: Archiv für Rechts- und Sozialphilosophie 88 (2002); *Byrd*,
Kant's Theory of Punishment: Deterrence in its Threat, Retribution in its
Execution, Law and Philosophy 8 (1989); *Gierhake*, Begründung des Völker-
strafrechts auf der Grundlage der Kantischen Rechtslehre. Berlin 2005; *Hüning*,
Kants Strafrechtstheorie und das jus talionis. In: *Hüning* 외 (편), Aufklärung
durch Kritik. Festschrift für Manfred Baum zum 65. Geburtstag. Berlin 2004,
333-360면; *Mosbacher*, Kants präventive Stratheorie. In: Archiv für Rechts- und
Sozialphilosophie 90 (2004), 210-223면; *Oberer*, Über einige Begründungs-
aspekte der Kantischen Strafrechtslehre. In: *Brandt* (편), Rechtsphilosophie der
Aufklärung. Berlin/New York 1982, 399-423면; *Zaczyk*, 주 7과 Zur Begründung
der Gerechtigkeit menschlichen Strafens. In: *Arnold* 외 (편), Menschengerechtes
Strafrecht. Festschrift für Albin Eser zum 70. Geburtstag. München 2005,
207-220면도 참조.

다."[11] 〈도덕형이상학〉이 일단 칸트의 철학적 대작이라고 해도 그의 철학의 최종작품은 아니다. 이러한 최종작품은 시간적 관점에서만 보지 말고 1798년에 발간된 〈실용적 관점에서 본 인간학〉이라고 해야 한다는 제안이 있었다.[12] 왜냐하면 이 저작으로 1781년 〈순수이성비판〉으로 시작된 원이 완성되기 때문이다. 칸트는 이 17년간의 저작들을 통해서 그의 유명한 편성에 따라 철학의 근본 문제인 모든 질문에 대한 답을 하였다: 그 질문은 바로 "나는 무엇을 알 수 있는가?" "나는 무엇을 해야 하는가?" "나는 무엇을 희망해도 되는가?"이며 그리고 이것은 하나의 질문에서 모두 모이게 되는 것으로서 "인간이란 무엇인가?"[13]라는 물음이다. 칸트의 사상에 대한 완전한 인상은, 이러한 맥락을 인식하고, 이 맥락 자체를 파악하고, 칸트 사상의 개별적인 부분을 해석할 때에 이 맥락을 유념해야만 얻을 수 있다. 칸트는 〈순수이성비판〉의 저자만이 아니며, 칸트의 정치철학에 관하여 노베르트 힌스케*Norbert Hinske*는 최근 발표한 논문에서 〈순수이성비판〉은 자기 안에서 쉬고 있지는 않다고 적절하게 말하였다.[14] 스페인의 문화철학자 오르떼가 이 가세트*Ortega y Gasset*는 1949년 괴테*Goethe*의 해(괴테 탄생 200주년, 역자 주)를 기념하여 발표한 글의 제목을 (외형적인 행사 같

11　*Henrich*, Zu Kants Begriff der Philosophie. In: Kritik und Metaphysik. Festschrift für Heimsoeth, Berlin 1966, 59면.

12　여기서는 단지 지적하는 것으로만 그칠 수밖에 없는 이 문제와 관련하여서는 *Hinske*, Kant als Herausforderung an die Gegenwart. Freiburg/München 1980, 86면 이하와 Kants Idee der Anthropologie. In: Die Frage nach dem Menschen. Festschrift für Max Müller zum 60. Geburtstag. München 1966, 410-427면; 그 밖에도 *Firla*, Untersuchungen zum Verhältnis von Anthropologie und Moralphilosophie bei Kant. Frankfurt a.M./Bern 1981과 *Pieper*, Ethik als Verhältnis von Moralphilosophie und Anthropologie. In: Kant-Studien 69 (1978), 314-329면 참조.

13　*Logik* (*Jäsche* 편), AA IX, 25면.

14　*Hinske*, Kants Warnung vor dem Wohlfahrtsstaat. In: Die neue Ordnung 58 (2004), 446면.

은 것으로만 괴테를 기념하는 것이 아니라, 역자 주) '내면에서 괴테를 이해
하기를 부탁하며'라고 붙였다. 이 제목을 변형하여 '칸트의 전체'를
이해하기를 한 번 부탁해 본다.

그렇지만 칸트의 철학적 노고와 업적은 당연히 이념 속에서의 원이
아니라, 오랜 작업의 삶에서 완성된 원이다. 이 때문에 그 원은 나름의
조건과 나름의 모습을 가지고 있다. 이제 〈순수이성비판〉의 엄청난
사상적인 무게와 에너지가 마지막까지 칸트 사유의 궤도를 결정했다
는 것에는 의문의 여지가 없을 것이다. 이 저작에 들어 있는 통찰과 구
별, 가령 현상계와 예지계의 구분은 계속해서 나온다. 진부한 말이지
만 한 철학자의 삶에서도 시간은 변하며, 시간이 흐름에 따라 그의 작
업의 대상도 변하고 더불어 자신도 변한다. 〈순수이성비판〉의 특히
셋째 이율배반Antinomie에서 한 자유에 대한 언명은 유명하다.[15] 이것
은 자유의 타당한 사유 가능성을 제시한 것이다. 하지만 이미 〈도덕형
이상학원론〉과 〈실천이성비판〉에서 정언명령은 이성의 사실로 묘사
되고, 이성의 사실은 자유의 인식근거이다.[16] 〈실천이성비판〉 서문의
바로 첫 단락에서 벌써 칸트는 왜 이 비판을 '**순수**실천이성비판'으로
하지 않았는지를 상술한다: "왜냐하면 이성이 순수한 이성으로서 실
제로 실천적이라면, 이성은 자기의 실재성과 자기 개념의 실재성을
행위를 통해서 증명할 것이고, 그럴 가능성에 반하는 모든 궤변은 쓸
데 없기 때문이다."[17] 그리고 나서 칸트는 현상적인 것과 예지적인 것
이 연결된 논거를 제시하는 〈도덕형이상학〉의 법론을 이어간다: 〈도
덕형이상학〉의 여러 곳에서 재삼재사 둥근 지구의 형태를 지적하면
서, 지구의 닫힌 표면 위에서 인간들은 상호 간에 불가피하게 법적 관

---

15 AA III, 308면 이하(B 472 이하/A 444 이하).
16 AA IV, 446면 이하; V, 30면 이하.
17 AA V, 3면.

계를 맺지 않을 수 없다는 인식을 갖게 해 준 사람이 바로 칸트이다.[18]
자신의 소유권론의 한 대목에서, 소유권에서 인간은 외부세계의 한
부분을 자신의 것으로서 가진다고 거의 놀란 듯이 기술하는 사람이
바로 칸트이다.[19] 그리고 자유는 인간의 유일한 **생래적인**(!) 권리라고
말한 사람이 바로 칸트이다.[20] 이러한 배경 위에서 〈도덕형이상학〉
서언Einleitung의 둘째 문장도 읽을 수 있으며, 다음과 같다: "그의 표상
에 따라서 행위 할 수 있는 존재의 능력을 삶이라고 한다."[21] 그리고
이러한 삶이 얼마나 다양하게 여러 인간유형에서 전개되는지를 그는
또 놀랄만한 통찰과 예를 들어서 〈실용적 관점에서 본 인간학〉에서
묘사하고 있다.

칸트를 이러한 배경 위에서 단순히 형식적 자유의 사상가로 폄하하
는 것은, 이런 일이 계속해서 일어났듯이, 사실 이해할 수 없는 것이고
어쩌면 이것으로 헤겔의 칸트 비판을 무비판적으로 받아들이고 있다
는 것이 설명된다. 그러나 이렇게 위대한 정신에 대하여 간략하지만
정확한 진술을 하기 위해서는 얼마나 끈기 있고 성실한 예비 작업이
필요한지를 어쩌면 과소평가한 것이기도 하다.

---

18 예컨대 AA VI, 262면; 311면; 352면.
19 AA VI, 249면: "(...) 비록 내가 점유하는 대상이 여기서 선험적 분석론에서 그
  랬던 것처럼 그 자체 현상으로서가 아니라, 사물 그 자체로 여겨진다고 하더
  라도, 경험적 점유(보유)는 현상적 점유possessio phaenomenon에 지나지 않는다;
  왜냐하면 이것은 거기서는(= 순수이성비판에서는, 역자 주) 이성은 물의 본
  성에 대한 이론인식 및 이성의 도달 가능한 범위와 관련되는 데 비하여, 도덕
  형이상학에서는 자유법칙에 따른 자의의 실천적 규정과 관련되는 것이고,
  대상은 감각 또는 순수오성을 통해서도 인식할 수 있으며, 법은 자유의 법칙
  하에서의 자의의 이러한 순수한 실천 이성개념이기 때문이다."
20 AA VI, 237면.
21 AA VI, 211면.

II.

이 글의 제목에서 인용한 문장은 〈도덕형이상학〉의 §49에 대한 일반 주해Allgemeine Anmerkung에 나온다; 그리고 이 주해는 '시민연합체의 본성에서 나오는 법적 효과에 관하여'라는 표제를 달고 있다.[22] 말하자면 우리는 사념적으로 국가법 속에 들어와 있는 것이며, 이것은 칸트의 형법론 해석 전체에 중요한 의미를 갖게 될 것이다. 그렇지만 우선 그의 법론의 구조를 전체적으로 다시 한 번 상기해 볼 필요가 있다:

이 저작은 도덕형이상학의 개념을 설명하는 서론 부분과 좁은 의미의 법론Rechtslehre 그리고 이와 구분되는 덕론Tugendlehre으로 구성되어 있다. 그다음[23] 법론에 대한 별도의 서문이 이어진다. 이 서문에서 법에 대한 틀이 만들어지고 기초가 놓여졌다; 칸트의 설명은 이 하나만으로도 단행본의 내용을 채울 정도로 아주 농축된 것이다.[24] 이 서문 다음에는 서로 관련되고 서로 보완하는 두 부분이 따른다: 그것은 이른바 사법과 공법이다.[25] 가령 홉스Hobbes의 법철학 전통과 비교해본다면 칸트는 여기서 먼저 인간을 고립된 자연상태 속에서 규정하고 (이것은 사법이 될 것이다), 이 상태로부터 인간은 — 홉스에서처럼 —

---

22 AA VI, 331면 이하.

23 이 언급은 학술원Academie 판이 입각하고 있는 제2판(1798)의 원판을 따른 것이다. 베른트 루드비히(Bernd Ludwig (편), Immanuel Kant, Metaphysische Anfangsgrüde der Rechtslehre. Hamburg, 제2판 1998) 판의 본문의 '수정'을 필자는 따르지 않았다.

24 이 몇 쪽에 담긴 사상을 깊이 숙고해 보는 것만으로도 이것이 이제는 더 이상 믿을 수 없는 것이 되어 버린 노쇠한 노인의 사유능력에서 나온 문장이라는 투의 모든 의혹을 풀어줄 것이다.

25 분명하게 밝혀두기 위하여 언급해 둘 것은 이 개념들은 법학상의 사법과 공법의 개념과 완전히 일치하지 **않는다**는 점이다.

그의 자유를 보장하기 위해 국가상태로 나가는 구도를 따른다고 생각
할 수도 있다.[26] 그렇지만 이런 해석은 칸트의 법론을 매우 단순화시
키는 것이 될 것이다. 홉스에게서도 자연상태는 국가 없는 인간들의
원시상태 같은 것이 아니다; 그에게도 이 자연상태는 아직 법적으로
완전히 구성된 공동체가 존립하지는 않지만, 인간들이 공존하는 관계
에 관하여 사념상 정밀하게 성찰된 이해로 보아야 한다.[27] 그렇지만
칸트에게서 이 상태는 전혀 다른 모습을 취한다. 칸트도 이 상태를
'사**법**'이라고도 부르고 — '법론의 서문Einleitung in die Rechtslehre'에 대한
주에서는 — 자연적인 법의 상태라고 부른다.[28] 이 상태로부터 법인
격으로서의 인간의 근본규정이 나온다. 이러한 사고의 진행방식은 자
유는 모든 인간의 생래적인 권리이기 때문에 각 개인의 생존과 직결
된다는 점에서도 불가피한 것이다. 그러므로 칸트에 의하면 **국가 이전
의**vorstaatliche 존재를 **법 이전의**vorrechtliche 존재라고 말해서는 안 된다. 반
대로 국가에서 — 칸트 자신도 기술하듯이[29] — 사법의 상태에서 원
칙적으로 획득한 권리들과 사법의 상태에서 생각할 수 있는 의무들은
대상에서는 달라지지 않는다; 오히려 이것들은 종전과는 다른, 법적
으로 보장된 상태로 이행하게 된다. 따라서 칸트는 사법에서 인간의
자유에 의거한 현존을 두 방향으로 전개시켜 나간다: 하나는 대상들
인 외부 세계와 인간과의 실천적인-실제 연결이며, 이 대상들을 인간
은 행위를 통해서 자기 것으로 만들 수 있다. 다른 하나인 둘째의 전개

---

26 *Hobbes*, Leviathan oder Stoff, Form und Gewalt eines kirchlichen und bürgerli-
chen Staates, *Fetscher* (편), *Euchner* (역) Frankfurt a. M., Teil 2, 17. Kapitel 참조.
27 이에 관해서는 더 많은 참고문헌과 함께 *Harzer*, Der Naturzustand als
Denkfigur moderner praktischer Vernunft. Zugleich ein Beitrag zur Staats- und
Rechtsphilosophie von Hobbes und Kant. Frankfurt a. M., 1994, 30면 이하
참조.
28 AA VI, 242면.
29 AA VI, 305면 이하(§ 41).

방향은, 바로 내 것과 네 것이라는 상호적인 자유에 관한 것이라는 인
식이 존재하는 한 개개인의 외적 행위 속에는 벌써 법적-실천이성이
법원리로서 구현되어 있다는 성찰에서 나오는 것이다.[30] 법에 대한
근본적인 사유 그리고 법을 "한 사람의 자의가 다른 사람의 자의와 자
유의 보편법칙에 따라 서로 조화될 수 있는 조건의 총괄 개념"[31]으로
서 규정한 것 — 법에 대한 이러한 사상은 벌써 인격체를 연결해주는
사상이다; 이것은 토대에서부터 이미 (사념상으로는 가능한 것인) 고립
된 개별 인격체를 넘어서는 것이다. 그러므로 타인과의 공존은 인격
체로서의 자기존재 속에 이미 생각된 것이다. 하지만 이렇게 규정되
는 공존을 자연상태처럼 사유된 것으로서 해석하는 것은 개개인의 관
점으로 도치시켜 번역하는 것으로서 인격들 간의 상호작용이 법적 상
호작용임을 밝히는 데는 적절하지 않다. 왜냐하면 단순히 타인이라는
자유의 존재를 인지한다는 것은 그 자유의 존재의 현실을 함께 형성
할 수 있다는 것이 아니라, 그 타인 스스로에게 그것을 맡겨야 하는 것
을 의미하기 때문이다. 그런데 그렇게 되면 개인이 갖는 제한적 관점
에서 볼 때 유한한 세계에서 자기행동이 타인의 권리를 침해하는지
아닌지에 관하여 확신을 갖는 것은 불가능하다; 둥근 지구의 형태로
비유하면 근본적으로 하나인 이 세계에 대한 각 개인의 개입은 자기
자신의 권리의 행사일지라도 타인의 권리에 대한 잠재적인 침해가 될
수 있는 문제가 있다. 먼저 보편법칙으로서의 법의 윤곽을 잡고 상호
적인 행위의 영역을 규정하고 나서야 비로소 유효한 확실성을 가지고
행하는 상호작용이 가능하게 된다. 보편법칙으로서의 법은 모든 사람

---

30 예컨대 AA VI, 238면 참조; 〈도덕형이상학〉 제1편의 제목 "Das Privatrecht
    vom äußeren Mein und Dein überhaupt(외적인 나의 것과 너의 것에 관한 사
    법 일반에 관하여)", AA VI, 245면도 참조.
31 AA VI, 230면.

이 공동으로 이룰 수 있는 것이다; 불가능한 것은 이것을 개개인이 후
견적인 지위에서 만드는 규범이라고 생각하는 것이다. 그런데 ― 그
리고 이것은 먼저 형법의 올바른 규정을 위하여 중요한 단계이다 ―
한 사람의 권리가 타인의 권리에 대한 관계에서 어느 정도까지 미칠
수 있는지를 국가 이전의 상태에서 확실하게 말할 수 없는 것이라면,
그 행위가 법의 침해인지 그리고 그 행위가 어느 정도까지 법의 침해
인지가 정확하게 정해지지 않은 행위를 하였다는 이유로 타인을 **처벌
할 수** 있는 법적 권능은 당연히 존재할 수 없다. 형벌은 공동체를, 정
확하게는 법공동체를 전제한다.[32]

　공법의 상태 또는 쉽게 말해 국가상태는 칸트에게서는 민족국가가
아니라, 지상에서 자유가 중심인 공동의 삶의 전제들과 조건들에 터
잡아 전개된 이성국가이다. 국가는 "법의 법칙 하에서 형성된 수많은
인간들의 연합체"이다.[33] 칸트가 말한 바와 같이[34] 법적-실천이성
은 자유를 보존하면서 자유 안에서 공동체를 가능하게 하는 공동체
의 구조를 만들어 주고 이에 대한 인식을 할 수 있도록 이끌어 준다.
여기서 칸트가 제시한 주관적 이성과 법적으로 결합시키는 이성 간
의 동일성은, 예컨대 〈도덕형이상학〉 § 45에서 보여주듯이, 개인의
실천이성의 추론과 국가에서 권력분립의 모습 간의 독창적인 대비에
서 드러난다.[35]

32　예컨대 존 로크*John Locke*처럼 국가 이전으로 근거지워진 형법을 전제하는 경
　　우, 그것은 국가의 이해와 국가들 간의 관계에 이르기까지 광범위한 영향을
　　미친다(Zwei Abhandlungen über die Regierung, *Euchner* (편), *Hoffmann* (역).
　　Frankfurt a. M. 1977, II., 1. Kapitel, § 7).

33　AA VI, 313면(§ 45).

34　예컨대 AA VI, 254면(§ 7) 참조.

35　AA VI, 313면.

Ⅲ.

1. 이제 형벌권에 가까이 다가갈 수 있는 토대가 만들어졌다. 우선 형벌의 근거가 이미 법론의 서문 §D에 마련되었다고 생각할 수도 있을 것이다: "법은 강제하는 권능과 결부되어 있다."[36] 그러나 이것은 너무 성급한 추론이 될 것이다. 이 강제권능으로는 타인들과 실제 다툼이 있는 경우에 법의 관철력만 근거가 제시된 것이다.[37] 내가 어떤 권리를 가지면 나는 이것을 행사할 수 있어야 하며, 내가 이것을 행사하면 나에게 이 행사를 방해하는 사람은 나에게 불법을 행하는 것이다. 그리고 나는 그를 법의 이름으로 그 경계 밖으로 밀어낼 수 있다. 그런데 형벌의 경우에는 인간에게 강제가 부과되지만, 그 강제는 행위의 결과를 결코 없었던 것으로 만들지 못하며 (많은 경우 또 그렇게 할 수도 없다), 강제는 행위 그 자체 때문에 부과되는 것이다. 상해의 사실이나 강도의 사실, 나아가 살인의 사실은 어떤 형벌을 통해서도 그 일을 없었던 것으로 할 수가 없다.

이러한 인식은 벌써 수천 년 전부터 형벌에 관한 생각에 방향을 제시해 왔다. "Nemo prudens punit, quia peccatum est, sed ne peccetur"라고 세네카*Seneca*는 말했으며,[38] 그 자신은 이것을 플라톤 *Platon*의 〈프로타고라스〉에서 인용하였다.[39] 즉 현명한 사람은 누구도

---

36 AA VI, 231면.

37 이에 관해서는 *Köhler*, Zur Begründung des Rechtszwangs im Anschluss an Kant und Fichte. In: *Kahlo/Wolff/Zaczyk* (편), Fichtes Lehre von Rechtsverhältnis. Frankfurt a. M. 1992, 93면 이하도 참조.

38 *Seneca*, De ira/Über den Zorn. In: Philosophische Schriften. *Rosenbach* (편) Band 1. Drmstadt 1995, 1. Buch, XIX/7.

39 *Platon*, Protagoras, In: Werke in 8 Bänden. *Eigler* (편). *Schleiermacher* (역). Band 1. Darmstadt 2001, 83-217면, 324 a; Gesetze, Buch VII-XII. In: Werke (앞과 동

범죄를 저질렀기 때문에 처벌하는 것이 아니라, 더 이상 범죄를 저지르지 않기 하기 위해서 처벌하는 것이다. 특히 이것을 '현대적'이라고 보는 20세기의 형법은 이 문장을 바로 신앙의 교리로 삼았으며, 그것의 정당성에 대해서는 더 생각하지도 않고, 오히려 그 반대로 생각하는 것이야 말로 비학문적이라고 한다.[40] 형벌은 행위자의 개선이든 (이른바 특별예방), 다른 모든 사회구성원이 범죄를 저지르는 것을 방지하기 위한 것이든 (이른바 일반예방) — 이것은 현재의 형법에서도 소위 다수설과 일치하는 것이기도 하다 — 오로지 어떤 목적을 달성하기 위한 수단으로만 생각될 수 있다고 한다. 그러나 목적형벌이란 칸트의 실천철학의 용어로 번역하면 형벌행위가 가언명령에 따르는 것이 된다. 사실 칸트는 그의 〈서간집〉의 한 곳에서 인간이 통치하는 지상의 국가에서 형벌은 가언명령에 지나지 않는다고 하였다.[41] 그러나 이것은 〈도덕형이상학〉 법론의 칸트가 되기 전의 입장이다. 그리고 〈도덕형이상학〉에서 그는 분명하게 입장표명을 한다: 바로 형법은 정언명령이라고 쓰고 있는 것이다.[42] 형법에 대한 칸트의 언명을 이해하고, 이 언명을 그의 법론 속으로 적절하게 정돈하기 위해서는 〈도덕형이상학〉의 국가법 내에서의 그의 입장에 대한 정확한 고찰이 필요하다.

2. 국가법에 관한 일반 주해의 E '형법과 사면법에 관하여'라는 장은 설명이 필요한 문장으로 시작된다: "형법은 신민에게 그의 범죄를 이유로 고통을 부과하는 명령권자의 권리이다."[43] 세 개념 '명령권

　　일한 편역자) Band 8/2, 934 a(11. Buch)도 참조.

40　이러한 견해를 대표하는 것은 *Roxin* (주 4), §3 난외번호 1 이하와 특히 난외번호 8.

41　주 6 참조.

42　AA VI, 331면.

43　AA VI, 331면.

자', '신민', '고통'은 먼저 이것이 어떻게 자유 본위적인 법론과 일치
할 수 있을지 의구심을 갖게 한다. 이것은 맞는 것이지만, 이 개념들은
어느 정도 번역할 필요성이 있다.

명령권자는 칸트의 용어법상 국가의 통치자, 행정부이다.[44] 신민은
신하이지만, 이것은 원칙적으로 국가의 시민인 동시에 주권자의 일부
이자 합일된 국민의 신하인 것이지,[45] 결코 군주의 노예가 아니다. 여
기서 형벌의 개념과 동일시되는 고통 또는 해악의 개념은 더 상세하
게 설명되어야 할 것이다; 칸트는 다른 곳에서 형벌 작용의 성격을 나
타내기 위하여 'malum physicum(물리적 해악)'이라는 라틴어를 사
용하였다.[46] — 형법은 통치권자만의 독점적 권리와 같은 것이 아니
므로 입법자로서의 국민의 의사에서 도출된 것이 아닌 어떤 것이라고
볼 수는 없다. 오히려 칸트는 E장의 첫 시작부분에서 필연적으로 등
장해야 할 다른 국가권력을 사고과정에 추가하였다: 범죄는 아주 특
별한 성격의 공법 위반이다; 그러나 공법의 법률 특히 형법은 오로지
국민의 합일 의사인 입법자에 의해서만 만들어질 수 있다. 형의 선고
는 반드시 법관이 해야 하며('poena forensis', 법원이 선고한 형벌), 그
래서 이것은 행정부 스스로가 하는 것이 아니라, 오로지 법원만이 할
수 있는 것이다.[47]

이것으로 정당한 처벌이 될 조건을 확정해 주는 이성법적 틀이 만

---

44 AA VI, 316면 이하(§§ 48, 49).
45 AA VI, 315면 이하(§ 47).
46 앞의 주 6에서 인용한 에어하르트*Erhard*에게 보낸 편지; 그 밖에도 실천이성
    비판 AA V, 37면('물리적 해악'으로서의 형벌) 참조. — 이에 관해서는 라이
    프니츠*Leibniz*의 malum metaphysicum, malum physicum, malum morale
    (Essais de Theodicee, in: *G. W. Leibniz*, Opera Philosophica. 1840년 판을 보완하
    고 르나테 폴브레히트*Renate Vollbrecht*의 서문이 실린 재인쇄판. Aalen 1959,
    Essais sur bonte de dieu etc., Partie I, 21)도 참조.
47 AA VI, 331면 이하.

들어졌다. 하지만 이것만으로는 아직 이러한 형벌권과 특히 형벌권의 외적 형태에 대한 근거가 충분히 밝혀지지 않았으며 그리고 정당한 것으로 증명되지는 않았다. 이제 설명해야 할 것은 어떻게 다른 사람에게 그가 타인에게 저지른 위법한 행위 때문에 'malum physicum'을, 칸트의 언명에 따르자면, 죽음까지도 가할 수 있는 권한을 근거지울 수 있는가이다. 여기서 서두에서 시사한 바와 같이 칸트의 전체를 고려하고 〈도덕형이상학〉 E장의 개별문구의 자구에만 매달려서는 안 되는 필요성이 대두된다. 칸트 자신도 독자들에게 바로 〈도덕형이상학〉의 이 문구를 다시 한 번 자주적으로 깊이 생각해 볼 필요가 있다고 말한다. 그는 법론의 서문 마지막 부분에서 다음과 같이 쓰고 있다: "책의 말미에서 나는 몇몇 장을 이 앞의 다른 장들과 비교하여 예상될 수 있는 것보다 덜 상세하게 다루었다: 그것은 부분적으로는 이 장의 내용이 앞 장들로부터 쉽게 추론될 수 있을 것으로 보였기 때문이며, 부분적으로는 (공법에 관한) 마지막 장은 현재 많은 논의 중에 있지만 그럼에도 매우 중요한 것이기 때문에 결정적인 판단을 당분간 유예하는 것도 정당화될 수 있기 때문이다."[48] '결정적인 판단'을 얻는 데 기여하기 위한 하나의 시도를 이제 살펴보기로 한다.

3. 형법은 정언명령이다. 칸트의 목적형벌의 거부는 잘 알려져 있고, 거부하는 이유는 명확하다: 다른 이익을 위해서 한 인간에게 결코 정당하게 해악을 가할 수는 없으며, 그렇게 한다면 범죄자는 타인의, 즉 처벌하는 사람의 목적을 위한 수단으로 사용됨으로써 물권법의 대상으로 되기 때문이다: 즉 범죄자는 객체로, 물건으로, 권리 없는 대상으로 될 것이다.[49] 그렇지만 이와 반대로 "그가 시민적 인격성을 상

---

48 AA VI, 209면.
49 AA VI, 331면.

실하는 판결을 받는다고 하더라도"[50] 범죄자의 생래적 인격성은 그를 보호해 준다고 칸트는 말한다. 그러니까 어떤 사람이 시민적 인격성을 상실할 수는 있지만, 생래적 인격성은 — 법에 의해서는 — 상실될 수 없다. 그런데 형벌이 가언명령의 목적-수단-관계 속으로 끼워 들어가지지 않는 것이라면, 형벌은 오로지 무조건적인 근거지움으로부터만 나올 수 있다. 그렇다면 형법은 당연한 귀결로서 정언명령일 수밖에 없는 것이다.

그러나 이것으로 근거지움이 아직 명료하게는 이루어지지 않았다. 왜냐하면 정언명령이란 무엇'인가'가 문제되기 때문이다. 여기서 〈도덕형이상학원론〉에서의 언명을 다시 찾아본다면 불명료함은 한층 더 커진다: 〈도덕형이상학원론〉에서 정언명령은 유일한 하나[51]라고 하고, 그다음 정언명령의 유명한 제1 공식이 나온다: "네 의지의 준칙이 보편법칙으로서 타당할 수 있도록 행하라."[52] 〈실천이성비판〉에서 정언명령이 거론된 바와 같이 순수실천이성의 이 근본법칙은,[53] 증식을 허용하지 않는 것이기 때문에, 〈도덕형이상학〉에서의 표현은 달리 이해될 필요가 있다: 형법은 무조건적으로 명령하는 실천 명제이다. 이 명제 속에서 하나의 행위가 요구되며, 그리고 이 행위는 우리의 맥락에서 보면 처벌하는 행위이다. 설명해야 할 것은 어떻게 이러한 행위가 꼭 필요한 것이라고 입증되는가 하는 것이다.

이러한 근거지움이 갖는 특별한 어려움은 여기서는 나중의 행위(형벌)와 이전의 행위(범죄)가 정당하고 당연하게 연결되어야 한다는 데서 나온다. 법적-실천이성이 범죄와 형벌이라는 두 행위 사이에 존재

---

50 주 49와 동일.
51 AA IV, 421면.
52 주 51과 동일.
53 AA V, 30면.

하는 시간적이고 공간적인 간극을 어떻게 극복할 수 있는가? 더구나 여기에는 한 가지 어려움이 더 존재한다: 그것은 바로 범죄자의 행위인 범죄 그리고 처벌하는 사람의 행위(이것은 주체로서 생각한 법공동체를 말한다)는 상이한 사람들로부터 비롯된다는 것이다. 정언명령이 도덕법칙으로 이해되는 한은 여기서 요구되는 근거지움을 해낼 수가 없다. 왜냐하면 정언명령은 각 개인의 자유에 대한 근거를 확립하는 것이지만, 개개인의 자유 그 자체는 모든 다른 사람을 위한 법의 법칙과 같은 것을 만들어 내지 못하기 때문이다. 법적-실천이성은 그 고유의 법칙성을 가지며, 이 법칙성이 법적-실천이성과 좁은 의미의 도덕을 구별해준다. 다수의 인격의 자유를 보장하는 근본적인 법원리들은, 칸트 스스로도 말한 바와 같이, 선험적 원리들인데, 이 원리들은 이성법칙들이기 때문이다.[54] 따라서 이것들은 경험에서 나온 것이 아니며, 왜냐하면 경험적 지식으로 이해한 것으로서의 경험 속에서 법은 불법과 전혀 구분될 수 없기 때문이다. 오히려 이 원리들은 법적-실천적 앎 자체의 원리들로서 현실의 행위를 법적인 것으로 가능하게 만들어주고 법적인 것이라는 특징을 부여해 주는 그런 것이다. 정언명령 또한 도덕원칙으로서 선험적 원리인데, 정언명령은 선행 조건 없이 하나의 행위를 개인의 의사와 연결함으로써 그 행위가 필연적으로 일어나야 할 것으로서 만들어 주기 때문이다. 그러나 일정한 행위가 의지와 필연적으로 연결되어 있다는 것은 의지의 개념 그 자체에는 아직 들어 있지 않으며, 의지는 우선 원칙에 따라서 행위하는 능력으로만 규정된 것이다. 정언명령에 의해서 비로소 일정한 행위와 의지가 연결될 수 있기 때문에 정언명령은 종합적-실천명제이다. 이것으로 형법에서도 연결이 생겼지만, 이 연결은 다른 모습을 가지고 있

54　AA VI, 249면(§ 6).

기 때문에 다른 근거지움을 또 필요로 한다. 왜냐하면 정언명령을 통해서는 행위와 의지의 연결이 **한 사람의** 의식의 통일체 속에서 일어나는 반면에, 형법에서는 서로 다른 행위자들에 의하여 실현되는 두 개의 외적 행위, 즉 범죄와 형벌이 한 맥락 속으로 들어왔기 때문이다. 공간적, 시간적, 인적으로 분리된 두 개의 행위인 범죄와 형벌은 단순한 경험적 현상으로 하나의 외적 맥락 속으로 가지고 들어와서 서로 연결시킬 수는 없다; 만약 그렇게 한다면 분명히 부적절한 것이다. 범죄와 형벌을 비경험적인 방법으로 서로 연결시키는 데 성공한다면 이것을 통하여 법적-실천이성은 이 속에서 현상계와 예지계가 연결되는 것을 다시금 보여주게 될 것이다. 이렇게 하여 외적으로는 분리된 것이 정신적으로는 연결된 관계로 정립되는 데에는 법사상, 즉 법적-실천이성의 긍정성이 있다. 그러나 법의 부정인 범죄의 경우에 이것이 어떻게 이루어질 수 있을까? 여기서 행해져야 하는 사유의 활동은 결국 법의 복잡성 그 자체와 일치한다.

범죄는 일차적 접근에서 보면 상호인격적인 사건이며, 가령 상해죄에서 잘 나타나듯이 타인의 자유영역에 대한 침해이다. 그러므로 이러한 일차적 접근에서 범죄는 전적으로 '자연상태와 같은 것으로' 묘사될 만 한 성격을 갖는다. 이렇게 되면 피해자의 단순한 반응행위는 첫 번째 행위자(= 범죄자)의 행위에 연결되는 행위일 수는 있지만, 이것은 단지 외적 관계에 있을 뿐이다. 이러한 반응행위는, 헤겔이 후에 적절하게 묘사한 것처럼,[55] 기껏해야 복수적 정의가 될 수 있을 것이다. 그러나 칸트 자신은 이러한 복수를 크게 초월하는 근거지움의 요소들을 제공해 준다. 왜냐하면 생래적인 자유의 권리를 가진 인격

---

55 *Hegel*, Grundlinien der Philosophie des Rechts oder Naturrecht und Staats-wissenschaft im Grundriss. In: Werke in 20 Bänden, *Moldenhauer/Michel* (편), Band 7, 난외번호 18/29. Tsd. 1978, §§ 102-104.

들 간의 사건으로서의 범죄는 이미 발생한 사건이며, 이 사건은 그 파
악을 위한 법적 기준을 가지고 있기 때문이다; 범죄를 결코 단순한 경
험적인 현상으로 이해해서도 안 된다. 범죄 또한 부정으로서, 칸트가
말하는 자연상태에서의 이른바 임시적 소유권의 취득과 비교할 수 있
는, 법적으로-임시적인 성격을 갖는데, 이것은 원칙적으로 이성적인
사람과 원칙적으로 자유로운 사람 사이에서 일어나는 외적인 사건으
로서 — 부정적인 것이기는 하지만 — 그들의 실제 삶의 한 부분이기
때문이다; 이러한 차원에서야 비로소 범죄는 그 의미를 갖게 된다. 하
지만 범행에 대한 반응은 자연상태에서는 법적인 반응으로 생각할 수
없는데, 이 반응은 근거와 기준이 정해지지 않은 상태이기 때문이다.
따라서 일차적으로도 범죄 그리고 그 범죄를 저지를 가능성은 인간의
자유와 직결된 것으로서 자연상태를 벗어나서 공-법적인, 시민상태
에 들어가야 한다는 공법의 요청을 위한 연결점이라고 보아야 한
다.[56] 공법의 상태는 국민을 위한 여러 법률들의 체계이다.[57] 이것의
긍정적인 성취능력은 이 속에서 자연상태에서의 임시적인 권리들이
종국적으로, 즉 지속적으로 유효하게 된다는 것이다. 이것은 공동의
의지를 기반으로 해서 발생한다. (여기서 명백히 하기 위하여 언급해 둘
필요가 있는 것은, 여기서는 법개념 전개의 논리적 맥락 속에서 움직이는 것이
지, 시간적 순서에 따른 전개를 말하는 것이 아니라는 점이다.) 이것을 통해
서 이제 범죄를 범죄자 자신도 속해 있는 그 공동체에 대한 침해로 파
악하는 근거가 제시되었다. 칸트는 이것을 E장의 유명한 구절에서 말
한다: "네가 어떤 부당한 해악을 국민의 다른 사람에게 가하면 너는
그것을 네 스스로에게 행하는 것이다."[58] 왜냐하면 권리들은 공동으

---

56 이에 관하여는 AA VI, 307면(§ 42).
57 AA VI, 311면(§ 43).
58 AA VI, 332면.

로 정립되며, 그리하여 또 상호적으로 정립되는 것이기 때문이다; 그래서 권리의 침해는 그 침해자 자신에게도 되돌아오는 것이다. 이러한 반응은 오로지 공동체 속에서만 포착될 수 있으며, 형법은 이 반응을 구체적으로 실행하는 것이다. 따라서 형법은 오로지 정립된 법공동체에서만 생각할 수 있는 법규이며, 이 법규를 통해서 나중 행위인 '형벌'이 선행위인 '범죄'와 다른 조건 없이 연결되는 것이다. 형법은 공법의 선험적인 종합 법명제(= 법규)이다.[59] 모든 종합은 연결해 주는 제3의 것을 필요로 한다.[60] 이 제3의 것이 바로 일반적 시민상태, 공법이 전개된 상태인 것이다.[61] 형벌이 범죄의 필연적인 결과인 것처럼, 범죄는 범죄와 형벌에 최초의 동기와 기준을 제공해 주는 바로 이 공법의 상태를 전제하고 있다.

형벌은 처벌하는 사람의 실제 행위로서 무엇인가를 실행하며, 이 무엇은 범죄행위를 통해 이미 그 근거가 밝혀지기는 했지만, 분석적으로 범죄행위로부터만 나오지는 않는다: 즉 형벌은 범죄자의 법적 지위를 범죄에 상응하게 저하시키는 것이다. 죄를 범하였다는 그 이유 하나만으로 그는 처벌받는 것이다. 그렇지만 형벌은 법제도이며, 결코 대응적 폭력이 아니다. 그러므로 'malum physicum,' 물리적 해악, 즉 형벌을 통해서 가해지는 고통은 육체적 고통이 아니라 malum physicum iustum, 법적 자유에 대한 손실이다.[62] 이것으로 형벌이 형벌로서의 특성을 잃지 않으면서 법적 형벌이 되기 위해서는 어떤

---

59 '종합 법명제'의 개념에 대해서는 Metaphysik der Sitten, AA VI, 249면 이하(§ 6) 참조.
60 Kritik der reinen Vernunft, AA III, 107면(B 130) 참조.
61 Metaphysik der Sitten, Rechtslehre, §§ 43-49, AA VI, 311-318면 참조.
62 이에 대해서는 E. A. Wolff, Das neuere Verständnis von Generalprävention und seine Tauglichkeit für eine Antwort auf Kriminalität. In: Zeitschrift für die gesamte Strafrechtswissemschaft 97 (1985), 806면 이하; Köhler, Der Begriff der Strafe. Heidelberg 1986, 특히 14면 이하도 참조.

모습을 갖추어야 하는가에 대한 물음이 제기된다. 이에 대한 근거를 추론하기 위하여 칸트는 더 이상 많은 노력을 기울이지 않았다. 벌금형, 징역형, 강제노동, 심지어는 노예상태로의 전치, 거세, 시민사회로부터의 추방이 나란히 병존하고 있다.[63] 그리고 이러한 맥락에서 이 논문의 제목으로 인용한 문장이 나온다: "그러나 살인을 했다면 그는 죽어야 한다."[64]

칸트는 그곳에서 이 문장에 대한 근거를 다음과 같이 제시하였다: "여기에 정의를 만족시키기 위한 대용물은 없다. 이렇듯 괴로운 삶(범죄인의 삶을 의미, 저자 주)과 죽음(범죄인이 살해한 피해자의 죽음을 말함, 저자 주) 사이에 동질성은 없으며, 그래서 범죄자에게 법적으로 행해지는 사형 외에는 범죄와 응보의 동등성은 없고, 사형은 고통 받는 사람의 인간성을 흉악하게 만들 수도 있는 모든 학대로부터 해방시키는 것이다." 미국의 몇몇 주에서 시행하는 범죄자에게 부드러운 수면주사를 놓아 죽음을 촉진시키는 방법은 칸트 형법론의 현대적 표현이라고 생각할 수도 있을 것이다. 그렇지만 여기서 칸트에 대항하기 위해서는 칸트와 함께 사유해야 할 필요가 있다.

우선 이곳에서 칸트가 탈리오의 법칙에 의해서 비롯된 오류를 범하는 것으로 종종 잘못 이해된다는 것은 이미 자주 언급된 바 있다.[65] 응보원칙은 실질적 원칙으로 이해되어서는 안 되는데, 이는 문제를 물리적 현상으로 단순화시키기 때문이다; 그것은 '한 사람의 죽음을 다른 사람의 죽음을 통해서' 거울에 비친 것처럼 반사적으로 형벌 속에

63　AA VI, 333면 이하와 363면 참조.
64　AA VI, 333면.
65　이에 대해서는 예컨대 Oberer, Über einige Begründungsaspekte der Kantischen Strafrechtslehre. In: R. Brandt (편), Rechtsphilosophie der Aufklärung. Berlin/New York 1982, 399면 이하와 414면 이하 참조.

서 상쇄하는 물리적 현상에 관한 것이 아니다. 형벌은 그 자체가 법
적-이성의 제도로만 이해될 수 있기 때문에 탈리오의 원칙도 형식적
인 원칙으로만 이해될 수 있다.[66] 타인의 살해 속에 존재하는 **법의** 침
해는 형벌을 통해서 마땅히 상쇄되어야 하는 것이다.

살인과 살인죄에 대한 형벌의 문제가 어떠한 사유의 맥락 속에서
해결되어야 하는가에 관하여 칸트는 계몽기의 유명한 이탈리아 법조
인 베카리아*Beccaria*를 반박하는 논증과정에서 거론하고 있다. 베카리
아는 사형이 법적인 형벌이 될 수 없다고 하였는데, 그렇다면 모두가
사회계약을 맺을 때 타인을 살해할 경우에는 자기도 목숨을 잃는다는
것에 동의했다는 것을 가정해야만 하기 때문이라고 한다.[67] 그러나
이것을 받아들일 수는 없는 것이다. 칸트는 이에 대해서 이상하게도
격앙된 어조로 "모든 것이 궤변이고 법왜곡"이라고 말한다. 칸트는
먼저 아주 정확하게, 형벌은 범죄자가 **그것을** 원하였기 때문에 감내하
는 것이 아니라, 처벌받을 행위를 원하였기 때문에 감내한다고 하였
다. 그리고 나서 더 상세하게 그 정당성을 묻는 방식으로 논증을 계속
해 나간다: 시민 상태에서는 다른 법과 나란히 형법도 존재하며 — 그
밖의 다른 법에서와 마찬가지로 — 형법에 그 공동체의 모든 시민은
예속된다('예속'은 자유법칙적인 의미로 이해된 것이다). 그리고 칸트는
이렇게 말한다: "형법을 명하는 공동입법자로서 나는, 국민으로서 법
에 따라 처벌받는 사람과 동일인일 수는 없다; 왜냐하면 이러한 범죄
자로서의 나는 입법에서 투표권을 가질 수 없기 때문이다(입법자는 성

---

66 여기서 발생하는 문제에 관해서는 *Köhler*, Strafrecht. Allgemeiner Teil 1997,
      578면 이하.
67 *Beccaria*, Von den Verbrechen und den Strafen, 이태리어에서 독일어 번역은
      Thomas Vormbaum. 서문은 *Wolfgang Naucke*. Berlin 2004. 48면 이하; *Kant AA*
      VI, 334면 이하(뒤의 인용은 335면).

스럽다). 만약에 내가 범죄자로서의 나 자신에 대한 형법을 만든다면, 이는 내 속에 있는 순수한 법적-입법 이성(homo noumenon, 예지적 인간)이며, 이 이성은 내가 범죄를 범할 수 있고, 따라서 시민의 연합체 속에서 그 밖의 모든 사람들을 형법에 예속시키는 다른 사람(homo phaenomenon, 현상적 인간)일 수 있게 한다."[68]

그러나 어떻게 예지적 인간으로서의 '나'와 현상적 인간으로서의 '나'처럼 한 '나'가 다른 '나'로 생각될 수 있는가? 칸트는 여기서 왜 '나'에 대해 말하며, 어떻게 그는 이 나 속에 순수이성을 가진 시민과 범죄자의 인격이라는 두 동일성이 존재한다고 생각할 수 있는가?

여기서 칸트가 전제한 이중성은 실제의 현실과는 맞지 않는다. 왜냐하면 나는 필연적으로 하나의 통일체이기 때문이다. 만약에 칸트가 여기서 그의 소유권론이 지닌 장점을 살렸더라면, 그는 자신의 전제에 따라 법 속에서의 인간들에게는 나와 외부세계 그리고 다른 주체들과의 관계가 외부세계를 통해서 매개된다는 것을 인식하였을 것이다.[69] '인간이란 무엇인가?'라는 질문에 대하여 여기서는 칸트가 인식론에서 획득한 통찰인 '일부는 — 다른 일부는', '한편으로는 — 다른 한편으로는'을 가지고는 제대로 답할 수 없다. 여기서 인간은 살아있는 통일체이자 유일한 '유한한 이성존재'이며, 이에 관하여는 피히테도 거의 같은 시기인 1796년의 그의 〈법론〉에서 말하고[70] 칸트도 그의 〈인간학〉에서 갖가지 다양한 색깔로 묘사하고 있다.

칸트는 본질적으로 사형이 법적 형벌Rechtsstrafe이 될 수 없다는 것을

---

68 AA VI, 335면. 구두점은 원판에 따라 수정하였다.
69 Metaphysik der Sitten, 사법의 §§ 1-7 전부와 특히 § 2 참조.
70 *Fichte*, Grundlage des Naturrechts nach Prinzipien der Wissenschaftslehre, In: J. G. *Fichte* — Gesamtausgabe der Bayerischen Akademie der Wissenschaften. Reihe I (Werke) Band 3, 329면(§ 1).

증명하는 데 필요한 모든 논증의 요소를 제공해 주었다. 인간의 생래적인 권리가 자유이며, 이 자유는 외적인 어떤 것을 그의 것으로 취득할 수 있다는 것을 실천이성의 법적 요청 속에서 확인하고, 타인들과 함께 지구상에서 사는 인간, 이 인간은 살아 있는 통일체이다. 이 통일체는 비록 성찰 속에서 예지적 존재로서의 자신과 자연적 존재로서의 자신을 구분할 수 있지만, 성찰의 실행에 대한 통일체를 지양하지 않음으로써 자기 스스로를 지양하지 않는다. 이렇게 규정된 인격은, 칸트 스스로도 적고 있듯이,[71] 법적–실천이성을 이유로 현실 속에서, 그들의 권리를 공유하기 위하여 타인과 연결되고 또 반드시 연결되어야 한다면, 이러한 확장된 통일체(법공동체)는 이것으로 이 공동체를 최초로 정립한 개개인을 파괴할 법적 권능을 결코 가질 수가 없다. 각 개인의 존재는 자유의 외적 사용의 조건이지만, 이 때문에 법의 총체적 문제의 근원이 되기도 한다. 법은 자기 자신의 근거가 되는 것을 남용하려고 할 때 타락하는 것이다. 그러므로 법적인 형벌은 외적 자유의 사용 그 자체의 차원에서만 출발해야 하며, 그것은 우리가 말하는 의미의 자유형 또는 재산형일 수 있을 뿐, 사형일 수는 없다. 따라서 자유가 중심이 되는 법론의 근거지움의 요소들을 통한 검토의 결과는 칸트의 말이 변경되어야 한다는 것을 입증해준다: 살인을 했다면 그는 처벌받아야 하지만, 그러나 죽임을 당해서는 안 된다.

---

71 AA VI, 306면(§ 41).

§9 법개념으로서의 책임*

I.

책임에 대해 말하는 사람은 인간과 인간의 자유를 말하는 것이다. 법을 말하는 사람은 인간들과 그들 질서 사이의 관계에 대해 말하는 것이다; 이 질서는 자유로운 존재들 간의 질서로서 그들 스스로가 만드는 질서이기에 자유의 질서일 수 있으며, 독일헌법도 질서를 그렇게 이해한다. 이러한 지표를 통하여 주제의 커다란 윤곽이 정해졌다. 이 지표 없이는 법개념으로서의 책임에 관한 의미 있는 논의를 할 수 없기 때문에,[1] 이 지표는 여기서 전제되는 것이고 여러 방향에서 가해지는 (예컨대 결정론과 같은, 역자 주) 공격으로부터 이 지표와 그 관계를 방어해 주지는 못한다.[2] 이 글에서 상술하는 내용은 이러한 토대로부터 법

---

* 이 글은 Verantwortung in Recht und Moral, Referate der Tagung der deutschen Sektion der internationalen Vereinigung für Rechts- und Sozialphilosophie vom 2. bis zum 3. Oktober 1998 in Frankfurt am Main, *Ulfried Neumann/Lorenz Schulz* (편), 2000, 103-115면에 수록된 것이다.

1 이에 관하여는 *Jescheck/Weigend*, Lehrbuch des Strafrechts, Allgemeiner Teil, 제5판, Berlin 1996, § 37 I 1, 407면 이하도 참조 — 빈딩*Binding*은 종종 강한 어조로 다음과 같이 표현하였다: "책임은 결정론자들의 나쁜 악령이 되었으며, 부득이하게도 대부분은 이러한 악령과 싸우지 않을 수 없었고 — 모두가 처음부터 패배를 선고 받은 것이었다." (Die Normen und ihre Übertretung, Bd. 2, 1, 제2판 증보판, Leipzig 1914, Aalen 1991, VII면).

2 칸트로부터 비롯되는 자유의 철학에 기반을 둔 책임에 대한 근거지움의 관계에 관하여는 *Bartuschat*, Recht, Vernunft und Gerechtigkeit, in: *H.-J. Koch* 외, Theorie der Gerechtigkeit, Stuttgart 1994 (ARSP-Beiheft 56), 9면 이하 참조; 동저자, Recht und Handeln, in: *R. Zaczyk* 외 (편), Festschrift für E. A. Wolff, Berlin u.a., 1998, 17면 이하; 광범위한 그리고 직접 법과 관련되는 것은 *E. A. Wolff*, Das neuere Verständnis von Generalprävention und seine Tauglichkeit für eine

개념으로서의 책임 개념을 발전시키려는 것이다.[3] 이 글은 (세계법철
학회 독일학회) 형법분과에서 한 강연이기 때문에 형법에서의 책임 개
념에 대해서 중점적으로 다루기로 한다.

II.

형법에서 현재 통용되는 형태의 책임Schuld개념은 19세기의 산물이다;
그 이전에는 귀책Zurechnung 내지 죄의 전가Imputation라고 하였다.[4] '책
임' 개념과 아직은 매우 임시적으로 말하여 인간의 내면성에 대한 관
계는 연결되어 있다. 그렇지만 무엇이 '내면'이고 무엇이 '외면'인가,
이 양자 간에는 관련이 있는가 그리고 관련이 있다면 양자는 어떻게
관련되는가 하는 것은 다양한 규정을 경험하였다. '외면'은 책임이 문
제가 된 그 범행의 외적 측면이 아니라, 오히려 매우 포괄적으로 법과
그 규범 일반으로서 간주되었다.[5] 그리고 '내면'은 항상 더 상세하게

Antwort auf Kriminalität, ZStW Bd. 97 (1985), 786면 이하와 동저자의 Die
Abgrenzung von Kriminalunrecht zu anderen Unrechtsformen, in: *W. Hassemer*
(편), Strafrechtspolitik, Frankfurt/M. 1987, 137면 이하; *Köhler*, Strafrecht
Allgemeiner Teil, Berlin u.a. 1997, 9면 이하 참조. 방법론적인 관계에 대해서는
Zaczyk, Über Begründung im Recht, in: Festschrift für E. A. Wolff, 509면 이하(한국
어 번역은 이 책의 § 4) 참조.

3 이 글에서의 논의는 *Köhler*, Strafrecht Allgemeiner Teil (주 2), 347면 이하의 사
고과정과 같은 연장선상에 있다.

4 개념의 역사에 관하여는 특히 *Achenbach*, Historische und dogmatische
Grundlage der strafrechtssystematischen Schuldlehre, Berlin 1974, 특히 19면 이
하 참조; 그 외에도 *Roxin*, Strafrecht Allgemeiner Teil Bd. 1, 제3판, München
1997, (참고문헌이 상세하게 열거된) § 19 721 면 이하의 설명 참조.

5 이것은 명령설(예컨대 *Thon*, Rechtsnorm und subjektives Recht, Weimar 1878,
특히 1-11면 참조)에서도 입증되고, 빈딩의 규범설(*Binding*, Die Normen und ihre
Übertretung, Bd. 1, 제4판 증보판, Leipzig 1922, Aalen 1991, 42면 이하)에서도 입
증된다. 그런데 무엇보다도 빈딩의 이론은 자유철학(Freiheitsphilosophie)의

특징되어야 하는 인간 속의 공간이었으며, 이 공간으로부터 인간의
행위가 나왔다. 그렇지만 상기시킬 필요가 있는 것은, 19세기 책임개
념이 전개되는 초기에는 '내면'과 '외면'을 실질적으로 규정하여 서로
연결시키려 했던 사상적 맥락이 있다는 점이다. 이러한 사상적 입장
은 대개 헤겔Hegel의 철학과 동일시되기는 하나 특정인의 이름과 결부
되는 철학적인 구상들과 무관하게 일반적으로 자유의 철학과 훨씬 더
보편적으로 연결되어 있다. 왜냐하면 자유는 법에서 중요한 의미를
갖지만, 불가피하게도 자유는 항상 각 개인의 자유이므로 법과 인격
의 자유 간에는 반드시 연결선이 있어야 하고 그다음에 그것은 책임
개념에서도 영향력을 발휘하기 때문이다. 그렇다면 이러한 관계에 관
한 것을 바로 자유와 이성의 근거를 확립하는 원리로 최초로 생각한
철학자들의 법철학에서 찾는 것은 놀라운 일이 아닐 것이다. 말하고
자 하는 것은 칸트Kant이며, 칸트에 대해서는 상세하게 논하게 될 것
이다.

　하지만 그 전에 먼저 책임개념의 전개에 관하여 언급해 둘 필요가
있다. 책임개념의 전개는 시사점이 많은 방식으로 19세기에 정신의
보편적 발전을 위하여 시간적으로는 다소 순서가 바뀐 평행회전 속에
서 일어났다. 초기에는 헤겔과 헤겔학파에 의한 최초의 활기찬 기획
이 있었다.[6] 책임에 관한 그들의 관점에서 인격은 도덕적인 존재로서
존중되었다. "그러나 의지의 법이란 자신의 범행에서, 자신의 목적 안

　전통과 연결되는 요소도 담고 있는데, 이에 관하여는 Zaczyk, Das Unrecht der
　versuchten Tat, Berlin 1989, 69면 이하 참조.

6　Hegel, Grundlinien der Philosophie des Rechts, in: Werke in 20 Bänden
　(Moldenhauer/Michel 편) Frankfurt/M. 1979 u.ö. Bd. 7, §§ 5와 함께 §§ 115 이하.
　형법에서 헤겔학파에 관하여는 von Bubnoff, Die Entwicklung des stra-
　frechtlichen Handlungsbegriffes von Feuerbach bis Liszt unter besonderer
　Berücksichtigung der Hegelschule, Heidelberg 1966, 52면 이하 참조.

에 있는 행위의 요건들에 대해서 알고 있는 것, 그 중에서 자기의 고의
안에 있었던 것만을 자신의 행위로 인정하고 그것에 대해서만 책임을
지는 것이다.[7] 헤겔의 법철학이 붕괴한 후 자연과학의 발전이 시작
되었고, 헤겔 법철학의 붕괴는 동시에 자유의 철학의 붕괴였다; 이것
으로 인한 형법에서의 결과는 심리상의-자연적 책임개념으로서, 책
임은 내적 사실에 국한되었다.[8] 이에 회답한 것은 소위 신칸트주의
와 특히 19세기 말 그리고 20세기 초의 철학적으로 신칸트주의와 밀
접하게 연결된 가치철학이었다; 형법에서 이른바 규범적 책임개념
은 가치철학 덕분이다;[9] 규범적 책임개념에 따르면 책임은 법의 외
적인 질서에서 평가하여 내적인 의무위반이며, 책임은 — 예섹/바이
겐트Jescheck/Weigend의 교과서에 나오는 표현에 의하면 — "법적으로 결
함이 있는 심정(비난가치가 있는 법적 심정)이고, 이 심정으로부터 범행
의 결의가 생겨났다".[10] 이 교과서에서는 규범적 책임개념을 통설의
책임개념이라고 하며, 사실상 20세기는 19세기 후반의 이 유산을 관
리만 한 것이다. 무엇보다 책임에 대한 한 견해가 더해졌는데, 이 입장

---

7 Rechtsphilosophie (주 6), § 117.
8 예컨대 v. Buri, Ueber Causalität und deren Verantwortung, Leipzig 1873 (영인
  본 Frankfurt/M. 1968), 13면 이하; v. Liszt, Lehrbuch des deutschen Strafrechts,
  예컨대 제21/22판 1919, 152면 이하 참조. 이에 관하여는 Achenbach (주 4), 37
  면 이하의 설명도 참조. 아헨바흐는 통상적이고 여기서도 토대가 되는 '심리
  적' 책임론과 '규범적' 책임론의 구별이 개별 학설들을 구분하는 데에 타당하
  지 못하다는 것을 적절히 지적은 한다(56면). 그럼에도 이 구별은 소개한 학
  설들의 사상적 특징을 나타내 주는 것이기 때문에 방향을 설정하는 데는 도
  움이 된다.
9 철학에서의 전개에 관하여는 예컨대 Schnädelbach, Philosophie in Deutschland
  1831-1933, Frankfurt/M. 1983, 197면 이하; 그리고 Ollig, Der Neukantianismus,
  Stuttgart 1979, passim; 형법에 관하여는 Amelung, Rechtsgüterschutz und
  Schutz der Gesellschaft, Frankfurt/M. 1972, 125면 이하의 설명 참조; 책임설에
  관하여는 Achenbach (주 4), 49면 이하(57, 58면 이하) 참조.
10 Jescheck/Weigend (주 1), Allgemeiner Teil § 38 II 5, 422면.

은 책임을 일반예방에 따라 기능화시킴으로써 모든 독자적인 내용을
박탈하였다; 이에 의하면 책임은 사회의 일정한 변수이며, 이 변수는
다른 공동체 구성원에게 형벌의 부과를 납득시키는 것이라고 한다.[11]
이것으로 개개인은 타인의 목적에 대한 상상에 무방비 상태로 방치되
고 오로지 타인의 선량한 마음에만 희망을 걸 수 있게 되는 것이다. 이
견해는 법의 근거를 자유법칙적으로(freiheitsgesetzlich, 인간의 자유는
법칙을 만드는 근원이라는 자유중심적인 사상에서, 역자 주) 확립하는 것과
는 양립될 수 없다;[12] 이 견해는 형법의 근거로서의 일반예방의 모든
형태처럼 인간을 객체로 만들며,[13] 프랑스혁명이 일어난 지 200년도
더 지난 지금은 이것을 적어도 이론에서만이라도 차츰 멈추어야 할
것이다.

　헤겔에 의하면 이러한 모든 구상들의 어려움은 다음에 들어 있다:
비록 이 구상들이 — 흔한 경우는 아니었지만 — 자유를 각 개인의 자
기결정으로서 파악하고 이것으로 각 개인의 주체성에 긍정적 힘이 있

---

11 특히 *Jakobs*, Strafrecht Allgemeiner Teil, 제2판, Berlin-New York 1991, Abschn.
　17, 난외번호 22 참조; 동저자, Schuld und Prävention, Tübingen 1976, passim;
　동저자, Das Strafrecht zwischen Funktionalismus und ‚alteuropäischem‘
　Prinzipiendenken, ZStW 107 (1995), 843면 이하(863면 이하); 이 이론에 대한
　그 밖의 소개와 문헌은 *Köhler*, Allgemeiner Teil (주2), 371면과 각주69 참조.
12 비판은 예컨대 *Köhler*, Strafrecht Allgemeiner Teil (주2), 371면 이하; *Stübinger*,
　Nicht ohne meine ‚Schuld‘, Kritische Justiz 1993, 33면 이하; *Griffel*, Freiheit und
　Schuld, MDR 1991, 109면 이하; *Küpper*, Grenzen der normativierenden
　Strafrechtsdogmatik, Berlin 1990, 148면 이하도 참조.
13 이러한 설득력 있는 항변은 *Kant*, Die Metaphysik der Sitten, Rechtslehre,
　Werke Bd. 7, 453면 A 196/B 226(칸트의 저작은 빌헬름 바이쉐델*Wilhelm
　Weischedel*의 10권 전집판, Darmstadt 1975(u.ö.)를 인용하기로 한다; 저작의 각
　제1판(A)과 제2판(B)의 면수를 함께 인용한다; 그리고 Die Metaphysik der
　Sitten(도덕형이상학)은 ‘MdS’로 줄여서 면수를 인용하기로 한다) — 칸트의
　항변을 인정하면서도 적극적 일반예방을 고수하는 입장은 *Schmidhäuser*,
　Über Strafe und Generalprävention, in: Festschrift für E. A. Wolff (주2), 443면
　이하(456면 이하).

다는 것은 인정하였지만, 이 구상들은 개개인을 한 법개념과 대조할 필요가 있었으며, 이 법개념은 외적인 명령의 동인으로서 이든, 가치 질서 내지 사회체제로서 이건 간에, 전적으로 외적인 당위로서 파악 되었다. 그렇지만 개개인이 법의 근거를 밝히는 데서 본질적 요소가 아니라면 개개인의 책임에 관한 주장은 사유적으로 확보되지 않은 채 로 남아 있게 된다: 한편으로 이러한 법개념에 개개인의 주관성은 사 실 그렇게 중요하지 않다; 책임개념은 '비난가능성'이라는 표현에서 도 풍기는 바와 같이 불법의 단순한 반복에 불과한 것이다. 다른 한편 으로 유책하게 행한 범죄에서 개개인에게 특별한 의미가 있으며, 이 렇게 이해한 법은 그렇지 않으면 그 의미를 개개인에게서 전혀 고려 하지 않는 것이다; 그러므로 책임을 지는 불법에서야 비로소 국가는 법인격을 법인격으로서 인지한다고 조소하듯 말할 수 있을 것이다. 그렇게 되면 어디에서 책임원칙이 유래하였는지는 모호해지고, 책임 원칙을 일종의 국가의 친절한 환대로 이해하게 된다.[14]

Ⅲ.

이미 언급했던 헤겔 철학의 붕괴는 자유에서 기인하는 책임개념의 완 성을 위해서는 특별한 불운이었다. 이렇게 해서 헤겔 강연으로 넘어 가려는 것은 결코 아니다; 말하고자 하는 것은 다른 무엇이다: 그것은 바로 헤겔의 철학과 함께 철학하는 것이 사라졌으며, 철학하는 것의 근본적인 관심사는 인간의 주체성과 자유의 근거를 밝히는 원리들을

---

14 이것은 책임을 기능적으로 이해하는 입장에서 더 명확해지는데, 예컨대 *Jakobs*, Allgemeiner Teil (주 11), 17/3, 469면 이하 참조.

사념적으로 전개시키는 것이었고, 이러한 원리들의 근거를 확립하는
힘은 공동의 사회 제도들 속에서도 여전히 통용될 수 있었다는 것이
다. 그래서 사안 자체에 관한 문제와 관련하여서 한 사상가의 사상의
전개는 — 그것이 헤겔이건 간에 — 이러한 문제 제기에 비추어 보면
최종적인 것으로 해석될 수 없다는 것도 같이 말해졌다. 그것은 오히
려 단순히 철학사의 화석화된 유품으로만 우리에게 전해 내려왔던 것
을 사안 자체에 관한 문제로서 생생한 현재의 것으로 여길 필요가 있
다. 이것은 자신의 오만을 드러내려는 것이 아니라, 철학적으로도 이
러한 문제 제기를 한 다른 이들과 관련하여 헤겔의 상대화를 보여주
려는 것이다.

헤겔의 거대한 그늘은[15] 무엇보다도 칸트의 업적을 가리게 하였다.
그러나 헤겔은 **시간적으로**[16] 전개의 끝에 있었고, 그 전개는 칸트와 함
께 시작되었으며, 법에서의 자유에 대해 말하는 사람이라면 누구나
칸트에 익숙해질 필요가 있다.[17] 칸트는 인간의 이성을, 근거를 밝히
는 원리로서 규명하였고 인간의 세계에 대한 관계의 모든 차원을 위

---

15 이 표현은 Henrich, Fichtes ursprüngliche Einsicht, in: Subjektivität und
　Metaphysik, Festschrift für Wolfgang Cramer, Frankfurt/M.
16 이러한 시간상 종결의 위치 또한 사유적인 위치라고 하는 것은 리하르트 크
　로너Richard Kroner의 생각이다(Von Kant bis Hegel, 제3판, 제2판의 무수정판,
　Tübingen 1977). 그러나 이 관계는 지금은 훨씬 더 세분화해서 본다; 그래
　서 당시 각 저자들의 연구는 자의식을 그 요건과 관계들 속에서 규정하는
　그들의 공동 관심사에 해당하는 것일 수 있다. 이에 관하여는 Henrich,
　Konstellationen, Probleme und Debatten am Ursprung der idealistischen
　Philosophie (1789-1795), Stuttgart 1991, 특히 7면 이하 참조; 이것을 실행한 예
　로는 동저자, Der Grund im Bewusstsein, Untersuchungen zu Hölderlins
　Denken, 1794-1795, Stuttgart 1992.
17 이것에 관하여는 각주 2에서 인용한 문헌들 참조. 실천적 추론들에 대하여 부
　가적으로는 예컨대 E. A. Wolff, Kausalität vom Tun und Unterlassen,
　Heidelberg 1965, 특히 33면 이하; Köhler, Soll es dem Staat im Strafprozeß re-
　chtlich erlaubt sein, Verdachtsklärung durch Täuschungshandlungen zu un-
　ternehmen?, in: Festschrift für E. A. Wolff (주 2), 153면 이하 참조.

하여 결실을 맺게 하였다. 이것은 법에도 해당되는데, 칸트는 1797년
에 발간된 자신의 마지막 대작 〈도덕형이상학〉을 법에 바쳤다. 그는
〈도덕형이상학〉에서 정언명령을 한 사람의 외적인 자유와 타인의 외
적인 자유를 연결하는 하나의 원리로 변형하였다. 칸트가 명명하는
바와 같이,[18] 법적-실천이성은 각 개인에게 부여되었고 이러한 이성
으로 특징되는 각 개인의 외적 행위 속에는 법제정(= 입법)의 간과할
수 없는 근원이 있지만, 이 법제정은 각 개인이 법공동체를 위하여 타
인과 동맹할 때에 비로소 유효한 법제정이 될 수 있다. 법적-실천이
성은 그러한 법적인 자기결정을 각 개인에게 타인을 참작하여 가능하
게 함으로써 타인들과 함께 시민 상태 속으로 반드시 결합하여야 한
다는 인식을 하도록 하는데, 시민 상태의 형태 역시 법적-실천이성에
의해서 미리 정해진 것이다. 주관적 이성에서 인식하고 만들어 내면
주관적 관점의 제약들은 이러한 공동 상태 속에서는 극복된다; 분리
된 권력과 정의의 형태들에 관한 이념을 통하여 법률의 지배가 만들
어지는 것이다. 법률의 긍정적 형태에는 누구나 그 법률에 동의하였
을 것이라는 그러한 성격이 꼭 있어야 한다. 칸트의 배경 위에서 여기
서 또 한 번 직접 헤겔의 문장을 읽어 볼 수 있다: "근대 국가의 원리
는, 주관성의 원리를 인격의 특수성이라는 자립성의 극한에까지 도달
하게 하는 동시에 실질적인 통일체 속으로 다시 돌아가게 함으로써
주관성의 원리 그 자체 속에서 이 실질적 통일체를 유지하는 엄청난
힘과 깊이를 가지고 있다."[19]

　　이것으로 틀이 거명되었으며, 이 틀 안에서 자유와 공동체에 대한
시각은 하나가 다른 것으로 환원되지 않고 움직여야 한다. 개개인의

18　MdS, Rechtslehre, § 7, 364면, AB 71.
19　Rechtsphilosophie (주 6), § 260.

의식과 외적인 법칙의 관계를 **어떻게** 생각해야 하는지 정확하게 그 성
격을 묘사하기 위해서는 그리고 이것을 가지고 책임개념의 본질적인
관계를 해명하기 위해서도 칸트의 유명한 구분에서 시작해야 할 것이
다: 그것은 바로 행위의 도덕성과 합법성의 구분이다. 이 구분에 대한
해석으로부터 법개념으로서의 책임에 대한 규정도 할 수 있게 된다.

칸트는 다음과 같이 표현한다: "행위의 동기와 상관없이 행위와 법
칙의 단순한 합치 내지 불합치를 합법성(합법칙성)이라고 한다; 그러
나 그 행위에서 법칙으로부터 나오는 의무의 이념이 동시에 행위의
동기인 그러한 합치(즉 행위)를 행위의 도덕성(윤리성)이라고 부른
다."[20] 이 인용문을 전체적인 맥락을 이해하지 않고 그대로 받아들인
다면, 법은 단지 외적인 행위들의 외적인 판단이라는 해석을 할 수 있
다; 도덕성에는 오로지 내면성, 더 정확히는 정언명령을 통한 성찰만
이 중요하다고 한다.[21] 이 맥락에서 이제 책임개념을 도입한다면 책
임개념과 함께 법에서 도덕으로의 이행이 이루어지는 것이라는 일부
에서 주장하는 견해도 쉽게 수긍이 갈 것이다.[22]

지금부터는 왜 '합법성' 개념에 대한 이러한 해석이 단순화된 것인
지를 설명하려고 한다; 이 단순화는 그러나 법에 대한 전체적인 시각
과 책임의 개념에도 영향을 미친다. 합법성에 대한 이 같은 해석은 바

---

20 MdS, Einleitung in die Metaphysik der Sitten, 324면, AB 15. — 이 부분의 정확
   한 해석에 대해서는 *Kersting*, Wohlgeordnete Freiheit, Frankfurt/M. 1993, 175
   면; *Höffe*, Recht und Moral: Ein kantischer Problemaufriß, in: neue hefte für phi-
   losophie, heft 17, 1면 이하; *Kaulbach*, Moral und Recht in der Philosophie
   Kants, in: *Blühdorn/Ritter* (편), Recht und Ethik, Frankfurt/M. 1970, 43면 이하;
   동저자, Studien zur späten Rechtsphilosophie Kants und ihrer trans-
   zendentalen Methode, Würzburg 1982 (논문선집) 참조.
21 이에 관하여는 *Kaulbach*, Moral und Recht (주19), 특히 45면 이하의 ('법학의
   이성'에 관한) 설명 참조.
22 아주 분명하게는 *Kaufmann*, Das Schuldprinzip, 제2판, Heidelberg 1976, 127면
   이하.

로 합법적인 행위로 귀결되는 인식의 과정이 중요하지 않다는 것, 그래서 그러한 인식의 과정이 실천적으로 고려될 때에는 규정되지 않은 채로 있을 수 있다는 것을 시사해 주는데, 이 인식의 과정이 법에서는 중요하지 않기 때문이라는 것이다. 그렇지만 정확한 고찰은 법적 행위가 마치 법인식의 순수한 경험적 객체인 것은 결코 아니라는 것, 이 밖에도 법적 행위의 인식내용은 법적-실천이성과 관련하여서는 중요하지 않다는 것은 아니라는 점을 보여준다. 칸트는 인용문과 인용문의 앞 장에서 행위의 동인을 말하고, 이것은 다시 행위를 규정하는 의지(또는 자의)와 연결되어 있다고 한다. 이 동인에 대하여 칸트는 이제 합법적인 행위의 경우에는 **두 개의** 가능한 동인이 존재한다고 한다: 하나는 의무의 이념 그 자체이다; 이 의무는 여기서 항상 법의무이며, 이 말은 법의무는 무엇보다 타인에 대한 의무이고 법의무를 위해서는 외적인 입법이 가능하다는 것을 의미한다. 법적인 행위의 또 다른 가능한 동인을 칸트는 의사의 병리학적인 규정근거에서 (선호와 비선호에서) 시작하며 그리고 이것이 법에서 가능한 외적인 강제의 동인이라고 한다.

이러한 두 개의 동인을 살펴보면 여전히 다음의 것도 생각해 볼 수 있을 것이다: 바르게 행위하는 것에서도 법의무의 이념이 동인일 때는 (타인이 법률상의 증거부족으로 청구권을 관철시킬 수 없다는 것을 알고 있음에도 불구하고 나는 계약을 이행하며, 나는 계약을 이행하는 것이 일반적으로 올바른 일이라고 여기기 때문에 하는 것이다) 내적인 실행에서는 윤리적인 행위와 유사하다. 하지만 그 외에도 하지 않으면 강요당할 것이기 때문에 마지못해서 하는 행위도 많다; 이러한 행위에 대하여는 이성적인, 자유로운 결정이라고 말할 수 없을 것이다.

그렇지만 이것 역시 단순화된 해석이다. 우선 분명히 해둘 필요가

있는 것은 모든 외적인 행동은 행위자의 의식이 바탕이 되는 행위의
성격을 보여준다는 점이다.[23] 이 의식은 우리의 맥락에서는 법적인
것에 초점을 두는 의식이며, 여기서 중요한 것은 오로지 의식의 규정
에 달려 있고 결코 개념언어적으로 해석한 형태의 '법의식'이 아니라
는 점을 염두에 둔다는 것이다. 외적인 입법은 이러한 의식을 말하고
법률과 동인, 즉 여기서는 가능한 강제의 동인을 연결해준다. 이때 자
유의 법칙에서 나오는 입법을 타율적인 외적 제정과 전혀 구분하지
않기로 하고 역으로 각 개인의 측면에서 보면 자유와 강제는 동일한
것이 될 것이다. 그러므로 자유의 법제정을 위해서는 개별 요소들을
달리 이해할 필요가 있다. 이러한 둘째 동인의 경우에도 법적-실천이
성은 존재하고 외적인 입법 속에서만 굳어져 버린 것이 아니라는 점
이 분명해지는데, 이 외적인 입법을 나는 원칙적으로는 나의 것으로
인정하지만, 현재의 경우에는 오로지 강제를 통해서만 나를 이성적인
존재로 만드는 것이고, 만약 그렇게 한다면 이성의 전단계로 가는 사
상적 퇴보가 되는 것으로서, 이성의 전단계의 현실 앞에서는 법률과
공포만이 나를 보존해 주기 때문이다. 법적-실천이성은 둘째 동인의
경우에는 행위에 있어서 다르다: 법에서 중요한 것은 외적 자유 내지
자의적 자유의 연결이기 때문에, 법에서는 주체의 면에서 보면 항상
외적인 현존재의 측면도 공존하고, 이러한 외적인 현존재에서 법강제
는 시작할 수 있는 것이다. 법은 — 칸트의 말에 의하면 — 강제하는
권능과 **결부되어** 있다;[24] 법을 생각하는 것은 강제권능을 함께 생각하
는 것이다. 이것으로 둘째 동인이 행위의사에서부터 직접 출발하지
않는 것이 아니라, 오히려 의사의 병리학적인 규정근거로부터 출발하

23　MdS, 324면, AB 15 및 317면, AB 5 참조.
24　MdS, Einleitung in die Rechtslehre, § D(338면 이하, AB 35).

는 것은 도덕의 관점에서만 본다면 둘째 동인에 의해서 실현된 행위
에 모종의 실용성은 제공한다. 그렇지만 법의 관점에서 본다면 그것
은 하등의 것이 아니라, 법에서 인간의 외면성과 유한성은 독자적인
구성요소라는 바로 그 사실을 참작하는 것이다. 그러므로 법강제에
대한 인식은 결코 '병리학적'인 것이 아니라 법적인 성찰이다; 강제에
대한 공포 때문에 행위한다면 나는 자유롭게 행위하는 것이 아니다;
가능한 법강제에 대한 인식에서 행위한다면 나는 법적-실천이성으로
행위하는 것이다. 따라서 둘째 동인에서도 중요한 것은 자유법칙적인
이성의 작용이지만, 법적으로-자유법칙적인 이성의 작용이다.

　이제 성찰방식에 대한 단일한 묘사를 찾는 것이 가능해야 하는데,
이 성찰방식은 법적-실천이성으로서 인간 속에서 작용하고, 즉 자기
결정의 이 형태가 도덕에 비해 더 낮은 형태의 것이 아니라, 오히려 **다
른** 형태라는 것이 분명해지도록 그렇게 첫째 동인과 둘째 동인을 결
부시키는 것이다. 외적 입법의 개념과 연결하고 어떤 의무들이 여기
에 해당하는가를 묻는 것은 수긍이 간다. 칸트가 다른 곳에서 기술하
는 바와 같이, 법의무는 타인에 대한 의무이고 이른바 완전한 의무인
데, 이 의무는 타인의 권리에 부합하기 때문이다.[25] 이러한 권리는 강
제적으로도 관철될 수 있다; 그러므로 자의의 병리학적인 규정근거
뒤에도 역시 법이 있다. 따라서 합법적인 행위는 양극인 의식에 의하
여 규정되는 것이라고 일반적으로 말할 수 있을 것이다: 이 의식은 자
신의 행위의 근거를 타인의 법적 현실을 배려하여 확립하는 동시에
외적인 법률에 방향을 맞추고, 이 외적인 법률은 양자(= 자신의 행위와
타인의 법적 현실)를 연결하고 양자에 공통되는 것이다. 이중으로 확장
된 이 성찰의 내용은 법의무의 이념 자체가 동인인 경우에도 존재하

---

25 MdS, Einteilung der Metaphysik der Sitten überhaupt, 347면 이하, AB 48 이하.

며, 법강제의 가능성이 동인이 경우에도 존재하는데, 여기에도 마찬
가지로 결코 의사의 왜곡만 있는 것이 아니라 법의 외적인 측면에 관
한 법적인 자기결정이 있기 때문이다. 일반적으로 보아 법의 성찰에
서 타인들은 단지 동-주체로서 행위를 판단하는 데에만 기여하지 않
고, 유한한 자립성 속에서 실제 상대자로 참여하기 때문에 그래서 법
적-실천이성의 성찰 속에는 도덕적 성찰의 확장이 있는 것이다.

중간 결론으로서 명확하게 해 두어야 할 것이 있다: 그것은 바로 법
은 그 실현을 외적인 입법의 존재에서만 하는 것이 아니고, 법의 자유
성은 이러한 입법이 주관적 이성에 의하여 공동으로 제정된 것으로
생각한다는 점에 국한되지 않는다는 것이다. 오히려 법은 그 실현을
법률에 따른 외적인 행위의 실행에서도 하며, 이러한 행위의 자유성
은 법적-실천이성에 의해서 만들어지는 것이지, 결코 타인과의 계산
적 방식은 아니다. 칸트는 이에 부합하게 법의 일반원칙을 공식화하
고 있다: "모든 행위는 그 준칙에 의하여 모두의 자의의 자유가 모두
의 자유와 보편법칙에 따라 양립할 수 있으면 법적이다".[26]

그러므로 법에서는 주관적인 법적-실천이성이 외적인 일반법칙과
상호인격성의 영역에서 만나게 된다. 도덕에 비하여 각 개인의 이러
한 자기결정의 독자적인 방식은 자유로운 현존재의 포기할 수 없는
연속성이다. 이것은 삶 자체와 결부된 것이며,[27] 의식적인 인간의 현
존재가 파괴되지 않아야 하는 것이라면 긍정적이고 지속적으로 되어
야 하고 인간들에 의해서 원리적으로는 결코 부정될 수 없다.

---

26 MdS, Einleitung in die Rechtslehre, § C, 337면 이하, AB 33 이하.
27 이것은 법론과 덕론 모두에 해당되는 것으로서 도덕형이상학에 대한 서문
    (Einleitung in die MdS)의 둘째 문장(315면, AB 1) 참조: "자신의 표상에 따라
    서 행위하는 존재의 능력을 삶이라고 한다." 실천 (그리고 또 법적-실천) 이
    성이 각자의 고유한 삶에 형태를 준다.

그렇지만 이것으로 법개념으로서의 책임의 규정에 대한 토대도 마
련되었다.

IV.

법의 현실 역시 각 개인의 내적 성찰과정에 의한 것이라야 한다면, 이
러한 과정의 오류도 의미가 있어야 한다. 그래서 책임이 원리적으로
법개념이어야 한다면 법적인 내용을 제시해야만 하는 것이다.

사유의 전개를 위해서는 다시 일보 뒤로 물러설 필요가 있다. 앞서
인용했던 행위의 합법성에 대한 개념규정을 하는 데 쉽게 간과하는
변곡점이 들어 있다. 합법성은 행위가 법률과 일치 **또는 불일치**하는
것이라고 한다. 이것을 언어상의 오류로 간주하지 않는다면 (그리고
다른 사람들과는 달리 여기 〈도덕형이상학〉의 텍스트를 결코 결점투성이로 여
기지 않는다면[28]), 합법성 개념의 이러한 파급 범위는 설명이 필요한
데, 불법성도 여기에 해당하는 것으로 생각될 수 있기 때문이다. 칸트
는 합법성의 이러한 규정을 가지고 먼저 다음을 얻었다: 그는 법률과
일치하지 않는 행위에 대한 규정을 하는 데도 마찬가지로 외적 행위
만이 중요할 수 있다는 것을 확실하게 하였다. 이것은 진부하게 들릴
수도 있으나, 무엇이 불법비난의 대상일 수 있는가의 규정을 위해서
는 매우 중요하다. 그렇지만 그밖에 불법 행위에서도 역시 동인에 달
린 것이 아니라는 점도 말해진 것이다. 설명한 바에 의하면 내적인 규
정과정이 대체로 중요하지 않을 수도 있음을 의미하는 것이 아니라는

---

28 이에 관하여는 *Ludwig*, Kants Rechtslehre, Kant-Forschungen Bd. 2, Hamburg
   1988, 7면 이하 참조.

것인데, 내적 과정은 반드시 모든 자유를 위한 행위의 기초가 되어야 하기 때문이다. 그러나 이것을 통해서 얻은 것은, 내적 과정의 일정한 긍정적 성격은 외적 행위가 법률과 일치하지 않을 때에는 그 외적 행위를 결코 수정할 수 없다는 것이다. 양심범행도 맨 먼저 법률과의 외적인 일치 내지 불일치만 평가하게 된다.[29]

그렇지만 이것은 법적인 책임의 내적 과정 역시 — 비록 내적 과정 일망정 — 오로지 법적 기준에 따라서만 규정되어야 한다는 표시일 뿐이다. 칸트는 이에 대하여 〈도덕형이상학〉의 서문 끝 부문에서 몇 문장을 적고, 여기서 귀속과 책임에 대한 입장을 밝히고 있다.[30] 귀속의 판단은 누군가를 어떤 행위의 (칸트는 괄호 안에다 첨가하고 있다: causa libera, 자유로운 까닭에) 장본인으로서 확정한다 — 여기서 여전히 문제가 되는 것은 전적으로 외적 행위, 즉 (부정확하게 말하여서) 정당한 행위와 부당한 행위에 관한 것이다. 그다음 '채무Verschuldung'라는 말이 나오는 장이 나오고, 이 말은 정확한 고찰이 필요하다. 칸트는 적고 있다: "누군가가 법칙에 의거하여 강제될 수 있는 것보다 더 많이 의무에 합당하게 행하는 것은 공적이다meritum; 법칙에 걸맞게만 하는 것은 채무이다debitum; 마지막으로 법률이 요구하는 것보다 더 적게 하는 것은 도덕적 채무이다demeritum." 그리고 바로 다음 문장이 나온다: "채무의 법적 효과는 형벌이다." 몇 안 되는 이 문장들은 해석을 필요로 한다.

여기서 분명한 것은 첫 문장에서 강제될 수 있는 행위를 문제 삼는다는 점에서 알 수 있듯이 법의 외적인 행위를 말한다는 것이다. 법에 합당한 행위는 책임 있게 한 행위이며, 법에 부합하지 않는 행위는 채

---

29 이에 관하여는 *Köhler*, Strafrecht Allgemeiner Teil (주 2), 425면 이하도 참조.
30 다음의 인용은: MdS, Einleitung in die Metaphysik der Sitte, 334면 이하, AB 30.

무를 져야 하는 행위이다. 칸트가 이곳에서 도덕적인 채무에 대하여
말하는 것을 마치 도덕성 내지 좁은 의미의 부도덕성에 관하여 다루
는 것으로 해석해서는 안 될 것이다; 오히려 여기서는 칸트가 서문에
서도 사용한 '도덕의' 일반개념을 말하는 것으로서 일반적으로 자유
의 법칙성을 포함하며,[31] 그러므로 이것은 여기서는 더 정확하게 법
적인 자유의 법칙성으로 제한할 필요가 있다.

  법적 채무를 법률이 요구하는 것보다 더 적게 하는 작위라고 규정
하는 것은 아직은 매우 일반적이나, 칸트는 여기서 새로운 규정을 한
다는 점을 지적할 필요가 있으며, 이 규정은 모종의 다른 함의 하에서
이지만 약 100년이 지난 후에야 비로소 규범적 책임개념으로서 형법
학에 수용되었다. 그런데 채무라고 부르는 그 내적 과정은 정확히 어
떤 모습인가?

  이 물음에 대한 대답은 적극적인 법인식을 비교할 때에만 가능하
다. 적극적인 법인식에서 법인식은 상호인격적인 현실에 중점을 두었
다; 자기의 행위는 자신에게만 해당되었던 것이 아니라, 자기 행위의
성격에 의하면 상호적으로 관련된 것으로서 양극 또는 다극적인 것이
었다. 타인격은, 그것이 법의무의 형태 그 자체 이건, 타인격의 권리
에서 기인하는 것으로서 법강제의 상상을 통해서 이건 간에, 내적인
과정에서도 존재하며, 그래서 칸트는 이러한 관계 속에서 책무
Schuldigkeit, debitum라고도 말할 수 있는 것이다. 채무는 이 점에서 실행
에서 더 적게 한 것만은 아니다; 그렇게 된다면 그것은 (앞에서 규정한
도덕의 의미에서) 도덕적 채무가 아닐 것인데, 그러한 것으로서의 단순
한 부족은 (부당한 행위로서의) 외적 행위에 대한 이유가 될 수 없기 때
문이다.[32] 필요한 것은 오히려 내적 과정으로서 불법에 대한 자기결

---

31 MdS, Einleitung in die Metaphysik der Sitten, 318면, AB 7.

정의 내용상-질적인 성격규정이다. 이것은 행위자가 자신의 긍정적
인 능력에 비추어 행위결정의 과정에서 어떠한 과오를 범하는지를 제
시함으로써 이루어지며, 자신의 긍정적 능력은 성인들의 경우에는 항
상 지니고 있다고 보아야 한다. 자기결정의 이러한 과오는 일반적으
로 말해서 한편으로는 행위를 결정하는 사람이 타인들과 함께 법의
공간에서 움직이며 자신의 행위가 이 공간에서 또 사실로 작용한다는
것을 알기는 하지만, 다른 한편으로는 또 서로의 자유를 보장하는 것
이 아닌 주체에게만 해당되는 (이기적인) 행위의 기본원리들을 따른다
는 데 있다. 그것은 그 자체로 사회적 인격에서 이기주의자로 가는 의
식의 내용에 대한 감소가 있을 때에만, 자유법칙적인 (도덕적) 채무의
과정이 될 수 있을 것이다. 자유는 — 이것을 칸트는 〈순수한 이성의
한계 내에서의 종교〉라는 저술에서 명확하게 해 두었다 — 악에 대한
자유이기도 하기 때문에 여기서는 불법에 대한 자유인 것이다.[33]

  이러한 채무의 과정은 이제 직접 형법의 개념성 속으로 변형시킬
수 있다. 먼저 과실책임은 일반적으로 가능하다. 이때는 모든 상황에
서의 모든 경솔함이 문제되는 것이 아니라,[34] 다음의 행위상황에서만
문제가 되며, 이 행위상황에서 타인의 법영역은 실현되지만 행위자에

---

32 록신Roxin이 지지하는 것(Strafrecht Allgemeiner Teil, § 19 난외번호 36 이하)
   과 같은 책임 개념에 대해서는 이의를 제기할 필요가 있다. 책임은 "규범에
   맞게 반응할 수 있음에도 불구하고 하는 불법한 행위"라는 것이다. 분명한 것
   은 여기서는 불법에 추가적으로 주관적인 자격을 부여한 것이 아니라, 단순
   히 어떤 결함이 있다는 것만 밝혀낸다는 점이다.
33 Werke Bd. 7, 647면 이하, 여기서는 특히 제1편 „Von der Einwohnung des bö-
   sen Prinzips neben dem guten; d.i. vom radikalen Bösen in der menschlichen
   Natur", BA 3 이하. 이에 관하여는 Schulte, radikal Böse, München 1988, 33면
   이하 참조. MdS, Einleitung, 323면, AB 14 Anm.*: 법 또는 불법의 구분에서 최
   상위의 구분 개념은 "무릇 자유로운 자의 행위이다".
34 이에 관하여 — 역시 불법과 관련된 것으로 — 타당한 것은 Köhler, Strafrecht
   Allgemeiner Teil (주 2), 171면 이하 참조.

의하여 자기의 영역에서 내쫓기는 것이다. 이것은 소위 인식 있는 과
실에 국한되지 않고, 행위자에게 가해지는 의무를 고려하여 타인의
법영역을 밀어내는 모든 내적 행위와 자기 자신에 제한하는 것을 밀
어내는 모든 내적 행위를 확인할 수 있을 때에는 인식 없는 과실이 될
수도 있다. 그러면 일반적으로 부주의함이라고 말할 수 있을 것이다.

  고의책임은 동일한 원칙에서 나오는 것이기는 하나 더 중한 책임의
형태이다. 왜냐하면 여기에는 타인에 대한 분리만 들어 있는 것이 아
니라, 이 분리 속에는 타인의 우세함도 있기 때문이다; 칸트가 다른
맥락에서 언급한 바와 같이 행위자는 타인에 대하여 지배자인 체 하
는 것이다.[35] 이때 법은 권리로서 침해되는 것인데, 행위자는 인격체
로서의 타인을 파기하고 그럼으로써 공동으로 보장한 상태를 파기한
다는 것을 알고 있기 때문이다.

  그러므로 채무Verschulden는 — 도덕이 아니라 — 법적 실행구조에 따
른 내적 오류의 과정인 것이다. 미하엘 쾰러Michael Köhler가 자신의 형
법총론 교과서에서 이러한 채무의 과정을 남이 평가하는 것이 아니
라, 자기결정적인 것이라고 다시 강조한 것은 그의 공적이다.[36] 쾰러
가 자신의 총론 교과서에서 책임을 '불법의 준칙에 대한 결의(결정과
정)'로서 규정할 때[37], 이것은 바로 칸트와 관련하여 설명한 그것을 뜻
하는 것이다. 이 표현을 쾰러는, 법원칙을 행위의 준칙으로 하는 것이
필요하지 않을 수 있는 불법 행위에는 법행위보다 더 많은 것을 요구
하는 것이라고 오해할 수도 있다.[38] 그렇지만 이 맥락에서 분명해지
는 것은, 쾰러에게서도 중요한 것은 오로지 합법성의 준칙을 만들고

35 MdS, § 42, 424면, AB 157.
36 Strafrecht Allgemeiner Teil (주 2), 143면 이하.
37 Strafrecht Allgemeiner Teil (주 2), 143면.
38 MdS, Einleitung in die Rechtslehre, 338면(AB 34): "바르게 행위하는 것을 나
    의 준칙으로 삼는 것은 윤리가 나에게 하는 요구이다."

이것을 가지고 또 가능한 법강제의 인상 하에서만 만들어지는 그러한
준칙을 만드는 것이다.[39] 그렇지만 이것 또한, 앞서 보여준 바와 같이,
자유에서 나오는 내적 능력이며, 이 능력이 타인에 대한 도덕적인 무
관심으로서 보일지라도 말이다; 그리고 법에는 이것으로 충분하다.
  이 후자는 가끔 이러한 시각에서 법을 도덕의 더 높은 요구사항에
비하여 무언가 더 낮은 것으로 여기게 한다. 하지만 이것은 궤변적인
추론이다. 엄격한 주관적 관점에서 보아도 이 추론은 벌써 매우 의심
스러운데, 각 개인은 모든 타인에게 도덕적 실천 방식으로 스스로 결
정하여 그들의 법인격성을 **상호인격적**인 현실 속에서 각 개인이 요구
하는 이 모든 것을 가질 수 있고, 타인들로부터 외형을 얻고 또 강요
될 수도 있게끔 그렇게 호의적일 수는 없기 때문이다. 하지만 개개인
이 — 다시: 엄격하게 주관적으로 — 법을 모두 내적 과정으로서 떠맡
는다면, 그러면 법은 단지 자신의 능력으로만 남게 될 것이다. 그리고
그 능력을 — 그리고 이것은 도덕성과 합법성에 대한 칸트의 구분의
중요한 성취로서 — 타인들은 요구할 수 없다. 법공동체에게는 그들
의 것인 그것만을 주어야 하는 것이다.
  타인에 대한 경계를 통한 법주체의 이러한 강화는 필연적으로 책임
의 개념에도 반영되고, 여기서는 다시 형법상의 책임에 대해서만 논
해야 할 것이다. 왜냐하면 형벌 역시 법제도이며, 도덕적인 비난이 아
니기 때문이다; 형벌의 개념은 타인의 법지위를 약화시키거나 감소시
키는 것이다.[40] 도덕적인 죄가 형벌의 요건이 될 수는 없고, 그것은 그
입장에서 법적인 궤도 안에서 움직이는 성찰과정은 될 수 있다. 그렇
지 않다면 법공동체는 하필이면 형벌의 제도에서 인간의 내적 총체성

39 Strafrecht Allgemeiner Teil (주 2), 352면.
40 이에 관한 상세한 것은 *Köhler*, Strafrecht Allgemeiner Teil (주 2), 37면 이하.

에 결정적인 조치를 취하는 가능성을 가지는 것이 될 것이다. 하지만 이것은 엄격한 의미에서 부당하며, 이것을 가지고는 결론적으로 이러한 침해가 형벌을 제한하는 효과를 있게 하는 것은 결코 정당화 될 수 없는데, 그것은 여기에 근거지움의 차원에 대한 혼동이 있다는 점을 간과하기 때문이다. 인격체는 통일체로 존재하기는 한다; 인격체는 도덕적 인격체와 법적 인격체로 나누어지지 않고, 인격체들의 삶의 내적인 공간 속에서 법과 도덕의 공간은 서로 분리되어 있지 않다. 그렇지만 성찰의 속성상 구분은 가능하다. 그리고 구분의 실제 이득은 타인들에 대한 영향에서 알게 되며, 타인들이 내 인격의 이 부분에 대한 권리도 있었다면 나의 책임과 법적 결과를 연결해도 되는 것이다.

따라서 책임은 현재 (불법에서) 하는 그것보다 더 많이 하는 것이 아니다.[41] 이러한 더 많이 하는 것 내지 이러한 능력은 불법과 책임에서 비로소 문제 되는 것이 아니라, 오히려 법에 의해서 항상 전제되고 있다. 책임은 상호인격적인 성찰과 이에 부합하는 행위가 요구되고 행위자도 이것을 아는 인식 있는 이기주의이다. 이 점에서 이러한 상호인격적인 성찰을 해내고 실제로 실행하는 어려움들이 성격규정된다; 그리하여 책임조각사유들이 존재하고, 이것들은 다시 법적으로 유형화되었다고 할 수 있다. 부언하여 말하자면 칸트도 이미 책임의 등급이 있다는 것을 지적하였다("자연적 장애가 작으면 작을수록, 의무로 인한 장애가 크면 클수록, 위반은 (채무로서) 더 많이 책임지게 된다").[42]

이러한 맥락에서, 책임론에서 헤겔이 완성한 다른 개념성을 법개념에서의 다른 기초를 또 언급하는 것은 철학사의 관심에서 하는 지

---

41 이 견해에 관하여는 다시 *Roxin*, Strafrecht Allgemeiner Teil, § 19 난외번호 36 이하 참조.
42 MdS, Einleitung, 335면, AB 30.

적 그 이상의 것이다. 헤겔의 고의와 책임에 대한 설명은 그의 〈법철학〉 제2부 도덕의 제1장에 나온다. 이 책에서 사실상 주체의 총체성은 도덕적 관점에서 법을 위하여 고려되지만 — 한편으로는 추상적인 법 속으로, 다른 한편으로는 모든 것을 포함한 인륜성 속으로 동원되고 있다. 체계적으로 이렇게 규정된 자리에서 완전히 생각한 주체는 당연한 귀결로서 그가 완전히 알고 실현한 것만을 인정할 수 있다 — 그렇지만 이것은 주체의 주관적 이성에 사유적으로 다시 연결되지 않고 주체에게서 이 탁월한 의미를 윤리성에서 다시 빼앗을 수도 있는 대가를 치르고서 하는 것이다.

　또 헤겔의 법개념과 이에 상응하는 책임의 개념이 자유의 원리에서 전개된 개념이라는 것은 변하지 않는다. 바로 그 때문에 헤겔의 개념 그리고 자유의 원리에서 발전된 법과 책임에 관한 다른 개념을 대조하는 것은 시사해 주는 바가 많다. 이것이 이 논문에서 행해진 것이다. 칸트에서 기인하는 법과 자유의 개념은 사념적인 중점을 달리 둔다는 것을 보여주었다. 책임을 법개념으로 생각할 수 있는 것은 한편으로는 법 자체가 각 개인의 주관적 이성을 단절된 형태가 아닌 지속적으로 영향을 미치는 본질적 요소로서 가지고 있을 때 가능하다. 하지만 다른 한편으로는 이것으로부터 책임에 대한 이유와 척도도 밝혀진다: 책임은 실제의 내적 인식의 과오이며, 이것이 불법의 근거인 것이다; 그렇지만 책임은 인격체를 그의 결정의 도덕적 총체성 내에서 법으로 말미암아서는 그리하여 타인으로 말미암아서도 떠넘기지 않는 것이다.

§ 10   객관적 귀속의 주체와 귄터 야콥스의 이론*

I.

귄터 야콥스*Günther Jakobs*는 지금까지 출간된 그의 저작에서 법철학적 기본원리의 연구를 형법의 구체적인 문제에 대한 해결책과 연결시키는 소수의 형법학자 중의 한 사람이다. 형법학은 그의 연구로 인하여 형법에서 단순히 법률–실증주의적 시대정신, 더 나쁘게 말하면 정치–실증주의적인 시대정신에 맞설 수 있는, 형법에서는 포기할 수 없는 논쟁영역이 유지된다는 것만으로도 그에게 은혜를 입고 있다.

그렇지만 논쟁영역의 필요성을 말하는 것은 논쟁영역에 관하여 실제로 논의해야 한다는 것을 뜻하는 것이기도 하다. 이것을 이 글에서는 행하려고 하며, 향후 밝혀지겠지만 특히 야콥스 저작의 기본명제를 철저히 비판적으로 분석하고자 한다. 이 글의 제목인 '객관적 귀속'이라는 개념은 현대 형법학의 핵심개념인 동시에 야콥스 이론의 핵심개념이기도 하다.[1] 그러나 이 글에서는 이 개념의 형법적 문제점을 중점적으로 다루지 않고,[2] 오히려 그 법철학적 함의 그리고 무엇보

---

* 이 글은 귄터 야콥스의 고희기념논문집(*Michael Pawlik/Rainer Zaczyk* 편, 2007, 785-800면)에 수록된 것이다.
1 그의 대작인 〈형법총론. 기초와 귀속론〉 교과서(제1판 1983, 제2판 1991; Studienausgabe 1993) 부제만 보아도 이 점을 알 수 있다.
2 형법적 문제의 맥락에 관하여는 *Hübner*, Die Entwicklung der objektiven Zurechnung, 2004; 근본적인 논의는 *Hruschka*, Strukturen der Zurechnung, 1976 참조. 야콥스 자신의 입장에 대해서는 교과서 외에 예컨대 Bemerkungen zur objektiven Zurechnung, FS Hirsch, 1999, 45면 이하 참조. 형법학적 근본논의의 맥락에 관하여는 *Avrigeanu*, Ambivalenz und Einheit, 2006.

다도 근본적인 문제를 중심으로 논해야 할 것이다. 왜냐하면 규범을 통한 모든 귀속 이전에, 각 주체가 기속력을 갖는 기준선이 되어야 한다는 의미로 각 개별 주체와의 관계 속에서 규범 자체의 정당성이 먼저 해명되어야 하기 때문이다. 여기서 주체의 개념과 연결시키는 것은 의도적인 것으로서 이 글의 제목을 중의적인 것으로 만들어 준다. 그 한 이유는 '객관적 귀속'은 **대상**으로서, 주체의 행위와 법의 세계에서 그 행위를 통하여 야기된 외적인 변화의 관계를 뜻하기 때문이다; 그래서 이 고찰에서 중심이 되는 것은 주체 자체와 법 속에서 행위자가 될 가능조건이다. 또 다른 이유는 '귀속'의 개념 속에 이미 들어 있는 것으로서, 귀속은 귀속을 행하는 자, 즉 귀속판단의 주체를 전제한다는 점이다. 법철학의 근본문제 중의 하나는 이 두 주체 그리고 여기에서 도출되는 긴장관계라는 것이 이 글에서 밝혀지게 될 것이다. 이들의 상호적 규정과 상호적 관계의 방식 속에서 어느 지점에서 법철학적인 근거의 확립이 사유의 진행에 적합한지를 잘 알 수 있을 것이다.

Ⅱ.

1. 앞의 서두 부분의 언급에서 주체의 개념은 객관적 귀속과 관련하여 아직 세분화하지 않고 사용하였다: 주체는 우선 넓은 의미에서는 오로지 '결과'를 발생시킨 장본인, 즉 전형적으로는 개개 인간이며, 더 나아가서는 귀속판단을 하는 장본인, 말하자면 타인 또는 다수의 인간이다. 고찰의 시작에서는 그리고 잠정적으로라도 두 주체는 구분할 필요가 있다.

두 주체의 관계를 법의 영역으로 옮겨보면 그 관계는 더 구체적으로 국가에 대한 개인의 관계라고 할 수 있다. 이것을 근대의 관점에서 생각해 본다면 토마스 홉스*Thomas Hobbes*가 확립한 토대 위에 서 있음을 알게 된다.[3] 고대의 국가이론과는 달리 홉스에 의해서 국가는 더 이상 처음부터 숙명적으로 주어진 것이 아닌 인간 자신들이 만든 것으로 여겨지게 되었다. 홉스는 〈리바이어던〉의 서문에서 벌써 '정치체' 국가는 '소재이자 창안자'인 인간들에 의해서 만들어진 것이라고 한다.[4] 이것으로 하나의 관점이 열리는 동시에 한 프로그램이 묘사된 것으로서 이 둘은 근대의 전 법철학과 국가철학을 규정하였으며, 그 다음 세기에 가서 더 정확하게 파악되었고 결정적인 원리에서는 심화되고 보충되었다. 여기서 프로그램 구상에 터 잡아 노력을 기울여야 할 분야를 아주 정확하게 제시할 수 있게 된다: 정치체의 '창안자'[5]인 개인은 보다 상세하게 기술될 필요가 있었다; 이러한 시각에서 보면 정치체의 형태 그 자체가 규정되어야 했었을 뿐 아니라, 동시에 이 전체에 대한 개개인의 관계도 해명되었어야 했다.

홉스 자신이 이미 이 과제를 해결하는 데 중요한 기여를 하였다. 〈리바이어던〉의 제1부는 국가의 창안자인 인간에 대한 기술로 시작한다(제1장-제16장). 홉스는 이 책에서 인간을, 말하자면 최초의 감관

---

3 이에 관하여는 *Henrich*, Die Grundstruktur der modernen Philosophie, in: *Ebeling* (편), Subjektivität und Selbsterhaltung, 1976, 97-121면. 그 밖에도 뒤에서 중요한 것은 *Harzer*, Der Naturzustand als Denkfigur moderner praktischer Vernunft, 1994 참조.

4 *Hobbes*, Leviathan oder Stoff, Form und Gewalt eines bürgerlichen und kirchlichen Staates, *Euchner* (역), *Fetscher* (편), 1966, 5면.

5 영어 원문은 'artificer'이며, 이에 대한 홉스 자신의 라틴어 번역에는 'artifex'로 되어 있다. The English work of thomas Hobbes, *Molesworth* (편), 1839, 재판 Aalen 1962, 제3권 X면, 또는 Hobbes Opera Philosophica, *Molesworth* (편), 1839-1845, 재판 1961, 제3권 2면 참조.

지각에서부터 시작하여 동심원을 그리며 점점 더 넓어져 가면서 국가
의 설립에 이르는, 홉스의 이른바 '자연 법칙'에 대한 이성이 이루어
낸 통찰까지를 구축하고 있다. 하지만 이렇게 규정된 주체는 그다음
에는 불확실성에 대한 인식을 하게 된다: 개인의 자립성은 그 속에 내
재되어 있기는 하지만, 결과에서는 자립성에 모순되기도 하는 각 개
인의 본성적인 이기심에 의하여 위협을 받으며, 그는 타인의 존재를
포함하여 모든 것에 대한 권리를 가진다고 착각한다. 자기보존의 목
적을 위하여 그리고 이러한 불확실성을 극복하기 위하여 개개인의 이
성은 그에게 우월한 것, 바로 정치체로서의 '리바이어던'을 설립하도
록 한다. 정치체는 모든 구성원 상호 간의, 이기심을 가진 개인들이 갖
는 파괴적인 힘을 그들의 보존을 위하여 긍정적으로 관리하는 전체에
양도한다는 내용의 계약을 통해서 이루어진다. 이성은 여기서 나름
삶의 최종 관계 속으로 들어가는 것이지만, 정당한 근거를 가지고 말
할 수 있는 것은 홉스의 구상 속에서 각 주체와 집단의 주체 그리고 양
자의 관계는 법철학상 최초로 타당한 방식으로 규정되었다는 점이다.

　2. 이제 법철학상 홉스에서 시작된 전개과정을 이 글의 목적에 필
요한 한도에서 설명해 본다면, 방향설정의 거점으로서 야콥스가 자신
의 법사상의 기초가 되는 책 〈규범, 인격, 사회〉[6]에서 여러 차례 반복
하여 인용한 저자인 루소*Rousseau*를 비롯하여 칸트*Kant*, 피히테*Fichte* 그
리고 헤겔*Hegel*과도 연관시킬 수 있다.[7] 법철학에서 이들은 ― 서로

6　제1판 1997, 제2판 1999; 이 글에서 이 책의 모든 인용은 면수만을 표시한다
　(제1판과 제2판의 면수는 동일하다).
7　언급한 스피노자*Spinoza*는 본문에서 거론한 것과는 완전히 다른 방식으로 주
　체를 절대자와 연결하기 때문에 이 글에서는 고려하지 않았다; 그의 위대함
　을 이 맥락에서 올바르게 평가하기 위해서는 전혀 다른 방향의 논문이 필요하
　다. ― 야콥스의 실제 보증인인 니클라스 루만*Niklas Luhmann*은 〈규범, 인격, 사
　회〉에서는 본문뿐 아니라 참고문헌에서도 언급되지 않았지만, 교과서(주 1)
　에서는 아주 앞부분(Abschnitt 1/11, 9면 이하)에서 언급되었다. 단행본 저서

간에 차이가 존재함에도 불구하고 충분히 이렇게 말할 수 있을 것이
다 — 홉스의 저작을 거쳐 갔으며, 홉스가 이미 〈리바이어던〉의 서문
에서 언급해 놓은 다음의 사상을 수용한다: 국가의 창안자로서의 인
간은 "인간을 만들자"라고 하면서 세상을 창조한 신과 비교된다.[8] 칸
트 그리고 칸트 없이는 이해할 수 없는 독일 관념철학의 자유의 철학
Freiheitsphilosophie에서 이 사상은 전속력으로 전개되었다: 이성에 터 잡
은 자기결정(칸트에게서는 정언명령, 피히테에게서는 모든 앎의 최후의 거
점으로서의 자의식, 헤겔에게서는 자의식 속에서 살아 있는 인륜성)은 스스
로 제2의 세계, 즉 자기 정신의 세계를 창조하는 그 '창안자'의 권한을
나타낸다. 여기서 타인과 공존하는 공동체, 즉 국가는 개개인에 대하
여 외적인 것이 아니라, 말하자면 자기 자신의 확장물이다. 루소에게
서 여전히 불분명한 채 남아 있는 (국가에의) '완전한 양도alienation totale'[9]
가 실행되고 나서, 칸트와 그의 계승자들에게서 자기존재의 힘으로
모든 주체 속에 공통으로 내재된 것이 철저하게 전개되었다. 이렇게
해서 주체와 공동체는 하나(주체)를 다른 것(공동체)으로 환원하지 않
고 둘을 함께 사유하는 것도 가능하게 되었다.[10]

나 논문 중에는 예컨대 Schuld und Strafe, 1993, 29면과 각주 39 참조;
Individuum und Person, ZStW 117 (2005), 247면 이하, 256면 각주 34; 265면 각
주 58, 특히 Schuld und Prävention, 1976, 8면 이하 참조.

8 각주 4와 동일.

9 Rousseau, Der Gesellschaftsvertrag, Denhart (역), Weinstock (편), 1969, Buch 1,
Kap. VI(42면 이하) 참조; 이에 관하여는 Gaul, Freiheit ohne Recht, 2001, 183면
이하도 참조.

10 Henrich, Logische Form und reale Totalität, über die Begriffsform von Hegels ei-
gentlichem Staatsbegriff, in: Henrich/Hoprstmann (편), Hegels Philosophie des
Rechts, 1982, 428면 이하와 Einleitung, in: Georg Friedrich Wilhelm Hegel,
Philosophie des Rechts, Vorlesungsnachschrift von 1819/20, Dieter Henrich (편),
1983, 9면 이하, 30면 이하 참조.

Ⅲ.

1. 이러한 배경 위에서 야콥스가 〈규범, 인격, 사회〉에서 객관적 귀속의 주체를 규정한 방법을 보여주는 것은 도움이 될 것이다.

a) 근대의 전통에 따라 야콥스에게서도 각 개인이 사고의 출발점이 된다. 그러나 야콥스는 '주체'라고 하지 않고, '개체'라고 말한다(9면). 이 개념은 〈규범, 인격, 사회〉의 제1장에서 '고립된 인간 개체'라는 제목 하에 더 자세히 규정되고 있다(9면 이하). 이 장은 다음과 같은 문장으로 시작한다: "타인에 대한 앎이 전혀 없거나, 지각의 중앙 처리기구가 그것의 행동을 해석하기 위하여 존재하는 부분적으로나마 인간과 유사한 삶을 사는 동물에 대한 앎이 전혀 없는 홀로 살아가는 인간을 상정해보라"(9면). 그러므로 여기서는 시작부터 그것이 가진 인지적 능력으로 인하여 더 발달된 동물과 동급으로 놓이게 되는 각 개별개체의 이를테면 원자적 기초를 법철학의 기점으로 삼는다. 이 점은 이 장의 둘째 문장에서 더 분명해진다: "개체는 쾌감과 불쾌감의 도식에 따라 자신의 지각의 진행을 정돈하며, 이것은 쾌감을 가져다주는 것은 야기하고 불쾌감을 가져다주는 것은 회피하게 만든다"(9면). 네 페이지 반 정도 되는 서문의 모든 문장은 이를 기술하는 것으로 주를 이룬다: 개체란 아무튼 스스로를 명백히 이렇게 이해하는 것으로서 유기적으로 살아 있는 단위이다.[11]

사회 세계의 구조는 제2장에서 다루어지며, 여기서 (제1의 개체와 동일한) 제2의 개체가 도입되어 제1의 개체와 대면하게 된다는 식으로 구성되어 있다. 논리 일관되게 양자는 동일한 성질의 것으로서 (단지 쾌감·불쾌감의 도식에 따라서 살아가는 존재로서) 주장되고, 그래서 제

---

11 Norm, Person, Gesellschaft, 12면 비교.

1개체와 똑같은 개체 하나가 증가되는 것이다. 이것으로 두 개체의 만남 자체로부터 공동체에 관한 질적으로 새로운 차원을 얻을 수 있는 단서는 아직 나타나지 않는다. 그래서 야콥스에게서 한 개체와 다른 개체가 대면하는 방식은 — 여기서 피히테를 인용하고 있지는 않지만 — 1796년 피히테가 〈학문이론의 원칙에 입각한 자연법의 기초 Grundlage des Naturrechts nach Prinzipien der Wissenschaftslehre〉[12]에서 지적한 상호성을 짙게 연상시킨다는 점을 강조할 필요가 있다. 그러나 피히테를 인용하지 않은 것은 옳은 것인데, 피히테는 상호성을 입증하는 데서 칸트의 전 실천철학을 연결시킴으로써 개인의 개념을 훨씬 더 내실 있게 전제하기 때문이다: 피히테는 '이성적 존재'를 말하는 것이지, 쾌감·불쾌감의 도식에 따라서 살아가는 존재를 말하고 있지 않다.[13]

야콥스가 설명한 것과 같은 방식으로 구성된 두 개체를 대립시켜 본다면 타인의 존재 그리고 타인의 존재에 대한 부정도 한 개체의 쾌감·불쾌감의 도식에 따라 이해할 수 있다. 이러한 개체의 수를 이념형적으로 생각되는 둘을 넘어서 확대해보면, 동시에 불안전성도 증가하게 되어, "그리하여 개체들은 통제되지 않은 채 이리저리 떠돌아다닐 것이다"(24면). 이러한 상황에서 생존에 대한 욕구는 개체들이 하나의 힘을 만들게 하며, 이것은 우선 자연적 개인관과 거의 동일하게 단지 상대적으로 우월한 **힘**으로 구상된 것이다. 그럼에도 불구하고 여기에 새로운 특성을 지닌 주체, 즉 사회가 등장할 단서가 있다.

b) 일단 이 지점에서 야콥스의 논법에 대해 묘사하는 것을 멈추어

---

12 Fichtes Werke, *I.H. Fichte* (편), 1845/1846, 재판 1971, 제3권, 특히 §§ 3, 4.

13 이에 관해서는 §§ 1-4 der Grundlage des Naturrechts nach Prinzipien der Wissenschaftslehre; 그 밖에도 Fichtes Lehre vom Rechtsverhältnis, *Kahlo/Wolff/Zaczyk* (편), 1992에 수록된 논문들. — 이 관점은 (이성적 존재로서의 개인은) 피히테가 인용된 〈규범, 인격, 사회〉의 32면에서는 제대로 나타나지 않는다.

본다면, 여기까지는 홉스가 〈리바이어든〉에서 한 설명을 다시 쓴 것이라고 생각할 수도 있을 것이다. 〈리바이어든〉에서처럼 개체들 상호 간의 행동은 모두가 모든 것에 대한 '권리'를 가지며, 인간은 인간에게 늑대이고,[14] 만인의 만인에 대한 투쟁을 방지하기 위하여 독점적 권력을 가지고 평화를 보장하는 초권력이 창설되는 것으로 성격규정되는 것처럼 보인다.

그러나 자세히 보면 홉스에게서 개개인은 추가적으로 이성능력을 가진 것으로 묘사된다. '인간에 관하여' 다루는 〈리바이어든〉의 제1부 끝부분에서 홉스는 각 개인의 능력을 언급하는데, 그것은 바로 국가로의 이행을 사유적으로만이 아니라 실제로도 가능하게 하는 두 개의 소위 자연법칙을 인식하는 능력이다: 그 첫째 법칙은 "평화를 구하고 이를 유지하라"는 것이다; 둘째 법칙은 다음과 같은 내용이다: "모두가 이것이야 말로 평화와 자기방어를 위해서 꼭 필요하다고 여김으로써, 타인들도 (자기와 같이) 모든 것에 대한 자신의 권리를 포기할 용의를 갖는다면 모두는 자발적으로 모든 것에 대한 자신의 권리를 포기하여야 한다; 그리고 모두는 자기 자신에 대해서 인정하는 것과 똑같은 양의 자유를 타인도 가지고 있는 것으로 봄으로써 만족해야 한다."[15] 이 법칙과 이 법칙에 대한 인식은 자기보존이라는 목적론적 맥

---

14 그러나 이 유명한 말의 완전한 인용은 다음과 같다는 것을 지적할 필요가 있으며, 특히 이 글에서는 중요하다: „Profecto utrumque vere dictum est, *homo homini deus et homo homini lupus*" [강조는 원문] ("이제 두 문장은 진실임이 확실하다: 인간은 인간에게 신이며, 그리고: 인간은 인간에게 늑대이다"); 그러고 나서 홉스는 첫 문장의 진실을 시민들 서로 간의 관계에 적용한다(!). 이 인용은 *Hobbes*, Opera Philosophica (주 5, 제2권 135면); 독일어 번역은 *Hobbes*, Vom Menschen/Vom Bürger, *Gawlick* (편역), 1959, 59면(각 헌사에서). 이에 관하여는 많은 참고문헌과 함께 *Harzer* (주 3), 24면 각주 35도 참조.

15 Leviathan (주 4), 100면. — 야콥스는 그 점에서 단순한 처세술을 보지만 (ZStW 117 (2005), 247면 이하, 253면), 이것이 객관적 내용과 완전히 부합하는지는 의문이다.

락에서 파악되었다. 하지만 개체가 국가를 창설하는 필요성에 대한
자기근거적 인식을 갖는다는 사실에는 변함이 없다; 이것은 벌써 개
인에게 직접 그 당위성을 호소하는 두 '자연법칙'의 언어적 이해로부
터도 알 수 있다. 따라서 자연상태에서의 인간에 대한 홉스의 묘사는
'모든 것'에 대한 인간의 권리가 그의 동물적 본성과 연결되어서 묘사
되고, 이로부터 평화를 유지할 초권력이 필요하다는 것을 도출해 내
는 데 국한하지 않고, 이러한 초권력의 창설에 대한 인식을 개개 인간
자체와 연결시킴으로써, 즉 전前국가적으로 설정한다는 점이 적어도
동일한 정도로는 고려될 필요가 있다. 그렇게 되면 자연상태는 그 나
름 '실천이성의 사유형태'가 된다.[16]

〈규범, 인격, 사회〉에서 개체들이 쾌감·불쾌감의 도식에 사로잡혀
있다고 보는 것을 극복하게 해주는 것과 대등한 것으로 볼 수 있는 생
각을 찾아낼 수 있을지는 의문이다. 물론 개체들에게는 언어능력 그
리고 더 자세하게 표현되지는 않았으나 자기성찰능력이 있는 것으로
인정된다.[17] 그렇지만 무엇보다 〈규범, 인격, 사회〉의 한 곳에서 야콥
스는 개체들 자신에 대하여 더 고도로 발달된 실천적 인식능력이 있
다고 말하려 했다고 추론할 수도 있을 것이다: 사회의 구성으로 이행
하는 단계에서 "힘을 통한 집단의 조정"[18]에 대하여 야콥스는 헤겔이
〈정신현상학〉에서 그리고 특히 〈철학개론(= 엔치클로페디)〉에서 발전
시킨[19] 주인과 노예의 관계 및 이 관계와 더불어 그리고 이 관계로부

---

16 이에 관하여는 주3에서 인용한 하르츠*Harzer*의 Der Naturzustand als Denkfigur
   moderner praktischer Vernunft(근대 실천이성의 사유구조로서의 자연상태)
   라는 책의 제목 참조.
17 Norm, Person, Gesellschaft, 29면 참조.
18 Norm, Person, Gesellschaft, 24–28면.
19 *Hegel*, Phänomenologie des Geistes, 20권 전집, *Moldenhauer/Michel* (편), 1971,
   제3권, 145-155면; Enzyklopädie der philosophischen Wissenschaften, 전집 제8
   권–제10권, 여기서는 제10권, §§ 430-435.

터 나오는 외적인 상호승인의 발생이라는 모델을 원용하고 있다. 하지만 이러한 원용을 가지고 헤겔 입장의 인수 역시 이 점에서 원활하게 이루어졌다고는 볼 수가 없다. 왜냐하면 단순한 외적 대면을 상기시키는 '주인'과 '노예'라는 명칭을 붙였음에도 불구하고 헤겔에게서 이 관계는 실제의 **자의식**의 전개로 분류되었고, 이 관계는 법 속에서 타인과 공존하는 세계에 대한 경험 내에 자리매김 되었기 때문이다. 이것은 〈규범, 인격, 사회〉의 구상에서 단순히 쾌감·불쾌감에 따라 행위하는 개체와는 거리가 먼 여러 단계들을 오랫동안 거쳐 온 결과이다. 야콥스는 단호하게도 이러한 개제 속에 낭위의 근원이 있다는 것을 받아들이지 않으려고 한다.[20]

2. a) '개인의 세계'는 '반쪽 세계'다 라고 29면에서 말한다. 다른 반쪽은 야콥스에 의하면 사람들이 모인 세계, 즉 사회의 세계이다. 야콥스에게서 이 사회라는 개념은 '규범적 합의'에 국한된다(30면); 따라서 '사회'는 사회 속에서 사회를 통하여 만들어지는 당위를 갖게 된다. 이 당위를 통해서 인격의 의무와 권리가 제정되고 그래서 인격 자체가 비로소 처음으로 만들어지게 된다. 개체는 그 자체만으로는 사회의 이러한 차원을 전혀 파악할 수 없으며(32면 참조), 자기의 보존과 동시에 사회의 보존을 보장하는 규칙 아래로 들어간다. 또한 인격은 더 정확하게는 "사회적으로 형성된 다른 인격들에 대한 관계, 즉 그의 역할을 통해서 규정된다."(38면, 그리고 59면 이하도 참조). 인격이 구성되는 과정의 표현은 야콥스에게서는 오로지 언어적으로는 수동태로만 그리고 관념상으로는 당위의 관점에서 보아야만 나온다; 이 점은 그의 책 결론 부분에 나오는 명제화한 요약 속에서 잘 나타난다: "인

---

20 Norm, Person, Gesellschaft, 29면 참조. 이 유보에 대한 근거가 될 만한 것은 이 글의 마지막 절에서 언급될 것이다.

격은 집단에 대하여 과업을 이행해야 하는 자이다; 인격은 당위(= 해야 하는 것)와 자유공간(= 할 수 있는 것)의 도식을 통하여 규정된다."[21] 여기서 나타나는 변화를 이해하기 위해서는 '개체'에 대한 시각과 인격을 비교해 볼 필요가 있다: 쾌감·불쾌감의 도식에 따르는 개체는 집단(사회, 국가)을 통해서 인격으로 고양된다. 이렇게 해서 사회라는 '제2의 세계'는 인간의 의식적인 삶 속에서 1순위를 갖게 되는데, 사회야말로 인간에게 의미를 정립해주는 모든 것에 대해서 '합의를 보게' 만들어 주기 때문이다.

이러한 제2의 세계에 대한 개인의 관계를 더 정밀하게 살펴보기 전에 제2의 세계 자체를 설명할 필요성이 있다. 제2의 세계는 — 야콥스가 꼭 이렇게 표현하지는 않았으나 — 필자가 말하는 의미에서는 그 자체로 존재하는 '주체'이다. 주체는 '규범적 동일성'을 가지며(30면), 고유한 동력을 지니고(40면), 스스로의 욕구를 갖기 때문에(62면) 규칙은 단체에 이익이 되는 것이라고 설명할 수도 있어야 한다(62면); 주체는 주변 세계를 가지며 이것을 확인한다(64면). 이러한 주체의 근거와 근원은 야콥스가 보기에는 계약설의 구조에는 있을 수 없는데, 이를 위해서는 국가 이전의 단계에서 이해된 개체의 자격이 필요하고 야콥스에 의하면 개체는 이것을 갖고 있지 않기 때문이다. 단순한 사실로 본다면 근원은 오히려 '힘을 가진 자'의 강압에 의한 개체들의 결사에 있다(25면 이하 참조).[22] 그러나 이것은 지배의 정당성과 통하지 않으며, 이 점은 야콥스도 당연히 인식하고 있다. 이러한 맥락에

---

21 Norm, Person, Gesellschaft, These B 1, 125면.
22 칸트도 이렇게 보기는 했으나(Metaphysik der Sitten, 10권 전집, *Weischedel* (편), 1969, 제7권(뒤에서는 Metaphysik der Sitten이라고만 인용하기로 한다), § 52), 이성의 자기계몽의 과정에서 이러한 단서의 변형은 칸트에게 있어 자연상태에서의 인격의 성질과는 완전히 다른 성질을 가진 것으로 근거가 제시되었다.

서 야콥스에게 있어 조금 더 논평이 필요한 한 문장이 나온다: "사회의 시초에는 합의가 있는 것이 아니라, 신성함에 대한 확신이 있다"(40면).[23]

인격을 구성하는 성격에서 중요한 것은 우선 사회의 규범적 합의가 내용적으로 무엇을 지향하고 있는가이다. 〈규범, 인격, 사회〉의 전체 설명으로부터 대답을 얻기 위하여 결산을 해본다면, 야콥스는 '좋은 질서'를 상정한다고 말할 수 있을 것이다. 이것은 매우 일반적이기는 하지만, 이것으로써 사회관의 관념상 지위에 관한 중요한 것이 특징되었다: 이것은 예컨대 플라톤*Platon*이나 아리스토텔레스*Aristoteles*가 고안한 것과 같은 고대의 폴리스의 이미지를 상기시킨다.[24] 여기서는 그와 반대되는 개개 인간을 출발점으로 하는 근대의 관점은, 어쨌든 야콥스에게서 개체들은 이 사회에서 "더불어 살아야 한다"고 〈규범, 인격, 사회〉의 여러 곳에서 말한 점에서 볼 때 사라지게 되었다.[25] 이러한 "더불어 살아야 한다는 것"은 생물학적 삶을 유지하는 것으로만 이해되지 않고, 충만된 삶 전체와 관계되는 것이라는 점은 분명하다.

---

23 그러나 여기서 한 가지 언급해야 할 것은, 법의 맥락에서 신을 관련시키는 것은 처음에 느껴지는 것보다는 이례적이지 않다는 것이다. 칸트는 〈영구평화론〉에서 인간의 권리를 '신의 눈동자'라고 하였다(주 22, 제9권, BA 27, Anm.); 헤겔은 〈법철학강요〉(주 19, 제7권)의 § 30에서 다음과 같이 표현하였다: "법은 신성한 것인데, 그것은 바로 자의식의 자유라는 절대개념의 현존(= 실현)이기 때문이다." 그리고 피히테는 그의 〈자연법의 기초〉의 상호성을 증명하는 데서, 도대체 누가 '최초의 인간쌍'을 가르쳤는가라는 질문에 대한 대답을 하면서 다음과 같이 적고 있다: "정신이 오래된 고귀한 증명서를 보여 주는 것과 똑같이 [...] 정신은 이를 수용하는 것이다"(주 12, 제3권, 39면 이하).

24 이에 관하여는 예컨대 *Platon, Der Staat, Apelt* (역), 1988, 1923년판의 재판, 2. Buch; *Aristoteles,* Politik, *Schütrumpf* (역), 1991, 2. Buch 참조. 이에 대해서는 *Böckenförde,* Geschichte der Rechts- und Staatsphilosophie, 2002, §§ 2-4, 13면 이하.

25 예컨대 47, 51, 55, 57, 61, 98면.

그래서 야콥스는 다음과 같은 문장을 쓸 수 있었다: "그러므로 인격의 세계는 개체에게 그가 지금까지 몰랐던 안전, 특히 자신의 우위 또는 적어도 비열위에 대하여 걱정하지 않아도 되는 안전을 제공해 준다".[26] 야콥스는 자신의 사회관은 사회를 단순한 힘의 지배로 환원하는 방식으로 파악하는 것을 허용하지 않는다고 재차 강조하고 있다 (41, 54, 57, 77면). 단순한 폭력의 경우에는 규범적이며 인격적인 합의가 이루어지지 않고, 이러한 사회에서는 실제로 단순한 '개체들'이 지배했다는 것이다(77면).

b) 규범적 합의를 이루는 사회에서는, 헤겔이 그의 〈법철학〉에서 '인륜성'이라고, 더 정확하게는 국가에서 그 정점에 도달하는 인륜성의 현대적인 재현을 야콥스는 시도한 것이라고 할 수 있으며, 그 자신도 여러 번 헤겔을 원용하면서 이를 시사하였다.[27] 헤겔의 〈법철학〉§ 258에 대한 주석에서 발췌한 다음 문장을 읽어보면 〈규범, 인격, 사회〉와 상당한 유사점이 있다는 것을 알 수 있다: "그러나 그것(즉 국가)은 개체에 대해 완전히 다른 관계를 가진다; 국가는 객관정신이기 때문에 개체 그 자신이 국가의 구성원이 되어야만 개체는 객관성과 진리 그리고 인륜성을 갖게 된다." 개체는 여기서 자기 스스로를 극복하고 포괄하는 질서를 통하여 평화조약을 체결할 수 있으며, 헤겔이 그의 〈법철학〉 서문에서 기술하고 있는 한 문장으로 인해서 방해받을 필요는 없다: "법, 인륜, 국가에 관한 진리는 공공법률과 공공도덕 및 종교에서 공표되고 알려진 것만큼이나 오래된 것이다."[28]

그렇지만 체계이론적 재구성 속에서 핵심 원칙이자 실천철학과 함께 칸트로부터 헤겔에 이르는 법철학을 성격규정하는 개인의 자유의

---

26 Norm, Person, Gesellschaft, 47면.
27 예컨대 74면 이하, 78면, 115면 참조.
28 *Hegel*, Grundlinien der Philosophie des Rechts, 전집 (주 19), 제7권, 13면 이하.

원칙이 제대로 규정된 것인지, 심지어 사라질 위험에 처한 것은 아닌
지는 의문이다.[29] 야콥스의 입장에 대한 이러한 비판적 관점은 뒤에
서 인간의 자유에 대한 칸트의 몇 개의 근본적인 설명에 대한 해석을
통하여 해명될 필요가 있다. 칸트에 집중하는 이유는 개체와 사회의
관계에 관한 야콥스 자신의 규정이야말로 칸트와 칸트의 자유관에
대한 그의 시각이 가져온 먼 효과이기 때문이다. 따라서 뒤에서는 이
두 입장의 차이가 어디에 있는지도 정확하게 설명될 수 있을 것이다.

IV.

1. 칸트가 자유의 개념을 얻기 위하여 기울인 노력은 한 번 찾아낸 인
식을 곡절 없이 그대로 밀고 나간 표현으로 읽혀지고 이해될 수는 없
다. 오히려 칸트는 철학적 문제의 각 사유의 장소에서 ― 이론철학, 실
천철학 그리고 여기서는 특별히 법철학에서 ― 문자 그대로 모두 새
롭게 문제에 매달렸다. 이때 쉽게 공감할 수 있는 것은 이러한 과정에
서 한 분야에서 얻은 인식을 다른 분야로 함께 가지고 간다는 것이다.
그래서 필자가 설명하려는 맥락에서 보면 〈도덕형이상학〉의 법론에
서 행한 핵심 사상, 즉 법 속에서의 자유(한 사람의 자의의 자유와 다른 사
람의 자의의 자유로서)라는 중심 관념이 이 노력의 세 가지 서로 다른 층
위를 서로 융합한 것이다; 이것이 〈도덕형이상학〉의 분석을 그토록
어렵게 하는 이유 중의 하나이다.

---

29 이러한 의문은 〈규범, 인격, 사회〉의 58면에 있는 표현에서도 품게 된다: 규
   범현실의 변화는 규범이 더 이상 그 시대를 규정하는 일반조항에 맞지 않는
   데서 나올 수 있다고 한다; 이 '일반조항'으로서 야콥스는 조국 이외에 자유
   의 발전을 든다.

제1 지층은 〈순수이성비판〉에서 전개되었다. 칸트는 여기서[30] 이
성이 온 세상의 이치와 나아가 인식하는 주체 자체를 인과법칙으로부
터만 설명하려고 하면 이성은 스스로 모순에 빠지게 된다는 것을 보
여준다; 이성은 항상 더 먼 원인을 찾는데, 이것은 이성에게는 이러한
일괄적인 진술을 할 능력이 전혀 없음을 보여주는 것이다. 그러므로
이론이성도 인과의 연쇄에 대한 다른 계기, 즉 자유로부터 나오는 계
기가 아무튼 불확실하게나마 수용될 수 있다는 것을 시인해야 한다.
사고의 이러한 숨은 그럼에 사상적인 맥락을 얻기 위하여 칸트는 사
유하는 주체 자신에게서 이 모순의 해결책을 찾고 있다: 이 주체는 한
편으로는 완전히 결정된 자연적 존재이며 또 이러한 존재로서 사유하
는 것이고(현상적 인간), 다른 한편으로는 이미 사유하는 존재로서 스
스로 이 예지계의 부분에, 즉 이성의 존재(예지적 인간)에 자유는 어쨌
든 비-인과성으로서 벌써 자유라는 이 개념에도 부합한다.[31] 16년 후
에도 여전히 칸트는 〈도덕형이상학〉의 법론에서 베카리아*Beccaria*와
형벌의 근거 문제에 대해 논쟁하면서 이 논증방식을 취하고 있다.[32]
　자유의 형태의 제2 지층은 칸트의 실천철학의 기초 위에서 형성되
었다.[33] 여기서 자유는 근거를 제시하는 힘을 획득함으로써 현실성을
얻는다. 자유는 더 이상 이론적 사유를 만족시키는 사유의 최종 형태
(이념)가 아니라 인간의 생생한 자기경험이 되고, 당연히 세계에 대한

---

30 Kritik der reinen Vernunft (전집 (주 22), 제4권), B 472 이하/A 444 이하(순수
　이성의 제3 이율배반).
31 여기서 이 논증의 영향과 타당성을 완전히 해명할 수 없다는 것은 자명하다;
　중요한 것은 야콥스의 입장을 적절히 파악하기 위해서도 필요한 개념의 기원
　이다.
32 Metaphysik der Sitten (주 22), A 202 이하/B 232 이하.
33 철학사적으로 칸트의 실천철학은 특히 신칸트학파에 의해서 지나치게 과
　소평가됨으로써 칸트 자신의 평가와 모순되고 법론에 대한 이해를 저해하
　였다.

능동적인 관심을 가지고 개인이 자기와 타인에 대한 이해를 하게 한
다. 칸트는, 자유는 '객관적 현실성'을 가진다고 말한다.[34] 개인이 자
신을 인과적 야기에 의해서 생으로 떠밀려 들어가게 된 존재로 생각
하는 것은 적절한 이해라고 할 수 없으며, 오히려 스스로 결정하는 존
재로 파악한다.[35] 칸트는 이것을 구분하여 세상과 함께 하는 일상의
실제 삶에서 (행위의) 방향설정의 방식을 이해하게 하는 명령의 맥락
속으로 번역하고 있다; 외적 목적은 이른바 가언명령을 통해서 현실
화된다; 자연이 모든 인간에게 부여해 놓은 목적인 자신의 행복을 추
구하는 것은 타산적 조언으로 추구된다.[36] 이는 고도로 농축된 문장
으로 표현되었지만, 칸트는 그가 하는 일은 일상의 행위들을 개념화
하는 것에 다름 아니라는 것을 재삼재사 지적하였다. 이것은 결국 정
언명령 또는 개인이 자기결정을 하지만 자기를 초월하는 도덕적 행위
가 어떻게 가능한가를 이해하게 하는 윤리명령에도 적용된다: "네가
원하는 준칙이 동시에 일반법칙이 될 수 있는 그러한 준칙에 따라서
만 행위하라".[37] 도덕은 개인에 의해서 근거가 확립된 행위의 성질을
갖는 동시에 개체로서의 개인을 넘어서는 행위의 성질도 갖는다는 것
은 칸트 스스로 한 정언명령의 새로운 표현에서도 나타난다: "자신의
인격뿐 아니라 다른 모든 사람의 인격에서도 인간성을 항상 목적으로
대하고, 결코 단순히 수단으로만 대하지 않도록 행위하라."[38]

34　Kritik der praktischen Vernunft, (Werke (주 22), 제6권), A 85.
35　칸트의 이러한 사상적 출발점은 실천철학에서 인간을 이해하고 묘사할 때,
　　인간의 근본상태에 관한 언명을 하는 데는 그 근본상태 자체가 언명에서 바
　　로 결과라는 점을 함께 생각하지 않는 전적인 관찰자의 관점을 받아들이지
　　않는다. 반대로 〈규범, 인격, 사회〉의 첫 문장, "... 타인들에 대해서는 알지 못
　　한 채 홀로 살아가는 인간을 상정해보라"(8면)을 참조.
36　Grundlegung zur Metaphysik der Sitten, (전집 (주 22), 제6권), BA 39 이하.
37　Grundlegung zur Metaphysik der Sitten, BA 52.
38　Grundlegung zur Metaphysik der Sitten, BA 66 이하.

정언명령은 자유의 '인식근거'ratio cognoscendi이지만, 이 자유의 인식 근거는 정언명령의 '존재근거'ratio essendi이다.[39] 이것은 오로지 자기결 정만을 생각한다면 필연적으로 수용되어야 하고, 일반적으로 넓은 의 미에서의 인간 인식을 말한다면 반드시 생각해야 하는 것인데, 정언 명령의 존재근거는 (철학적 의미에서) 다시 자의식을 전제하기 때문이 다. 그래서 왜 칸트가 이론이성에 비하여 실천이성에 우위를 인정할 수 있는지가 분명해진다; 실천이성은 그 자체가 실천적이며, 어떤 조 건적인 것이나 조건하는 것 없이 전제된다.[40] 칸트가 자유의 개념에 대한 노력을 하는 이 지점에서는 인간의 현실을 특징짓는 힘을 자유 에 부여하는 것이 매우 포괄적이기는 하나, 그럼에도 그는 이 차원에 서도 '예지적 인간'과 '현상적 인간'은 하나의 통일체로는 이해될 수 없다고 확신한다. 그는 한 주해Anmerkung에서[41], 자유와 자연의 인과성 은 인간이라는 같은 주체 속에서, 인간이 한 번은 순수한 의식 속에서 존재 그 자체로서, 또 한 번은 현상 세계 속에서 경험적 의식의 부분으 로 그렇게 생각되어야 연결시킬 수 있다고 쓴다. 칸트가 비록 그 밖의 이론인식의 영역에서와는 달리 아주 신중하게 인간을 '물자체'라고 하지 않고, '존재자체'라고 말하고, 나아가 두 관점을 성격규정하는 데서 '의식'이라는 개념을 사용하였다 하더라도, 인간의 행위는 현상 적 인간으로 여겨지는 한 관점에서는 완전히 자연법칙적으로 제약을 받는 것으로 설명이 된다는 확신을 가지고 있다.[42]

자유개념의 제3 지층을 칸트는 〈도덕형이상학〉의 법론에서 완성 한다. 여기서 그는 유한한 세계 속에서 스스로 결정하는 이성적 개인

---

39 Kritik der praktischen Vernunft, (전집 (주 22), 제6권), A 5, Anm.
40 Kritik der praktischen Vernunft, A 219 참조.
41 Kritik der praktischen Vernunft, A 10.
42 예컨대 Kritik der praktischen Vernunft, A 171 이하 참조.

들의 공동의 삶을 위한 원리들을 발전시키는 과업에 직면하였다고 보
았다. 그 하나는 시공간 속에서 타인들과의 실제 만남에 관한 것이고,
다른 하나는 도덕 속에 타인들의 자유의 현실에 내재된 제한이 있는
것처럼, 개인에게도 마찬가지로 자기를 넘어서는 보편적인 공동생활
의 원리들에 관한 것이다. 이것을 근본적으로 생각해 본다면 벌써 타
인들과의 만남은, 내가 이렇게 실제 마주하는 존재를 상호 실천의 관
계 속에서 본성적 존재와 예지적 존재로 분해하는 것을 허용하지 않
는다. 그리고 우리의 공동생활을 형성하는 원리들도 공동생활의 현실
과 맞게 결부될 수 있어야만 한다. 이러한 고찰의 결론에는 현상 세계
가 법적-실천이성의 원리들 속으로 통합될 필요가 있다. 이것이 바로
〈도덕형이상학〉의 여러 곳에서 일어났다. 〈도덕형이상학〉의 둘째 문
장은 벌써 삶에 대한 개념을 담고 있다: "자신의 표상에 따라서 행위
할 수 있는 존재의 능력을 삶이라고 한다".[43] 그리고 본문에서는 현상
적 세계와 예지적 세계가 하나가 되는 논증을 되풀이해서 하고 있
다:[44] 칸트는 '지구의 둥근 형상'을 자주 강조하였는데, 공처럼 생긴
지구의 닫힌 제한된 표면은 그 위에서 유한한 존재로서의 인간들 간
의 법관계의 필요성에 대한 통찰을 갖게 해준다.[45] 점유론에서 칸트
는 실천이성의 근본적인 법적 요청(§2)[46]에서 벌써 자의의 대상을 물

---

43 Metaphysik der Sitten (주 22), AB 1. 이에 관하여는 *Zaczyk*, Einheit des Grundes,
   Grund der Differenz von Moralität und Legalität, JRE 2006, 311면 이하.
44 이에 관하여는 *Zaczyk*, „Hat er gemordet, so muss er sterben", in: *Kugelstadt*
   (편), Zur Philosophie Kants und zu Aspekten ihrer Wirkungsgeschichte, 241면
   이하(우리말 번역은 이 책 〈자유와 법〉의 §8)도 참조.
45 Metaphysik der Sitten (주 22), §13, §43, §62 참조.
46 Metaphysik der Sitten (주 22), AB 56-58. 이에 관하여는 *Zaczyk*, Untersuchungen
   zum rechtlichen Postulat der praktischen Vernunft in Kants Metaphysik der
   Sitten, in: *Fricke/ Koenig/Petersen* (편), Das Recht der Vernunft, 1995, 311면
   이하.

리적으로 사용하는 가능성을 가지고 논증하고, 그다음 한 곳에서는
대상의 이론적이고 (경험적인) 파악에 대한 차이에 관해서도 명시적으
로 언급하고 있다.[47] 그리고 마침내 자유와 함께 칸트의 실천철학의
근본개념은 자유를 인간의 **생래적인** 유일한 권리라고 함으로써 법론
에서 본성개념과 연결되었다.[48]

칸트에게서 자유개념의 이 세 지층을 연결해 본다면 그러면 '법적-
실천'이성의 과제가 더 분명해질 것이다:[49] 자유의 개념은 모든 개개
주체의 성찰능력에 그 근원이 있으며, 이 주체의 자기결정을 설명하
고 유한한 현실 속에서 이렇게 규정된 주체들이 만나는 문제가 생기
는 지점까지 이르렀다. 따라서 문제는 이제 공동의 자유를 형성하는
것이다. 공동체의 형태를 위한 원리들을 준비하면서 이 과제를 해결
하는 것은 법적-실천이성이다. 전체적으로 보면 이것은 칸트에게 있
어 공법의 상태이다. 이 상태 그 자체가 주체의 이성으로 연결될 때 이
상태 속에서 주체들은 완전히 바뀌지 않으며 또 더 이상 권력의 과제
가 되지 않는다. 오히려 공법의 상태는 — 국가도 여기에 포함된다 —
각 주체의 자기결정 속에서 벌써 효력을 발휘하는 일반적인 것의 현
실적 보편화인 것이다.[50] 이것으로 공동체의 상태가 말해졌으며, 모

---

47 Metaphysik der Sitten (주 22), § 5 AB, 61 이하.
48 Metaphysik der Sitten (주 22), AB 45: "생래적인 권리는 단 하나다".
49 이 표현에 대해서는 Metaphysik der Sitten (주 22), § 7, AB 71 참조.
50 맥락은 도덕형이상학 (주 22) 서론, AB 18 이하의 개념에 관한 장들에서 분명
   해지는데, 여기서는 다음의 세 개념규정을 볼 수 있다: "행위라고 하는 것은
   책무의 법칙 하에 있다고 여겨지고, 주체가 그의 자의의 자유에 따른 것으로
   여겨지는 경우의 행위를 말한다."(AB 22). "인격은 자신의 행위를 귀책시킬
   능력이 있는 주체이다."(AB 22). "도덕적인 의미에서의 책임imputatio은 판결
   로서, 이 판결을 통해서 누군가가 범행Tat, factum이라고 하는 법칙 하에 있는
   행위Handlung의 장본인causa libera으로 되는 것이다 […]. 법적으로 귀속시킬 수
   있는 권능을 가진 (자연적 혹은 도덕적) 인격을 법관 또는 법원이라고 한다
   (iudex s. forum)."(AB 29).

든 개체는 이 공동체 속에서 어울려 살아가야 한다고도 말할 수 있게
된다.

2. 이 마지막 표현으로 야콥스에게 있어서 (46면 외 여러 곳에서) 상
응하는 표현을 당연히 의도하여 간접적으로 지적하였다. 그렇지만 방
금 칸트의 예에서 설명한 입장과 〈규범, 인격, 사회〉에서 야콥스가 취
하는 입장 간의 차이가 어디에 있는지가 이제는 분명히 드러날 것이
다. 그리고 여기서는 처음의 문제 제기와 더불어 이 글의 제목에 초점
을 맞춰야 할 것이다.

a) 칸트에게서 (그리고 쉽게 드러나겠지만, 헤겔에게서도)[51] 법의 주체
를 행위의 장본인으로 본다면 한편으로는 목표설정의 외적인 실행이
라는 의미에서 행위를 할 능력이 있지만, 또 다른 한편으로는 성찰능
력을 가진다고 할 수 있을 것이다; 즉 법의 주체는 기술적-인과적인
의미에서만 외적인 행위실행의 근거가 아니라, 이러한 실행의 의미를
자신과 타인을 위해서 스스로 타당하게 규정할 수 있는 능력이 있다.
법주체가 자신의 행위에 대하여 이성의 근거를 부여함으로써 그 자체
로는 규범적이다. 그래서 귀속의 판단을 하는 (타)주체에게는 간과될
수 없는 귀속의 근거와 대상도 제시되었다. 개인에게는, 타인들만 그
렇게 주장하는 것이 아니라 자신의 관점에서 보아도 자기 것이 들어
있는 행위를 장본인으로서 한 것이 아니면 정당하게 그의 행위라고
비난을 가할 수 없다. 그렇지만 더 나아가 귀속을 시키는 주체 자체는
개인에게 이방인이 아니다; 주체는 개인보다는 크지만, 개인과 완전
히 다른 것은 아니다. 그래서 주체의 귀속에 대한 판단은 개인의 판
단과 그 자체로 동일하지는 않지만, 그것은 주체가 자신의 것으로서

---

51 *Hegel*, Grundlinien der Philosophie des Rechts (주 28), §§ 115 이하(Vorsatz und
　Schuld); 더 근원적인 것은 Phänomenologie des Geistes (전집 (주 19) 제3권),
　28면; "실체는 본질적으로 주체(이다)."

그리고 보편-법적으로도 납득할 수 있으며 인정할 수 있는 것이어야 한다.

b) 야콥스에게 있어서는 사회만이 개체에 대한 제2의 세계와 다른 세계 속에서 규범을 제정한다; 이것은 앞에서 설명하였다. 그래서 객관적 귀속의 주체는 궁극적으로 상호관계의 한 당사자에만 국한된다; 규범발견을 담당하는 것은 귀속 판단을 하는 주체뿐이다.[52] 개체는 규범이라는 외투를 걸치고서야 비로소 인격이 되는 것이다.

이것은 야콥스가 상정한 개체와 사회의 관계의 구성에 대한 이유들을 제시할 수 있게 한다. 첫째는 세계를 두 개로 분리하여 이해하는 사고 속에서 마치 현실이 되어버린 것 같은 현상적 인간과 예지적 인간의 분열을 볼 수도 있을 것이다. 둘째로는 특정한 그리고 많은 이들이 공감하는 헤겔의 칸트 비판이 의미를 가질 수도 있을 것이다: 헤겔의 칸트 비판에서는, 칸트는 정언명령을 가지고 자기결정의 단순한 형식적 과정을 제시하였으며, 그리하여 일반성이라는 제도의 살아 있음과 현실성은 소홀히 한다고 비난하였다.[53] 마지막으로 야콥스의 구상의 동기는, 사회를 통한 규범적 합의를 인수하는 것은 개인에게도 적지 않은 부담을 들어주는 의미가 있으며, 이것으로 개인은 사회질서의 전 형태를 항상 스스로 감당할 부담을 져야 하는 소위 부당한 요구로부터 자유로워진다는 데 있다; 세계의 복잡성이 사회적 합의를 통하여 단순화된다면 개인에게는 사회적 합의의 형태에 대한 책임도 줄어든다는 것이다.

---

52 여기서 회전적 책임귀속의 문제가 야기하는 위험은 (인격, 사람은 당위를 통해 규정된다; 해서는 안 되는 것에 대한 그들의 책임은 그들의 행동에서 당위와 모순된다는 이유 하나 만으로 이미 확정된 것이다), 벌써 여러 번 지적된 바 있다; 예컨대 *Stübinger*, KritJ 1993, 33면 이하와 KritJ 1994, 119면 이하. 그 밖에도 *Kargl*, GA 1999, 53면 이하, 66면 참조.
53 이에 관하여는 *Hegel*, Grundlinien der Philosophie des Rechts (주28), §135 참조.

바로 이 마지막 점과 관련되는 것은 야콥스의 구상을, 그가 묘사한 것으로 이해해서 본다면, 칸트의 것과 같은 근본적인 근거지움이 벌써 그 구상의 시간적인 차이에서 나오는 것일 수 있는 것보다 어떤 부분에서는 현대 세계의 자아상에 더 가깝다고도 할 수 있다. 그럼에도 근대의 지금 형태는[54] 홉스가 자신의 출발점으로 삼은 근대의 고유한 원래 구상의 폐물과 결합된 것은 아닌지 의문이다. 현재를 자신의 정신적 존재의 덕택인 근거지움의 선상에 다시 연결시키기 위해서는 제2의 르네상스가 필요할지도 모른다. 따라서 이 글의 마지막에서도 이러한 문제들에 대한 논의가 이루어지도록 하는 귄터 야콥스의 저작들과 같은 것이 얼마나 중요한지를 재차 강조하고자 한다. 그리고 객관적 귀속의 주체에 대한 순수한 형법적 물음에서도 더 심도 있는 문제에 대한 입장표명이 필요하다는 것이 드러나는데, 이 문제의 성격규정은 귄터 야콥스의 표현을 가지고 끝으로 한 질문과도 연결시킬 수 있을 것이다: 신성함의 확신은 단지 사회의 근원에만 있는가, 아니면 이미 그 이전에 모든 개개 인간들과의 만남에 있는 것은 아닌가?

---

54 가령 〈규범, 인격, 사회〉 112면 이하에서 경제를 특징짓는 힘의 매우 중요한 시사문제에 대한 묘사 참조. 이에 의하면 인격은 오로지 생산하는 자이다; "다른 말로는 설명한 의미의 경제성 없이 있는 개인들 그리고 이로써 부득이 사회질서의 환경인 '경제'; 간단히 말해서 이들은 외부에 있는 것이다"(118면). ― 이에 대한 반대 구상은 *Köhler*, Ursprünglicher Gesamtbesitz, ursprünglicher Erwerb und Teilhabegerechtigkeit, FS E.A. Wolff, 1998, 247면 이하와 Das ursprüngliche Recht auf gesellschaftlichen Vermögenserwerb ― Zur Aufhebung der „abhängigen Arbeit" in Selbständigkeit, FS Mestmäcker, 2006, 315면 이하 참조.

§11 법에 대한 논증의 중심으로서 인간의 자유
― 칸트적 관점에서 본 법의 담론이론에 관한 비판적 논평*

Ⅰ.

먼저 이 주제에 관한 모든 필자들을 하나로 연결하는 것이 있다는 점을 강조하고 싶다: 우리를 연결하는 것은 법의 최종 근거가 아무런 규명을 거치지 않은 권력에 의한 정립에 있어서는 안 된다는 확신이다. 법은 각 개인에게 외부에서 맞서는 하늘에서 떨어진 강제질서가 아니다. 법의 근거나 원인은 오히려 인간의 정신적 본성 그 자체에 적합한 성격이어야 한다. 인간의 사유가 법의 근거를 모색하는 동안에, 그것은 동일한 사고의 움직임 속에서 인간의 사유에 법의 근거가 받아들여짐으로써 명확해질 것을 요구한다. 근거들을 사유하면서 파악하는 것이 철학이다. 그러므로 법철학은 이런 의미에서 우리를 하나가 되게 해준다. 그래서 법담론과 법주체의 차이는 이러한 원리적인 차원에 있지 않다; 말하자면 그 차이는 철학적 **주장**에 있지 않고, 그 주장의 이행에 있는 것이다.

---

* 이 글은 독일 하이델베르크 대학의 콜로퀴움에서 발표한 내용의 무수정 원본으로서, 〈현재의 법철학적 논쟁〉(Rechtsphilosophische Kontroversen der Gegenwart, *Peter Siller/Bertram Keller* 편, Baden-Baden 1999), 51-54면에 수록된 것이다.

Ⅱ.

방금 법의 근거들을 사유하면서 파악하는 것에 관해 말하였을 때, 이 사유는 세계 내에 자리하고 있으며, 그 자리는 각 개인의 의식이다. 이 앎에 대한 확실성은 그러나 어떤 객관적인 것으로서의 세상에 의해서 얻을 수 있는 모든 다른 확신을 뛰어 넘는다; 그 확실성은 모든 이론적 인식을 능가하는 것이다. 칸트는 '나는 생각한다'를 말하며, 이것은 나의 모든 표상을 수반할 수 있어야 한다. 이는 외적으로 습득할 수 있는 철학적 지혜가 아니며, 우리들 각 개인에게로 되돌아가는 통찰이라는 것을 유념할 필요가 있다; 그리고 이 통찰은 모든 개개인에게 해당되는 것이다.

이제 이러한 의식은 어떤 객관적인 것, 대상적인 것으로서의 세계와 관련을 맺을 수 있다. 그렇지만 이 인식은 세계에 대한 자기 자신의 영향가능성도, 바꾸어 말하면 자기의 행위와도 관련을 맺을 수 있다. 이 행위의 이유를 규정하는 것은 실천철학의 영역이자 나아가서는 철학의 영역이기도 하다. 그런데 개개인이 자기 행위의 결정근거를 스스로 타당하게 찾아낼 수 있다는 것은 칸트의 획기적인 통찰이었는데, 행위를 할 때 개개인의 이성은 그에게 정언명령이라는 나침반을 제공해 주기 때문이다: "네가 원하는 준칙이 동시에 일반법칙이 될 수 있는 오로지 그러한 준칙에 따라서 행위하라." 지금 여기서 정언명령을 정확하게 분석하려는 것은 아니다. 결정적인 것은 한 가지 지적이다: 칸트에 의하면 모든 개개인은 자신의 이성을 사용하여 스스로 올바른 행위를 결정할 수 있는 역량을 지니고 있다; 그것은 바로 인간의 자유이다. 그렇지만 인간은 자신과 다른 모든 타인들을 연결해 주는 한 특성과 능력도 가지고 있다: 즉 인간은 자신의 개별성을 넘어서 보편성을 생각할 수 있는 것이다. 이렇게 본다면 자기결정은 도덕의 근거이며, 이 말은 자기결정은 각자 스스로 옳다고 생각한 행동의 근거라는 뜻이다. 이러한 주관적 성찰의 강점을 인식하고 파악한 것은 전적으로 계몽과 근대적 사유의 성과이다. 이러한 개개 주체가 갖는 각 함의는 법에서는 상실될 수 없는 것이나, 그것은 법에서는 추가적으로 규정된 방식으로 존재한다. 왜냐하면 **하나의** 유한한 세계에서 이렇게 스스로 결정하는 많은 존재들을 만나게 되고, 이러한 모든 존재들은 자기결정에 따라 살 권리가 있기 때문이다. 그러나 이 말은 스스로 옳다고 생각한 것이 다른 사람에게도 옳다는 것을 의미하는 것은 결코 아니다; 한 사람의 관점에서 좋다고 하는 것이 다른 사람의 관점에서 보아 반드시 좋은 것은 아니다. 중요한 것은 오직 하나다: 즉 자기결정의 외적 실행 또는 한 사람의 자유의 외적 실행은 타인의 자유의 외적 실행을 존중하거나 자유의 외적 실행 자체를 가능하도록 해야 한다는 것이다. 이러한 통찰의 근거는 인격들 간의 승인관계이다: 이것을 헤겔은 "인격이 되어라 그리고 타인을 인격으로 존중하라"라고 탁월하게 표현하였다. 법은 상호승인의 기초 위에서 시작하여 대립되는 것 속에서 하나의 통일체를 이룬다; 법은 상호주관적인 승인관계에서 형성되는 것이다. 그 밖에 '개인주의'나 '자유주의'와 같은 단순한 구호는 칸트 사고의 고유한 철학적 영향범위와는 아무런 관련이 없다는 것도 드러난다.

타인을 동등한 자유인으로 승인하는 사유적 가능성은 그 자체가 정언명령과 연결되어 있다; 정언명령은 바로 개인이 자신의 이성에서 타인과 연결되어 있음을 보여준다. 그러나 도덕에서와는 달리 법관계에는 **하나 속에** 연결시키는 요소와 분리시키는 요소도 들어 있다: 타인의 자기결정의 현실은 그의 현실이며, 그 현실 속에서 타인은 대체 불가능한 자신만의 고유한 삶을 살고 그 현실은 모든 타인에 의해서 도 똑같이 승인되어야 하는 것이다. 그래서 도덕과 법은 (법주체의 사 유를 통하여) 서로로부터 구별되는 것처럼 (자유의 사유를 통하여) 사념 적으로도 서로서로에 근거를 두고 있는 것이다.

실체법규범(예컨대 기본권, 민법이나 행정법의 규범들 및 근본적인 형법 규범들)은 인격들 간의 이러한 매개를 표현하며, 그 속에는 한 사람의 권리와 타인의 법의무를 내용으로 하여 만든 것이 들어 있다. (정확한 국가이론적인 근거지움의 과정들은 여기서는 일단 논외로 한다). 하지만 매 개되는 규범들이 어떻게 이 기본규정들에 연결되고 이 기본규정들에 근거를 두고 있든지 간에(소송법, 기한, 양식규정 등을 생각해 보라), 이 규범들은 항상 인간의 자유의 이념과 반드시 연결되어야 하고 이러 한 비판의 빛 속에서 유지될 수 있어야 한다. 헤겔이 명확하게 표현 한 것처럼 법은 '자유의 현존Dasein der Freiheit'이다. "법의 내용은 상관 없으며, 오로지 절차의 준수만 중요하다"고 하는 하버마스Habermas의 담론이론의 주장은 많은 근본적인 결함들 중의 단지 하나를 보여주 는 것이다.

Ⅲ.

마지막으로 ─ 셋째로는 ─ 무엇보다 하버마스가 제시한 법의 담론이 론에 대한 몇 가지 간략한 논평을 하고자 한다. 법의 담론이론은 필자 의 견해로는 자유의 법칙에 입각한 법의 논증을 해 낼 수가 없다. 여기 에는 네 가지 주요한 결함이 있는데, 이것을 강령적으로 간결하게 표

현해 보기로 한다:

a) 담론이론은 주체를 무능력자로 만들고 공동체를 전체화시킨다. 담론이론은, 도덕적 문제들을 다루는 것이라고 하는데, 이 모든 도덕적 문제는 '나는 무엇을 해야 하는가'라는 질문의 형태를 가지고 있다. 그리고 담론 이론은 칸트에게서 필연적인 주관적 규정은 수용하지 않고서 그의 정언명령의 보편화 원리를 받아들인다. 그렇게 하여 도덕적인 문제들은 개개인의 관점으로부터 분리되고, 개개인은 많은 타인들의 논의에 응답하며, 이러한 진행에 의하여 다시 개개인에게 반응하고 그리고 개개인은 이에 상응하게 행동해야 한다. 이것은 각 개인의 자유와는 아무 관련이 없다.

b) 담론이론은 도덕적 문제를 지성화하여 도덕적 문제에서 개인의 삶에 대한 관계를 박탈한다. 칸트가 문제 삼은 것은 행위와 준칙, 즉 행위자를 이끄는 주관적 원칙이다. 이 둘은 각 개인의 삶의 방식의 다양성을 위한 출입구이며, 그래서 개개인의 살아 있는 현존재는 칸트의 법철학과 도덕철학에서 전적으로 수용되었던 것이다 — 이것은 칸트의 실천철학이 형식주의라는 세간의 생각과는 상반되는 것으로서 무엇보다도 그의 1797년 〈도덕형이상학〉의 「법론」을 제대로 수용하지 못한 것이 그 원인이다.

c) 담론이론은 독자적인 법원리를 가지고 있지 않다. 담론이론은 도덕적 담론의 양상을 절차에 국한된 형식으로 바꾸고 오로지 이 절차만이 규범을 정당화시킨다는 근거 없는 주장을 하고 있다. 그리고 (유르겐 하버마스의 〈사실성과 타당성Faktizität und Geltung〉 228면 이하에는) 다음과 같은 문장이 나온다: "그것은(=완전히 절차화 된 이성은) 어떤 합의도 오류가 가능하다는 것과 무정부상태 같이 족쇄 풀린 의사소통의 자유를 근거로 하지 않는 한, 어떠한 합의도 강제할 수 없으므로 정당

화하는 힘이 없다는 것을 인정한다. 이러한 자유에 도취되어 민주적 절차 그것 외에는, 즉 권리의 체계 안에 이미 그 의미가 들어 있는 절차 외에는 다른 어떤 고정점도 없는 것이다." 법에 대한 근거지움의 진행은 도취적인 것이 되어서는 안 된다.

d) 담론이론은 법의 생동하는 측면을 포착하지 못하기 때문에 법의 결정적인 문제에 대해서 답을 하는 데에도 실패할 수밖에 없다: 결정적인 문제는 바로 **강제권능**의 문제이다. 하버마스의 책에서는 이에 대한 해답을 제시하는 것은 고사하고, 문제 제기조차 하지 않았다. 화용론 하나만으로는 이것을 해결할 수 없다는 것도 분명하다. A가 B에게 청구를 하면, B는 내일 갚을게라고 말하는 것으로는 충분하지 않고 실제로도 갚아야 한다. 이를 지키지 않으면 그에게 이행을 강제하게 된다. 이러한 행위는 이른바 법적 담론의 참여자들을 서로 연결시킨다고 하는 언어학의 고리로는 결코 설명될 수 없는 것이다.

요약하자면: 자유를 중심으로 한 법의 논증은 인간의 자유에 대한 발전된 이해 없이는 불가능하다. 그러고 나서 예컨대 조언도 구하고, 담론을 하는 것은 한편으로는 너무나 당연한 것이지만, 또 다른 한편으로는 그렇게 해서 비로소 근거가 확립되는 것이다.

§ 12 형벌의 근거에 관한 일곱 개의 논제*

(콜로퀴움의 이 분과) 전체 주제의 제목은 형벌의 근거(그리고 심연,
Straf(ab)gründe)에 관한 것이다. 심연은 주지하다시피 하품이 나오도
록 지루하며 생각을 방해한다. 반대로 이유는 근거를 대는 것을 말함
으로써 직접 사고를 지시해 준다. 대학에서는 오로지 **형벌의 근거**
Strafgründe에 관해서만 말할 수 있다. 형벌의 근거는 존재하는가? 그리
고 그것은 어디에서 나오는 것인가? 이 질문에 대해 일곱 개의 논제로
서 답해보고자 한다.

   1. 형벌은 특별한 방식으로 **법강제**Rechtszwang를 구현하는 것이며, 국
가는 법공동체로서 개인에게 이 법강제를 행사한다. 그러므로 형벌에
대한 논거는 왜 국가가 개인에게 이러한 강제를 정당하게 해도 되는
지 반드시 그 이유를 제시해야 한다. 그렇지만 형벌강제Strafzwang는 '가
면을 쓴 (추상적인) 인간'에게 하는 것이 아니라, 항상 **구체적인** 인간에
게 하는 것이다.
   2. 법강제를 기점으로 받아들여서 그 강제가 어떤 목적으로 사용되
는가라는 질문만 하는 형벌에 대한 논증은 성공할 수 없다. 개인과 국
가의 관계에 관한 근대의 시각에 따르면 개개 인격을 당연하게 국가
권력의 객체로 삼는 것은 불가능하다. 법강제로서의 형벌은 오히려

---

* 이 글은 독일 하이델베르크 대학의 콜로퀴움에서 발표한 내용의 무수정 원본
  으로서, 〈현재의 법철학적 논쟁〉(Rechtsphilosophische Kontroversen der
  Gegenwart, *Peter Siller/Bertram Keller* 편, Baden-Baden 1999), 139-140면에 수록
  된 것이다.

원리적으로 전제해야 하는 **인격의 자유의 지위**Freiheitsstatus der Person와 반드시 연결되어야 한다.

3. 형벌은 **특정한 범죄행위**로 인한 법강제이다. 일견에는 법강제의 논증이 바로 이 범죄행위에서 일어나는 것이라고 생각할 수도 있을 것이다. 그렇지만 응보의 이 근거 없는 단순한 형태는 어떻게 현재의 처벌하는 행위와 이미 종결된 범죄행위가 상쇄되어야 하는가를 설명할 수가 없다.

4. 법강제인 형벌에 대한 논증은 범죄행위 이전으로 한 단계 더 거슬러 올라갈 필요가 있다. 마치 역회전 필름에서처럼 행위자와 피해자는 동등한 법인격체로 '되돌려져서 변신하는' 것이다. 인격체들이 살고 있는 국가는 인격체들의 자유영역을 규정하고 보장한다. 개개의 시민들은 그들의 자유영역을 굴종이나 공포에서 존중하는 것이 아니라, 자유로운 자기책임과 일반적인 일상에서 상호적으로 승인하는 것이다. 살아 있는 법의 토대는 **상호승인관계**에 있다.

5. 타인에 대한 범죄행위에서 행위자는 이러한 승인관계를 적극적인 행위를 통해 파괴한다. 행위자는 타인들과 더불어 이 관계 속으로 정돈해 들어가지 않고, 오히려 예컨대 타인을 해치고, 죽이고, 타인의 물건을 훔치거나 타인에게 강요함으로써 타인을 지배하는 것이다. 행위자는 자신의 법적 지위를 타인의 자유영역으로까지 확장한다. 법강제로서의 형벌은 오로지 이러한 범죄행위로부터 시작할 수 있다. 형벌은 범행 이전의 행위자의 지위를 그 범행에서 실현된 타인의 자유의 저하와 연결시킨다. 형벌은 행위자에게 약속의 이행을 요구하는 것이라고 한 야콥스Jakobs의 표현에는 동감한다. 그러나 그것은 행위자가 행위를 통해 실증한 약속이지, 단지 말로 한 약속은 아니다. 형벌도 역시 역으로 반응한다. 일차적인 부정의 단계에서 형벌은 행위자

를 자유가 감소되는 상태로 옮겨 놓는데, 이 상태는 행위자가 자신의 피해자에게 부당하게 요구한 것이다. 형벌은 인간에게 원래 보장된 **법적인 자유의 지위가 저하되는 것을** 의미한다.

6. 그렇지만 형벌은 부정적 규정으로 끝나는 것은 아니다. 형벌은 행위자를 — 테러범에 대해서도 — 비인격체로 파악하는 것이 아니라, 계속적으로 법인격체로 파악한다. 법적인 형벌은 행위자가 형벌을 이행한 후에는 그 범죄행위를 상쇄한 것으로 보고 미래로 향하는 **긍정의 요소를** 가지고 있다. 사회의 일반의식상 형벌의 이러한 긍정적 요소를 제대로 파악하는 것으로부터 현재 우리는 너무나 멀리 떨어져 있다.

7. 앞서 행한 논증의 단계들이 비로소 형벌과 **일정한 목적을** 연결하는 것을 가능하게 해 준다. 예컨대 범죄자의 개선이나 일반 법의식의 안정화 같은 것은 이러한 맥락에서만 그 한도를 찾을 수 있다. 반대로 이 같은 목적들을 그 자체로 받아들이고 근거를 밝히지 않은 채로 방치한다면 형벌은 더 이상 테러와 구분되지 않을 것이다.

사항색인